U0787039

卓越教师教育精品丛书

学科课程标准与教材分析系列

# 中学思想政治课程标准与教材分析

主　编　胡田庚

副主编　刘开伦

陈　红

李　鑫

科学出版社

北　京

## 内 容 简 介

本书是“卓越教师教育精品丛书·学科课程标准与教材分析系列”中的一本，本书系统探讨了中学思想政治课程标准与教材分析的理论和方法。内容包括思想政治学科课程的基本知识、思想政治学科课程标准概述、思想政治学科课程标准解析、思想政治学科教材建设的发展、思想政治学科教材的设计与编写、思想政治学科教材分析的一般原理、思想政治学科教学中的教材处理。

本书既可作为思想政治专业教育硕士相关课程的教材，也可作为中学思想政治教师在职培训的研修教材，还可作为思想政治教师自主学习、自我发展的参考读物。

**图书在版编目(CIP)数据**

中学思想政治课程标准与教材分析/胡田庚主编. —北京：科学出版社，2012
（卓越教师教育精品丛书·学科课程标准与教材分析系列）
ISBN 978-7-03-034925-5

Ⅰ.①中… Ⅱ.①胡… Ⅲ.①政治课-课程标准-研究-中学 ②政治课-教材-研究-中学 Ⅳ.①G633.202

中国版本图书馆CIP数据核字（2012）第131765号

责任编辑：任俊红/ 责任校对：朱光兰
责任印制：霍 兵/ 封面设计：华路天然工作室

科学出版社 出版
北京东黄城根北街16号
邮政编码：100717
http://www.sciencep.com
三河市宏图印务有限公司印刷
科学出版社发行 各地新华书店经销
*
2012年6月第 一 版 开本：787×1092 1/16
2026年1月第十三次印刷 印张：13 1/4
字数：339 000

**定价：45.00元**

（如有印装质量问题，我社负责调换）

# 卓越教师教育精品丛书编委会

**主　任**　马　敏　杨宗凯

**副主任**　李向农

**编　委**（按姓氏笔画排序）

王后雄　王坤庆　王恩科　石　挺　朱长江
朱庆海　任友洲　李克武　李建华　刘建清
吴伦敦　洪早清　段　锐　涂艳国　曹艳丽
曹慧东　詹一虹

本丛书获得华中师范大学国家教师教育创新平台
教师教育理论创新与实践研究项目资助

# 前　言

思想政治作为公民教育的核心课程，历来受到世界各国的广泛关注，我国也不例外。新中国成立以来，我国一直把它作为国家课程加以建设，并颁布了一系列思想政治教学大纲或课程标准，也形成了比较完善的教材体系。思想政治课程标准是国家颁布的课程文件，体现了国家对该课程的基本要求，规定了学生通过该课程的学习应该达到的最低标准；思想政治教材承载着该课程的主要内容，是学生学习该课程的主要材料。可以说，课程标准和教材都对该课程的教学具有不可忽视的影响和制约作用，是思想政治教师进行教学设计、组织教学活动的重要依据，也是衡量教学效果好坏的重要标准。

首先，课程标准和教材分析是教师教学准备的基础。教师的教学准备是教师为全面完成教学任务而进行的一系列准备工作，包括备课标、备教材、备学生、备教法等，而其中备课标、备教材是这一系列教学准备工作的基础。课程标准规定了课程的性质、理念、目标、内容等，也提出了教学、评价、课程资源开发和利用等方面的建议；教材承载了教学的主要内容，是教学的主要材料。教师只有认真研究课程标准，认真分析教材，才能合理地制定教学目标，恰当处理教学内容，妥善安排教学进程，科学选用教学方法和手段，编写切实可行的教学方案，为教学活动的开展作好充分的准备。

其次，课程标准和教材分析是有效组织教学活动的保证。思想政治课程是国家课程，其课程标准体现的是国家意志，课程标准的相关规定，体现了国家对思想政治教学的统一要求，对教学有重要的规范作用，是教师进行教学工作的依据；而思想政治教材是最基本的教学材料，既是教师施教的“教本”，又是学生学习的“学本”。教师在教学中既要尊重教材，根据教材组织教学活动，不能舍本逐末，游离于教材之外另搞一套，又不能拘泥于教材，照本宣科，人云亦云。因此，教师在教学中只有认真研究课程标准和教材，才能明确思想政治教学的基本目标，恰当处理教学的基本内容，有效地实施教学活动，全面完成教学任务。

再次，课程标准与教材分析是科学进行教学评价的基本要求。对教学工作的效果进行检测和评价是一项经常性的工作，以什么为依据来检测，按什么样的标准来评价，人们的看法并不一致，但课程标准和教材无疑在其中扮演着重要的角色，尤其是课程标准，对思想政治课程的知识广度与深度、能力要求与结构、思想水平与行为表现等的规定，是进行教学评价的客观标准和基本依据。

最后，课程标准与教材分析是教师自身发展的重要途径。进行课程标准与教材分析的过程也是教师学习和提升的过程。“学，然后知不足；教，然后知困。知不足，然后能自反也；知困，然后能自强也。故曰：教学相长也。”这一古训值得每一位教师深思。通过不断研究课程标准和钻研教材，可以促使教师不断学习有关知识，思考相关问题，提高自身素质。

因此，掌握课程标准和教材分析的理论和方法，是每一个思想政治教师必备的基本技能，加强对课程标准和教材的分析，是对思想政治教师教学工作和自我专业发展的常规要求。本书力图以先进的教育教学理论为指导，以推进思想政治教师的专业发展为目标，努力贯彻基础教育新课程改革的基本精神，探讨思想政治课程标准和教材分析的理论与方法。在编写本书的过程中，我们既注意吸收以往思想政治课程标准和教材分析的实践经验和理论成果，又注意反映基础教育改革中思想政治课程标准和教材分析的新经验、理论研究的新成果、实践探索的新模式与新思路；既注重理论的分析和论证，也关注经验的总结和描述。本书既可作为思想政治专业教育硕士相关课程的教材，也可作为中学思想政治教师在职培训的研修教材，还可作为思想政治教师自主学习、自我发展的参考读物。

本书由胡田庚任主编，刘开伦、陈红、李鑫任副主编。参加本书编写的有：胡田庚、陈红、李鑫、向红、刘开伦、程美兰。全书由胡田庚统稿定稿。在编写本书的过程中，我们参考了大量相关资料，吸收了许多专家学者的研究成果，在此一并表示感谢。

由于编者水平有限，书中难免有不足之处，敬请广大读者批评指正。

编　者

2012 年 3 月于华中师范大学

2023 年 1 月修订

# 目　录

前言
第 1 章　思想政治学科课程的基本知识 …… 1
1.1　思想政治学科课程的界定 …… 1
1.2　思想政治学科课程的历史考察 …… 7
1.3　思想政治学科课程的理念 …… 14
1.4　思想政治学科课程的目标 …… 17
1.5　思想政治学科课程的结构 …… 21
第 2 章　思想政治学科课程标准概述 …… 28
2.1　思想政治学科课程标准的界定 …… 28
2.2　思想政治学科课程标准的历史演变 …… 31
2.3　思想政治学科课程标准的研制 …… 39
2.4　思想政治学科课程标准分析 …… 41
第 3 章　思想政治学科课程标准解析 …… 45
3.1　思想政治学科课程标准的基本结构 …… 45
3.2　思想政治学科核心素养凝练与课程目标定位 …… 47
3.3　思想政治课程的设计思路和课程内容 …… 55
3.4　思想政治课程学业质量 …… 65
3.5　思想政治课程的实施建议 …… 71
第 4 章　思想政治学科教材建设的发展 …… 91
4.1　思想政治学科教材界定 …… 91
4.2　思想政治学科教材建设的历史回顾 …… 94
4.3　思想政治学科教材建设的经验教训 …… 101
4.4　思想政治学科教材编写的基本要求 …… 104
第 5 章　思想政治学科教材的设计与编写 …… 108
5.1　思想政治教材的设计与编写概述 …… 108
5.2　思想政治必修课程教材的设计与编写 …… 121
5.3　思想政治选择性必修课程教材的设计与编写 …… 139
第 6 章　思想政治学科教材分析的一般原理 …… 159
6.1　思想政治学科教材分析及其重要性 …… 159

6.2　思想政治学科教材分析的基本步骤 …… 162
6.3　思想政治学科教材分析的内容 …… 166
6.4　思想政治学科教材分析的方法 …… 175
6.5　思想政治学科教材分析的基本要求 …… 180
**第 7 章　思想政治学科教学中的教材处理** …… 185
7.1　树立新的教材观 …… 185
7.2　思想政治教材处理的内容和方法 …… 191
7.3　思想政治学科教材处理的基本原则 …… 200

# 第 1 章 思想政治学科课程的基本知识

**学习目标**

1. 了解思想政治学科课程及其特点，明确思想政治学科课程在中学德育中的地位和作用。

2. 了解思想政治学科课程发展的历史，分析总结思想政治学科课程建设的经验教训。

3. 了解基础教育课程改革的基本理念，以及我国初中思想品德和高中思想政治课程的理念，明确思想政治学科课程目标的基本结构和新特点，能够结合思想政治学科教材、教学的实际案例，分析课程理念、课程目标在教材、教学中的贯彻。

4. 了解思想政治学科课程结构及其确立的依据，明确基础教育改革中思想政治学科课程结构调整的必要性，把握思想政治学科课程结构调整的趋向。

**关键词**

课程；思想政治课程；初中思想品德课；高中思想政治课；德育课程；新式学堂制度；修身科；公民科；讲经科；课程理念；社会本位；学生本位；课程目标；教学目标；三维目标；课程结构；课程的类别结构；课程的学科结构；学科的内容结构；分科课程；综合课程；必修课程；选修课程；国家课程；地方课程；校本课程；显性课程；隐性课程；课程结构的均衡性、综合性和选择性；课程结构调整

课程标准和教材与课程密切相关，课程标准总是一定课程的标准，教材也是一定课程的教学材料。离开了课程，就无所谓课程标准和教材。因此，分析中学思想政治课程标准和教材，首先需要对思想政治学科课程有一定的了解，这是进行思想政治课程标准和教材分析的基础。

## 1.1 思想政治学科课程的界定

### 1.1.1 课程与思想政治学科课程

课程，是教育学领域争议较多、歧义较大的概念之一。随着西方课程理论的引入，特别是我国基础教育课程改革的发展，课程越来越受到重视，如何理解课程已经成为广大教育工作者广泛关注的问题。

**实践反思**

随着社会的进步和时代的发展，教育也需要不断变革。回顾自 20 世纪以来世界范围内的几次大的基础教育改革，都是从课程改革开始的，以课程改革为核心。为什么课程改革总是受到特别的关注？课程在基础教育中占有怎样的地位，作用如何？

由于人们所处的特定历史时期和社会条件不同，也由于人们从事课程研究的经验、着眼

点、层次不同，人们对课程的理解多种多样。

《中国大百科全书·教育》中把课程定义为课业及进程。在广义上指所有学科（教学科目）的总和，或指学生在教师指导下各种活动的总和；在狭义上指一门学科[①]。

顾明远主编的《教育大辞典》中把课程理解为为实现学校教育目标而选择的教育内容的称谓[②]。

《简明国际教育百科全书·课程》中列出了9种不同的课程定义。①课程是在学校建立的一系列具有潜力的经验，目的是训练儿童和青年以群体方式思考和行动。②课程是学生在学校指导下所学得的全部经验。③课程是学校传授给学生的、旨在使他们取得毕业、获得证书或进入职业领域的资格的教学内容和具体教材的总计划。④课程是一种对教师、学生、学科、环境等教材组成部分的范围的方法论的探究。⑤课程是学校的生活和计划，是一种指导生活的事业，是构成一代又一代人生活的活动流。⑥课程是一种学习计划。⑦课程是通过有组织地重建知识和经验而得到系统阐述的有计划、有指导的学习经验和预期的学习结果，在学校的帮助下，推动学习者个人的社会能力不断地、有目的地向前发展。⑧课程基本上由5种大范围的学科学习构成：掌握母语，系统地学习语法、文学和写作；数学；科学；历史；外国语。⑨课程被看做是人类经验的范畴，而不是结论的可能思维模式的不断扩大的范畴[③]。

本书所涉及的课程概念是从学科的意义上来讲的，课程即学科。基于此，所谓思想政治学科课程，就是在中学课程体系中，具有明显的思想教育性质、担负着中学思想教育的主要任务、承载着中学思想教育的主要内容、成为中学思想教育的主要渠道的教学科目。在不同的国家和地区、不同的历史时期，这类教学科目会有所不同。从我国目前实际情况来看，中学思想政治课程主要是指初中道德与法治课和高中思想政治课。

道德与法治课是义务教育阶段的思政课，旨在提升学生思想政治素质、道德修养、法治素养和人格修养等，增强学生做中国人的志气、骨气、底气，为培养以实现中华民族伟大复兴为己任的有理想、有本领、有担当的时代新人打下牢固的思想根基。课程具有政治性、思想性和综合性、实践性。

高中思想政治课程是落实立德树人根本任务的关键课程，以培育社会主义核心价值观为目的，是帮助学生确立正确的政治方向、提高思想政治学科核心素养、增强社会理解和参与能力的综合性、活动型学科课程。高中思想政治课程紧密结合社会实践，讲授马克思主义基本原理，讲授马克思主义中国化成果特别是习近平新时代中国特色社会主义思想，引导学生经历自主思考、合作探究的学习过程，理解中国特色社会主义进入新时代的历史方位，了解新时代中国特色社会主义经济、政治、文化、社会、生态文明建设和党的建设进程，培育政治认同、科学精神、法治意识和公共参与等核心素养，逐步树立共产主义远大理想和中国特色社会主义共同理想，坚定中国特色社会主义道路自信、理论自信、制度自信、文化自信，基本形成正确的世界观、人生观、价值观。高中思想政治课程具有学科内容的综合性、学校德育工作的引领性和课程实施的实践性等特征，它与初中道德与法治、高校思想政治理论等

---

① 中国大百科全书总编辑委员会《教育》编辑委员会，中国大百科全书出版社编辑部．中国大百科全书（教育）．北京：中国大百科全书出版社，1985：207.

② 顾明远．教育大辞典（增订合编本）．上海：上海教育出版社，1997：892.

③ 托斯顿·胡森，纳维尔·波斯特尔斯威特．简明国际教育百科全书·课程．江山野译．北京：教育科学出版社，1991：65.

课程相互衔接，与时事政治教育相互补充，与高中其他学科教学和相关德育工作相互配合，共同承担思想政治教育立德树人的任务。

中学思想政治课程是中学课程体系的组成部分，在整个课程体系中占有重要地位。一方面，它是中学课程方案明确规定的国家课程。正是基于这种国家课程的地位，初中道德与法治课、高中思想政治课由国家最高教育行政部门专门制定、颁布实施的课程标准，有特定的教学目标和课程内容体系，有严格的课时要求，教材也必须经过严格的审查。另一方面，中学思想政治课程也是中学的一门必修课程。就地方和学校来说，不存在这门课程开不开的问题；就学生来说，也不存在这门课程学不学的问题。各地方各中学都必须开设，所有学生也必须学习。

中学思想政治课程也是中学德育的核心。《中学德育大纲》中指出："思想政治课是向学生较系统地进行思想品德教育、马克思列宁主义、毛泽东思想基本常识及中国特色社会主义理论观点教育的一门课程，在诸途径中居特殊重要地位，对帮助学生树立正确的政治方向、正确的人生观和思想方法，培养良好品德起着导向作用。"中学思想政治课程与其他课程相比，更直接地担负着中学德育的任务，在中学德育中处于特殊重要的地位，是中学德育的主要途径。与其他学科教学、班主任工作、共青团、少先队、学生会工作、劳动与社会实践、活动课程与课外活动、校外教育、心理咨询和职业指导、校园环境建设、家庭教育、社会教育等中学德育途径相比，中学思想政治课程有统一的教学大纲和比较系统、相对稳定的教学内容，有统一的教学计划和教学进度，并且以课堂教学为基本形式，由专门的教师对学生进行由浅入深、循序渐进、有的放矢的思想政治教育。这种教育具有系统性和完整性，能从根本上提高学生分析问题、解决问题的能力和政治思想道德觉悟，这是其他德育途径无法比拟和替代的。

**视野拓展**

比较《中学德育大纲》和《义务教育道德与法治课程标准》、《普通高中思想政治课程标准》，研究它们在目标、内容等方面的规定上有哪些共通之处？通过这些共通之处分析中学德育与思想政治课程之间的关系，并体会思想政治课程所具有的德育功能。

### 1.1.2　思想政治学科课程的特征

中学思想政治学科课程是一门什么样的课程？一直以来人们有各种不同的认识和界定。总体来看，对思想政治课程根本性质的认识主要围绕着思想政治课是"德育课"还是"智育课"的归属问题展开。其结果是，把它归为"智育课"，往往导致德育的削弱，思想政治课程的目标不能完整实现，思想政治学科教学的任务无法全面完成；把它归为"德育课"，又常常使智育遭到冷落，德育也因缺乏根基而陷入空洞说教，软弱无力。

事实上，作为学科的功能构成，中学思想政治课程具有较强的兼容性。它既具有智育属性，又具有德育属性，问题的关键在于在什么意义上它具有智育属性，在什么意义上它具有德育属性，从本质上看它的根本属性又是什么。随着课程改革的深入发展，人们普遍认为思想政治课程兼有德育性和智育性，其中德育性是其根本属性，从根本上说，思想政治课程是一门德育性质的课程。中学思想政治课程的发展历史、课程内容，以及它与中学其他课程相比表现出来的特殊性，都可以清楚地表明这一点。

**资料卡片**

**德育概念的种种理解**

德育是教育者按照一定社会或阶级的要求，有目的、有计划、有组织地对受教育者施加系统的影响，把一定的社会思想和道德转化为个体的思想意识和道德品质的教育。

——《中国大百科全书（教育）》

德育即对学生进行政治、思想、道德和心理品质教育。它对坚持学校的社会主义性质，保证人才培养的正确政治方向，促进学生全面发展，起着主导决定性作用。

——《中学德育大纲》

德育是教育者根据一定社会和受教育者的需要，遵循品德形成的规律，采用言传、身教等有效手段，通过内化和外化，发展受教育者的思想、政治、法制和道德几方面素质的系统活动过程。

——鲁洁，王逢贤：《德育新论》

德育是教育工作者组织适合德育对象品质成长的价值环境，促进他们在道德价值的理解和实践能力等方面不断建构和提升的教育活动。

——檀传宝：《学校道德教育原理》

德育就是把一定社会或阶级的思想观点、政治准则、道德规范转化为个体思想品德的活动。

——胡守芬：《德育原理》

德育是教育者按照一定社会的要求，通过特定的教育活动，把特定社会的思想和道德规范内化为受教育者的思想意识和道德品质的过程。

——孙喜亭：《教育原理》

值得注意的是，德育是一个很宽泛的概念，也有很强的时代性，在我国不同的历史时期，由于历史背景的不同，社会条件的变化，对德育内容、要求等的认识会有差别。就中学思想政治课程来说，虽然根本上是德育性质的课程，但在不同时期，相关课程文件对课程性质的规定会有一定差异。例如，1959 年，教育部颁布的《中等学校政治课教学大纲》中规定思想政治课是“思想政治教育和道德教育的重要课程”；1992 年《全日制中学思想政治课教学大纲》规定思想政治课是“对学生进行马列主义毛泽东思想基本常识和社会主义政治思想道德教育的课程”；1996 年，国家教育委员会（国家教委）颁布的《全日制普通高级中学思想政治课课程标准（试行）》指出“思想政治课是对中学生系统进行公民品德教育和马克思主义常识教育的必修课程”等。进入 21 世纪，为适应社会进步和教育改革发展的新要求，中学思想政治课程标准也对思想政治学科的课程性质进行了明确规定。

我们认为，中学思想政治课程是一门以马克思主义基本观点教育为核心的，具有思想性、综合性、人文性、实践性特点的社会主义公民素质教育课程。

1. 思想政治课程是社会主义公民素质教育课程

培养高素质的公民，历来受到世界各国的共同关注。尤其是自 20 世纪 90 年代以来，世界各国的基础教育课程改革都有一个共同的特点，就是非常重视公民课的设置和德育课的设置，其目的就是培养具有良好思想素质的公民。

在不少西方国家的基础教育课程设置中，公民素质教育主要通过社会科实施。例如，在美国，早在 1790 年，就开设了“公民科”，培养学生的爱国心和对美国政治制度、国家理念的理解；1916 年，在中学设立了社会科，内容涉及社会学、心理学、经济学、地理学、历史学等社会科学领域，其目标既包括培养学生对美国社会的忠诚，也要求培养学生参加地区社会的积极态度、适当的职业观、处理个人及社会问题的能力。日本于 1947 年正式在学校设立了社会科，其总目标定位是：为建设民主的、和平的新国家，培养具有良好人格、具有社会责任感、正义、公正、热爱劳动、具有创造力的新公民。作为培养公民素质的基础课程，其内容不仅涉及政治思想道德教育，而且将自我修养、人际关系、社会组织、法律、公共道德、经济和国家制度、历史和地理、国际社会等包括其中，包含了公民素质教育的全部内容。

在我国，中学德育课就是公民素质教育的主要课程。根据教育部颁布的最新课程标准，初中思想品德课为学生思想品德健康发展奠定基础，高中思想政治课为学生终生发展奠定思想政治素质基础。虽然各有不同的侧重点，前者侧重于公民的思想品德素质，后者侧重于公民的思想政治素质，但归根结底都是把公民基本素质的培养作为根本目标。

**理论探究**

比较我国的公民素质教育与西方国家的公民素质教育，有什么共同性？又有哪些区别？西方国家的公民素质教育对我国有哪些启示？

2. 思想政治课程是知识性与思想性相统一的课程

知识性和思想性是中学思想政治课的双重属性。一方面，中学思想政治课具有知识性，有其自身的学科知识和体系，主要对学生进行马克思主义基本观点、有关社会科学的基本常识、社会生活的基本规范等方面的教育，这些内容是人类认识自然、社会和思维发展规律的结晶，是人类科学文化知识的重要组成部分。另一方面，中学思想政治课具有教育性，要引导学生结合社会实际，领悟马克思主义的基本观点和方法，提高参与现代社会生活的能力，逐步树立建设中国特色社会主义的共同理想，形成优良的思想品质和健康的道德情操，逐步形成正确的世界观、人生观、价值观。

值得注意的是，虽然思想政治学科兼有知识性和思想性，但思想性是其根本属性，也是这门课程的灵魂。思想政治学科知识很多，这些学科知识本身就是对学生进行政治思想道德教育的重要内容，而且其着眼点和落脚点也在于对学生进行政治思想道德教育，提高学生的政治思想道德素质。从一定意义上说，思想政治学科就是一门德育性质的课程，是学校德育工作系统中的一个重要环节，具有不同于一般德育工作的课程特点，也具有不同于其他学科课程的特殊、重要的德育功能，是中学德育系统的基础并起导向作用。高中思想政治课程标准还明确要求：高中思想政治课要与初中思想品德课和高校政治理论课相互衔接，与时事政策教育相互补充，与高中相关科目的教学和其他德育工作相互配合，共同完成思想政治教育的任务。

**问题研讨**

思想政治学科具有不同于学校一般德育工作的课程特点，也具有不同于其他学科课程的特殊、重要的德育功能。对此你是怎样理解的？尝试分析思想政治学科具有哪些不同于学校一般德育工作的课程特点，具有哪些不同于其他学科课程的特殊、重要的德育功能。

3. 思想政治课程是具有思想性、综合性、人文性、实践性特点的课程

1）思想性

思想政治课以马列主义、毛泽东思想、中国特色社会主义理论体系为指导，紧密联系社会实际和学生思想实际，对学生进行基本的思想品德教育和思想政治教育，为学生形成正确的世界观、人生观和价值观奠定基础。

2）综合性

思想政治学科具有宽泛的学科背景，是多门学科、多种知识的整合，综合的课程形态是初中思想品德课和高中思想政治课的特点。

初中思想品德课程标准就明确强调了思想品德课程的综合性，提出思想品德课程以认识我、我与他人和集体、我与国家和社会为主线，对道德、心理健康、法律和国情等多方面的学习内容进行有机整合；与初中生的社会生活、学校生活和家庭生活紧密联系，是对学生在这些领域中的体验、认识和遇到的问题所进行的梳理、加工和提炼。

高中思想政治课程标准也注意以生活为基础，以马克思主义经济学、政治学、文化学、哲学、法学、伦理学等多学科知识为支撑，构建高中思想政治课程内容体系。具体来说，高中思想政治课包括四个必修模块和六个选修模块，每个课程模块都有自己的学科背景，都有相应的学科知识作为支撑。

3）人文性

《初中思想品德课程标准》明确强调，尊重学生学习与发展规律，体现青少年文化特点，用初中生喜闻乐见的方式组织课程内容、实施教学；用优秀的人类文化和民族精神陶冶学生心灵，用社会主义核心价值体系引领学生发展，提升学生的人文素养和社会责任感。

高中思想政治课也有突出的人文性特征。根据《普通高中课程方案（实验）》的规定，课程总体框架由学习领域、科目、模块三个层次构成，思想政治课属于人文与社会学习领域的一个科目。作为一门人文与社会学习领域的课程，思想政治课既要体现作为德育课程的特有性质，也要反映在人文与社会学习领域的特有价值，注重学生人文素质的培养。

4）实践性

就课程本身看，思想政治学科的基本内容是马克思主义基本常识、有关社会科学的基本知识，以及社会生活的基本规范，这些内容具有显著的实践性，在社会实践中形成，接受社会实践的检验，在社会实践中完善，并指导社会实践。同时，从人的发展看，人的思想品德和思想政治素质也只有在社会生活和实践的基础上才能得以形成和提升。因此，思想政治学科要注重与学生生活经验和社会实践的联系，通过学生自主参与的、丰富多样的活动，扩展知识技能，完善知识结构，提升生活经验，促进正确思想观念和良好道德品质的形成和发展。

**理论探究**

中学德育课程与小学、大学德育课程相比，有哪些典型的特点？你认为中学与小学、大学德育课程是否应该有效衔接？怎样做好这些不同学段德育课程的衔接工作？

## 1.2　思想政治学科课程的历史考察

思想政治学科是带有浓厚国家意志的一门课程，随着社会的进步和时代的发展，思想政治学科课程也会有相应的变化。可以说，历史上每一个时期的思想政治课程，无不深深地打上时代的印记。当然，这绝不意味着不同时代、不同时期的思想政治课程完全隔离，课程建设事实上是一个对历史克服与保留、继承与发展的过程。因此，对思想政治学科课程进行历史考察，有利于我们了解思想政治学科课程建设的基本经验和教训，更好地推进思想政治课程的建设和发展。以下就我国思想政治课程的建设和发展进行简要分析。

### 1.2.1　民主革命时期思想政治学科课程

民主革命时期，建立民族国家、取得民族独立、实现民族强盛，是精英与民众共同关注的时代话题。中学思想政治课程建设，反映了时代的要求、国家的意志、民众的呼声。中学思想政治课程的产生，与洋务运动和维新运动中新式学堂制度的建立密切相关；关于课程内容的规定，从整体趋势上看，体现了从修身教育向公民教育的转变。

1. 清朝末年的思想政治课程

清朝末年，洋务运动和维新运动的兴起，推动了新式学堂制度在我国的建立。1862 年，清政府开办第一所近代新式学堂京师同文馆，此后，新式学堂不断建立。尤其是 1901 年，清政府实行“新政”，颁布“兴学诏书”，指出“人才为政事之本，作育人才，端在修明学术……除京师已设大学堂，应行切实整顿外，著各省所有书院，于省城均改设大学堂，各府及直隶州均改设中学堂，各州县均改设小学堂，并多设蒙养学堂”①。把全国各地的书院均改为学堂，大大推进了近代新式学堂的发展。据统计，1903 年，有新式学堂 769 所，1904 年猛增至 4476 所，1905 年达 8277 所②。

随着新式学堂制度的建立，清政府开始按照学科相对固定地设置课程。这时虽然没有政治课的名称，但已经开始设置相关内容的课程。

1902 年，清政府公布了第一个关于学校课程的文件，即《钦定学堂章程》，规定中学堂的设置宗旨在于加深高等小学毕业生的教育程度，增添其科目，为进一步深造奠定基础。中学堂的课程有 12 门，其中包括修身、讲经两门。《钦定学堂章程》因故没有真正实施。

1904 年，清政府又颁布了由张百熙、张之洞、荣庆重新拟定的《奏定学堂章程》，规定在中学堂设置修身科、读经讲经科，两科的设置，标志着政治课在学校教育中取得独立地

① 转引自李国钧，王炳照．中国教育制度通史．第六卷．济南：山东教育出版社，2000：261.

② 转引自李国钧，王炳照．中国教育制度通史．第六卷．济南：山东教育出版社，2000：267.

位，正式成为独立课程。

清朝末年的修身科、读经讲经科，从各个方面对学生进行道德品质和政治思想教育。例如，1907年中学堂所用《修身教科书》，其教学目的和主要教学内容如下：修身，摘讲陈宏谋的“五种遗规”：《养正遗规》、《训俗遗规》、《教女遗规》、《从政遗规》、《在官法戒录》（以教为吏胥者）；理极纯正，诸及平实……所讲修身之要义，一在坚其敦尚伦常之心，二在鼓其奋发有为之气，尤当示以一身与家族朋类国家世界之关系，务须勉以实践躬行，不可言行不符①。

**资料卡片**

**“修身”科与“讲经”科的区别②**

晚清时期，读经与修身是官方规定的承担道德教育重任的两种科目，“前者所以严古尊圣，而后者所以达用适时”，这是它们的区别。在国人自编的修身教科书出现之前，修身教科书实际上就是要求以经书为本，讲授人伦道理。

晚清以后，修身与读经，开始承担不同的教育任务。严复就曾建议过，将嘉言懿行另列修身课本中，与读经分为两事。修身科比之经书较为简单易懂，易被儿童吸收，所以渐渐承担起了道德引导的历史重任。有关读经的教本在道德教育方面开始向修身教育体例靠拢。

清朝末年的思想政治课程具有以下两个特点：第一，仍以中国传统的修身、齐家、治国、平天下为核心内容，虽然开始出现了一些资产阶级平等、自由思想，但总体上看，还是带有浓厚的封建色彩；第二，仍以中国传统的修身教育为主要教育方向，虽然也开始注意道德教育的经世致用，强调道德教育要联系社会生活实际来进行，但关注的主要方向还是自省自克、独善其身。

2. 民国时期的思想政治课程

1911年，辛亥革命推翻了清王朝的封建统治，建立了中华民国。中华民国成立后，蔡元培为中华民国第一任教育总长。在蔡元培的主持下，教育部对教育制度进行了大的革新。1912年，中华民国教育部公布的《中学校令》和《中学校令施行规则》，废除了晚清充满封建意识、宣传“忠君”“尊孔”的读经讲经课，开设修身、法治经济。

1919年“五四”运动标志着我国新民主主义的开端。“五四”运动给我国的教育带来了巨大的冲击，推动了教育改革的发展。经过反复的讨论和酝酿，1922年，中华民国北洋政府制订了《学制改革案》，并于11月以大总统令的名义颁布，新学制实行。在新学制下，加强了公民教育，以公民课代替了修身课。此外，还开设了人生哲学、社会问题等课程。“人生哲学”主要是“使学生渐明人生之真相，与修养之方法”；“社会问题”主要是使学生了解和明白共同生活的性质，探讨共同生活中存在的问题及补救措施等。

① 吴铎．思想政治教育学．杭州：浙江教育出版社，1992：115.
② 毕苑．从《修身》到《公民》：近代教科书中的国民塑形．教育学报，2005，(1)．

资料卡片

**公民教育的兴起**①

公民的概念不是中国固有的，而是从西方引入的，它起源于希腊城邦，雅典的“公民大会”早已名垂青史。所以，公民教育的起源可上溯到公元前 8 世纪的希腊，柏拉图的《国家篇》与《法律篇》中都有对公民教育的阐述，认为这是国家组织的重要基础。经过罗马共和时代，到 16 世纪，公民教育在欧洲随国家思想而勃兴。

以蒋介石为首的国民党取得政权之后，竭力推行“党化教育”。1929 年，国民政府修改教育宗旨，把教育宗旨确定为：“中华民国之教育，根据三民主义，以充实人民生活，扶植社会生存，发展国民生计，延续民族生命为目的，务期民族独立，民权普遍，民生发展，以促进世界大同。”并改公民科为党义科，主要教学内容有“建国大纲浅说”、“建国方略概要”、“三民主义”、“五权宪法浅释”、“直接民权运用”。1932 年，国民政府教育部改变教育策略，将党义科改为“公民”科。课程内容将政治、经济、道德等方面内容结合起来，讲究系统性、规范性，注重知行统一，但其核心却是“服膺党义，效忠党国”，仍旧表现出鲜明的政治意识形态特色。1932～1949 年，“公民”科的教学目的和主要教学内容曾作多次调整。

民国时期的中学思想政治课程，体现出以下三个特点：第一，突出公民教育，由传统的修身教育向公民教育转变。即使是个人的品格修养，也被置于社会当时的政治、经济、法律、民族、国际关系等背景下，与社会生活联系密切。第二，课程带有浓厚的政治色彩和党化色彩，强调借助该课程来为统治者服务。第三，政府对课程建设高度重视。课程目标的确立、课程内容的选择、课程实施的安排等，都组织得相当严密和系统，反映出统治者重视通过思想政治课程对学生实行道德观念灌输及思想统治。

3. 民主革命时期革命根据地和解放区的思想政治课程

中国共产党成立后，也注意兴办教育，注意思想政治教育类课程的建设。中国共产党在中学设置思想政治课程始于抗日战争时期。

在抗日战争时期，各抗日根据地都根据自己的实际条件，开设了各种各样的思想政治课程。例如，《晋察冀边区中学暂行办法》明确规定中学政治课开设“政治常识”、“三民主义与统一战线”、“时事政策”等课程；《陕甘宁边区暂行规章草案》规定，初中教学科目设“公民知识”，高中教学科目设“社会科学概论”和“哲学”。

在解放战争时期，各解放区人民政府的教育行政部门根据革命斗争的需要，也都注重中学政治课的开设，当时的华北人民政府颁布了《统一中学政治课程标准的规定》，规定了中学政治课的开设：初一开设“中国现状”、“中国革命”；初二开设“世界现状”、“社会常识”；初三开设“人生观”、“社会调查”；高一开设“经济学”、“中国经济”；高二开设“政治学”；高三开设“新民主主义论”、“政治常识”。这些都为新中国中学政治课的建立和发展提供了丰富的经验。

民主革命时期革命根据地和解放区的思想政治课程呈现出以下三个特点：第一，在课程设置上，各不相同。民主革命时期，各革命根据地和解放区处于分割状态，使得各地的思想

① 曾在幹．略论公民教育．教育杂志，1928，(2)．

政治课程不尽一致，甚至差别很大。第二，在课程功能上，有浓厚的政治化色彩，基本上都是密切配合政治军事形势的发展，紧密服务革命斗争的需要，忽视了课程应有的完善人、发展人的价值。第三，在课程内容上，有明显的超前化现象，关注政治道德方面的教育，比较忽视基本的思想品德方面的培养。

### 1.2.2 新中国成立后的思想政治学科课程

新中国成立后，十分重视思想政治课程建设，在中学一直开设有思想政治这门课程。回顾新中国成立以来思想政治课程的发展历史，大体经历了五个阶段。

1. 思想政治课程的初创时期

这一时期主要是指20世纪50年代。新中国成立初期，第一次全国教育工作会议决定取消国民党的“公民”、“党义”等课程，各地对学生开展党的政策教育和形势教育。

1951年6月，教育部统一了中学政治课程的名称，1952年起，先后开设了“青年修养”、“中国革命常识”、“共同纲领”、“社会发展史”、“政治常识”、“社会科学基础知识”等课程。

1956年后，由于照搬苏联经验，有关部门主张思想政治教育通过各科教学进行，几乎取消了中学的全部政治课程，只在高中三年级保留了一门“宪法”。这一做法受到毛泽东的严厉批评，学校的政治课程迅速恢复。

1959年7月，教育部颁发了《中等学校政治课教学大纲》，规定中学各年级开设“道德品质教育”、“社会发展简史”、“中国革命和建设常识”、“政治常识”、“经济常识”、“辩证唯物主义常识”等课程。这是新中国成立后我国颁布的第一个全国性的中学政治课教学大纲，这一教学大纲的颁布，标志着中学思想政治课程及其体系基本建立。

2. 思想政治课程的加强和发展时期

这一时期主要是指20世纪60年代上半叶。1961年，教育部颁布了《关于改进中等学校政治课教学的意见》，对1959年的教学大纲作了必要的修改。1963年，教育部发出《关于实行全日制中小学新教学计划（草案）的通知》，对各门课程的教学计划都作了新的规划。在中学政治课方面，按年级分别设置“道德品质教育”、“社会发展简史”、“中国革命和建设”、“政治常识”、“经济常识”、“辩证唯物主义常识”等教学内容。这一教学计划虽然还包含不少“左”的思想因素，但从总体上看是较为符合时代对青少年德育素质需求的。1964年，中共中央批发了《中央宣传部、高教部党组、教育部临时党组关于改进高等学校、中等学校政治理论课的意见》，进一步调整了政治课的课程设置。规定初中一、二年级分别设置“做革命接班人”和“社会发展简史”，初三或高一年级设“社会主义革命和建设”，高二年级设“辩证唯物主义常识”，高三年级设“毛泽东著作选读”（乙种本）。

1959～1966年，我国对中学政治课的规范化、系统化建设进行了有益的尝试，也取得了一定的成效，积累了一定的经验。但受社会政治环境的影响，这种探索难免带有比较浓厚的“左”的色彩，而且这种探索也没能深入下去、坚持下来。

3. 思想政治课程遭受严重破坏时期

“文化大革命”时期，思想政治课程变成了“语录课”、“斗争课”、“批判课”，原有的课程、教材被打乱，教师队伍被打散，长期积累起来的教学经验被否定，政治课的声誉被败坏，师生的教学积极性受到严重打击。

4. 思想政治课程的恢复和发展时期

与政治、经济上的拨乱反正相关联，思想政治课程得到恢复。1980 年，教育部组织编写了统一的中学政治课教材，1981 年后，《青少年修养》、《社会发展简史》、《法律常识》、《政治经济学常识》、《辩证唯物主义常识》等教材相继推广使用。

5. 思想政治课程的改革时期

以 1985 年中共中央发出的《关于改革学校思想品德和政治理论课程教学的通知》为标志，思想政治课程进入改革的时期。

**实践反思**

总结新中国成立以来我国思想政治课程建设的历史，你认为有哪些成功的经验值得借鉴？有哪些教训需要吸取？并结合课程建设的实际谈谈你的理由。

回顾新中国成立以来我国中学思想政治课程的发展历程，可以看到，我国历来重视思想政治课的设置，在中学思想政治课程建设方面取得了许多宝贵的经验，形成了比较系统、成熟的课程内容体系、教材体系，建设了一支具有较高素质的合格教师队伍等。当然，也存在一些问题，例如，在课程的功能上，很长时间里，思想政治课程根据国内外形势发展、密切配合政治运动进行，过于强调其社会功能，而其应该具有的塑造健全人格和培养优良品德的功能被弱化；在课程目标定位上，不仅目标过高、过大，容易落空，而且目标结构也不完善，情感目标关注不够；在课程内容上，长时期存在繁、难、偏、旧的问题，脱离生活，远离学生，等等。不过这些问题在改革的过程中已经逐渐得到比较清晰的认识。

### 1.2.3　思想政治学科课程改革及其带来的变化

以 1985 年中共中央发出的《关于改革学校思想品德和政治理论课程教学的通知》为标志，思想政治课进入改革的时期。改革发展到今天，其间经过了几个阶段，并经历了几次大的调整。

1. 改革实验阶段（1985～1992 年）

1986 年 3 月，国家教委印发了《中学思想政治课改革实验教学大纲》（初稿），规定中学思想政治课程的设置方案是：从初一到高三分别为“公民”、“社会发展简史”、“中国社会主义建设常识”、“共产主义人生观”（后改名为“科学人生观”）、“经济常识”、“政治常识”，并根据改革实验大纲组织了新教材的编写工作。

这一时期改革的特点如下：第一，突出课程的思想教育性，学科名称由“政治课”改为“思想政治课”；第二，思想政治课教材呈现多样化的趋势，首次实现“一纲多本”；第三，在教材呈现方式上强调归纳法，从事实出发，而不能从概念原理出发。

2. 调整完善阶段（1992～1994 年）

1992 年 3 月，国家教委在总结《中学思想政治课改革实验教学大纲》实施经验的基础上，重新制定颁发了《全日制中学思想政治课教学大纲（试行）》。根据该大纲的规定，全日制中学从初中一年级至高中三年级，各年级不再分列具体课程名称，统称“思想政治”。各年级内容相对集中，初一进行公民道德、国家观念、法制观念教育；初二进行社会发展史常识教育；初三进行中国特色社会主义和中华人民共和国宪法常识教育；高一进行马克思主义政治经济学常识教育；高二进行辩证唯物主义世界观和科学人生观教育；高三进行马克思主义政治常识教育。

3. 总结发展阶段（1994～1999 年）

1994 年 8 月，中共中央下发《关于进一步加强和改进学校德育工作的若干意见》，这是中学思想政治课改革历程中又一重要的纲领性文件。1996 年 4 月和 1997 年 4 月，原国家教委相继颁发了《高级中学思想政治课课程标准》和《小学思想品德课和初中思想政治课课程标准》，并专门组建了小学思想品德课和中学思想政治课教材编写领导小组，依据新编订的课程标准，组织编写了高质量的新教材。

这个阶段的显著特点是：第一，首次以课程标准取代原来的教学大纲，清楚地表达了教学内容范围和程度，突出了认知目标与能力目标的融合和相互支撑；第二，改变了我国原来将初高中思想政治课教学划分为一个教学阶段的方式，将九年制义务教育小学思想品德课和初中思想课作为一个教学阶段，高中思想政治课作为另一个教学阶段，统筹安排教学内容；第三，在课程设置、教学体系、教学内容、教材形式等方面，在继承新中国成立以来政治课教学改革的优良传统的基础上，有新的建树和突破。结合改革开放的新形势，根据新的课程标准的要求，开设《心理健康教育》、《法律》、《社会发展常识》、《经济常识》、《哲学常识》、《政治常识》等课程。

4. 新课程改革阶段（1999 年至今）

1999 年 6 月，《中共中央、国务院关于深化教育改革全面推进素质教育的决定》颁布，对基础教育课程改革提出了新的要求。2001 年 6 月，《国务院关于基础教育改革与发展的决定》颁布，随后教育部又制定了《基础教育课程改革纲要（试行）》，由此拉开新一轮基础教育课程改革的序幕。根据新课程改革的精神，2003 年和 2004 年教育部先后颁布了九年义务教育初中《思想品德课程标准（实验稿）》和《普通高中思想政治课程标准（实验）》，并组织编写了相应的教材，逐步在全国推广使用。

党的十八大以后，面对经济、科技的迅猛发展和社会生活的深刻变化，面对新时代社会主要矛盾的转化，面对新时代对提高全体国民素质和人才培养质量的新要求，教育部先后启动了普通高中和义务教育课程修订工作，修订完成了《普通高中思想政治课程标准》（2017 年版）、《普通高中思想政治课程标准》（2017 年版 2020 年修订）、《义务教育道德与法治课程标准》（2022 年版）。

随着新课程改革的发展，各中学思想政治课程带来了许多新的变化，主要表现在六个方面。

（1）课程名称的变化。初中由原来的“思想政治”改为“思想品德”，又由“思想品德”改为“道德与法治”。这种改变既是课程发展的需要，也是学生身心发展的需要。从课程发展来说，新课程改革中，教育部从整体上设计从小学到高中的德育课程，小学和初中“道德与法治”，高中“思想政治”。而且我国过去的初中思想政治课缺乏道德教育，有些内容过于成人化，政治性比较强，学生接受起来比较困难，效果受到一定程度的影响，课程名称的改变有利于增强课程的实效。从学生的需要来说，初中学生处于身心迅速发展和学习参与社会公共生活的重要阶段，处于思想品德和价值观念形成的关键时期，迫切需要在思想品德的发展上得到有效帮助和正确指导，在这个阶段开设思想品德课完全适应初中学生身心发展的需要。

（2）课程功能的变化。首先，兼顾社会需要和学生发展。过去的思想政治课程过分强调其社会功能、政治功能，设计课程的出发点首先是国家和社会的需要，很少考虑学生自身发展的需要，使其应该具有的促进学生发展的功能弱化。新课程标准明确提出，初中思想品德课要以初中学生逐步扩展的生活为课程构建的基础，高中思想政治课要构建以生活为基础、以学科知识为支撑的课程模块，体现了中学德育课程要贴近学生生活、关注学生发展的要求。其次，凸显情感态度与价值观教育。新的思想政治课程强调知识、能力和情感态度与价值观的三维目标体系，而且在这个三维目标中，注重情感态度与价值观，重视能力的培养，知识仅是作为手段而存在的。

（3）课程结构的变化。首先，实行必修与选修相结合，加强选修课程。例如，高中思想政治课设置了四个必修模块、六个选修模块。其次，在关注国家课程的同时，为开发地方课程和校本课程提供了较大的空间。学校课程类型的多样化有助于学生的全面发展，这将为从根本上为改变我国学生过分追求学业高分、综合素养低、主动学习能力弱的状况提供有利条件。

（4）课程内容的变化。总体来说，新的思想政治课程内容加强了与学生生活和社会发展的联系，坚持以马列主义、毛泽东思想、邓小平理论和“三个代表”重要思想、科学发展观、习近平新时代中国特色社会主义思想为指导，精选对学生发展终身受益的知识和技能。在具体操作上，既删除了一些繁难偏旧的内容，也适应了社会发展和学生的需要，增加和补充了一些新的内容。就初中思想品德课来说，随着课程名称的改变，政治方面的内容作了一定程度的删减，品德教育的内容有所增加；就高中思想政治课来说，在必修内容中增加了“文化生活”模块，选修模块基本上也是新增加的内容。

（5）教学方式的变化。新课程强调要改变传统的教师“传授”、学生“接受”的教学方式，倡导学生主动参与、乐于探究、勤于动手。例如，高中思想政治课程标准明确提出，要采用灵活的教学策略，“把教师主导的‘目标—策略—评价’的过程与学生经历的‘活动—体验—表现’的过程结合起来，引导学生在范例分析中展示观点，在价值冲突中识别观点，在比较鉴别中确认观点，在探究活动中提炼观点，进而有效地提高学生理解、认同、确信正确价值标准的能力”；倡导研究性学习方式，“要结合相关内容，鼓励学生独立思考、合作探究，为学生提供足够的选择空间和交流机会，能够从各自的特长和关切出发，主动经历观察、操作、讨论、质疑、探究的过程，富有个性地发表自己的见解，以利于培养求真务实的态度和创新精神”。

（6）评价体系的变化。思想政治新课程以学生发展为本，自然要求改变过去传统的评价制度，建立发展性评价体系。实现评价目的由过分强调甄别与选拔向促进学生全面发展转变；评价内容由单纯重视知识评价向重视学生全面素质评价转变；评价方式从单纯纸笔测试向综合运用多种评价方式转变；评价主体由一元向多元转变。

党的十八大以后，面对经济、科技的迅猛发展和社会生活的深刻变化，面对新时代社会主要矛盾的转化，面对新时代对提高全体国民素质和人才培养质量的新要求，教育部先后启动了普通高中和义务教育课程修订工作，修订完成了《普通高中思想政治课程标准》（2017 年版）、《普通高中思想政治课程标准》（2017 年版 2020 年修订）、《义务教育道德与法治课程标准》（2022 年版）。这次课程标准修订带来了一系列重要的变化。以高中思想政治课程标准修订为例，修订的主要变化包括：

(1) 凝练了学科核心素养。中国学生发展核心素养是党的教育方针的具体化、细化。为建立核心素养与课程教学的内在联系，充分挖掘各学科课程教学对全面贯彻党的教育方针、落实立德树人根本任务、发展素质教育的独特育人价值，各学科基于学科本质凝练了本学科的核心素养，明确了学生学习该学科课程后应达成的正确价值观、必备品格和关键能力，对知识与技能、过程与方法、情感态度价值观三维目标进行了整合。课程标准还围绕核心素养的落实，精选、重组课程内容，明确内容要求，指导教学设计，提出考试评价和教材编写建议。

(2) 更新了教学内容。进一步精选了学科内容，重视以学科大概念为核心，使课程内容结构化，以主题为引领，使课程内容情境化，促进学科核心素养的落实。结合学生年龄特点和学科特征，课程内容落实习近平新时代中国特色社会主义思想，有机融入社会主义核心价值观，中华优秀传统文化、革命文化和社会主义先进文化教育内容，努力呈现经济、政治、文化、科技、社会、生态等发展的新成就、新成果，充实丰富培养学生社会责任感、创新精神、实践能力相关内容。

(3) 研制了学业质量标准。各学科明确学生完成本学科学习任务后，学科核心素养应该达到的水平，各水平的关键表现构成评价学业质量的标准。引导教学更加关注育人目的，更加注重培养学生核心素养，更加强调提高学生综合运用知识解决实际问题的能力，帮助教师和学生把握教与学的深度和广度，为阶段性评价、学业水平考试和升学考试命题提供重要依据，促进教、学、考有机衔接，形成育人合力。

(4) 增强了指导性。本着为编写教材服务、为教学服务、为考试评价服务的原则，突出课程标准的可操作性，切实加强对教材编写、教学实施、考试评价的指导。课程标准通俗易懂，逻辑更清晰，原则上每个模块或主题由“内容要求”“教学提示”“学业要求”组成，大部分学科增加了教学与评价案例，同时依据学业质量标准细化评价目标，增强了对教学和评价的指导性。

## 1.3 思想政治学科课程的理念

课程理念是对课程理想的追求，在课程标准中有着重要地位，甚至可以说是课程标准的指导思想。课程框架设计思路的确立、课程目标的表达、课程内容标准的呈现、有关课程实施各个环节的建议等，无不来自课程理念，或体现着课程理念的追求。因此，研究课程标准，必须对课程标准所规定的课程理念进行深入细致的分析。

长期以来，我国中学思想政治课程建设凸显社会本位，强调通过思想政治课程为国家和社会培养人才，忽视了学生个体身心发展与生活实践的需要。事实上，课程的价值是多元的，多种价值的融合，特别是人的发展、经济发展、社会发展的融合，将是课程发展的基本趋势之一。

基础教育新课程改革明确指出：为了中华民族的复兴，为了每位学生的发展。这是整个基础教育改革的核心理念。这一核心理念改变了过去过于强调社会本位的价值取向，注重以学生的发展为本，也关注社会发展的需要，强调通过促进人的发展来推动经济发展和社会发展；这一理念预示着我国基础教育课程建设的基本价值取向：适应时代发展的要求，全面推进素质教育，关注学生的整体发展，造就高素质的社会公民，实现中华民族的伟大复兴。

为了适应基础教育课程改革的发展要求，结合思想政治课程的性质和特点，初中义务教育道德与法治和高中思想政治课程标准明确提出了初中义务教育道德与法治和高中思想政治课程的基本理念。

### 1.3.1　初中义务教育道德与法治课程理念

1. 以立德树人为根本任务，发挥课程的思想引领作用

道德与法治课程以马克思列宁主义、毛泽东思想、邓小平理论、“三个代表”重要思想、科学发展观、习近平新时代中国特色社会主义思想为指导，引导学生理解用马克思主义的立场、观点、方法观察时代、把握时代、引领时代的意义，形成正确的世界观、人生观、价值观，践行和弘扬社会主义核心价值观，坚定理想信念，厚植爱国主义情怀，增进对伟大祖国、中华民族、中华文化、中国共产党、中国特色社会主义的高度认同，把爱国情、强国志、报国行自觉融入坚持和发展中国特色社会主义事业、建成社会主义现代化强国、实现中华民族伟大复兴的奋斗之中。坚持道德与法治课程的思想与价值引领，着力引导学生用理想之光照亮奋斗之路、用信仰之力开创美好未来，发挥道德与法治课程在落实立德树人根本任务中的关键作用。

2. 遵循育人规律和学生成长规律，强化课程一体化设计

道德与法治课程以“成长中的我”为原点，将学生不断扩大的生活和交往范围作为建构课程的基础；遵循学生身心发展特点和成长规律，按照大中小学德育一体化的思路，依据我与自身，我与自然、家庭、他人、社会，我与国家和人类文明关系的逻辑，以螺旋上升的方式组织和呈现教育主题，强化课程设计的整体性。

3. 以社会发展和学生生活为基础，构建综合性课程

道德与法治课程立足于发展学生核心素养，以引导学生学习和掌握道德与法律的基本规范，提升思想政治素质、道德修养、法治素养和人格修养为主旨，坚持学科逻辑与生活逻辑相统一，主题学习与学生生活相结合。内容选择体现社会发展要求，特别是中国特色社会主义进入新时代对道德与法治教育提出的新要求，突出中华民族传统美德、革命传统和法治教育，有机整合社会主义先进文化教育、革命文化教育、中华优秀传统文化教育、国家安全教育、生命安全与健康教育、劳动教育等相关主题。以学生的真实生活为基础，增强内容的针对性和现实性，突出问题导向，正视关注度高、涉及面广的问题，引导学生发现问题、分析问题、解决问题，提升道德理解力和判断力，强化规则、纪律、秩序、诚信、团结合作、冲突解决等教育。

4. 坚持教师价值引导和学生主体建构相统一，建立校内与校外相结合的育人机制

道德与法治课程教学遵循道德修养和法治素养的形成规律，坚持教师主导与学生主体相统一。发挥教师主导作用，晓之以理、动之以情、导之以行，做到价值性和知识性相统一、灌输性和启发性相统一；突出学生主体地位，充分考虑学生的生活经验，通过设置议题，创设多样化的学习情境，引导学生开展自主、合作的实践探究和体验活动，帮助学生形成正确的价值观，涵养必备品格，增强规则意识，发展社会情感，提升关键能力，使他们在感悟生活中认识社会，学会做事，学会做人，把道德与法治教育的方向引领和学生发展有机统一起来。坚持校内教育和校外教育相结合，引导学生走出课堂、走出校园，积极参与社会实践活

动，把知识运用于社会，服务于人民，强化学生的社会责任感，提高他们的实践创新能力。

5. 综合运用多种评价方式，促进知行合一

道德与法治课程评价要围绕发展学生核心素养，发挥评价的引导作用，改进结果评价，强化过程评价，探索增值评价。结果评价要全面关注学生知识、情感和行为的发展，关注学生在学校、家庭和社会生活中的日常品行表现。过程评价要更加关注发挥评价的激励和改进功能。增值评价要关注学生思想品行的发展和进步，注重对学生的激励。坚持学生自我评价、教师评价、同伴评价、家长评价和社区评价相结合，借助信息技术探索和优化纸笔测试、学生成长记录袋、日常行为表现记录卡等定性和定量多种评价方式，提升道德与法治课程评价的科学性、专业性、客观性。

### 1.3.2 高中思想政治课程理念

1. 坚持正确的思想政治方向

坚持正确的思想政治方向，是高中思想政治课在课程目标和课程内容方面的追求。高中思想政治课作为落实立德树人根本任务的关键课程，要彰显政治属性，强化政治担当，帮助学生确立正确的政治方向。在这方面，要特别注意坚持理论与实际相结合。

一方面，要注重理论分析，用科学的理论武装学生。高中思想政治课要对学生进行马克思主义基本理论教育，用习近平新时代中国特色社会主义思想铸魂育人，培养德智体美劳全面发展的社会主义建设者和接班人，使他们理解马克思主义中国化就是马克思主义基本原理同中国具体实际相结合的过程，习近平新时代中国特色社会主义思想是马克思主义中国化的最新成果。以新时代中国特色社会主义理论体系为指导，打牢学生思想政治素质的理论基础，是高中思想政治课的内在要求。

另一方面，要联系社会实际，用润物无声的方式引导学生。高中思想政治课要紧密联系当今世界发展和我国社会主义现代化建设的实际，与时俱进地充实和调整课程与教学内容。尤其是面对当前社会变革和实践创新中的新挑战、新问题，要用历史的眼光、国情的眼光、辩证的眼光、文化的眼光和国际的眼光，引领学生通过观察、辨析、反思和实践，真学真懂真信真用马克思主义，在人生成长的道路上把握正确的思想政治方向。

2. 构建以培育思想政治学科核心素养为主导的活动型学科课程

构建以培育思想政治学科核心素养为主导的活动型学科课程，是高中思想政治课程设计方面的追求。在这方面，要坚持活动型学科课程的构建与学科核心素养的培育相结合。

一方面，着力构建活动型学科课程。高中思想政治课力求构建学科逻辑与实践逻辑、理论知识与生活关切相结合的活动型学科课程。课程内容采取思维活动和社会实践活动等方式呈现，即通过一系列活动及其结构化设计，实现“课程内容活动化”“活动内容课程化”。

另一方面，关注学科核心素养的培育。高中思想政治课要基于活动型学科课程的构建，突出活动特色，坚持学科教育与生产劳动和社会实践相结合，着眼于学生的真实生活和长远发展，使理论观点与生活经验、劳动经历有机结合，让学生在社会实践活动的历练中、在自主辨析的思考中感悟真理的力量，自觉践行社会主义核心价值观。

3. 尊重学生身心发展规律，改进教学方式

尊重学生身心发展规律，改进教学方式，是高中思想政治课程实施方面的追求。传统的

思想政治课在课程实施上是被动、静止、封闭式的，缺乏学生的活动和体验。因此，课程标准要求针对高中学生思想活动和行为方式的多样性、可塑性，强调改进教学方式和学习方式。在这方面，尤其要注意以下几点：

第一，注重信息技术的应用。随着现代信息技术的发展，信息技术与学科教学的深度融合已经成为课程与教学改革的重要趋势。高中思想政治课要充分利用现代信息技术，拓展教育资源和教育空间；借助现代信息技术优化课堂教学、转变教学方式。

第二，坚持议题式教学。高中思想政治课要通过议题的引入、引导和讨论，推动教师转变教学方式，使教学在师生互动、开放民主的氛围中进行，师生之间相互依赖、平等沟通，学生之间乐于分享、寻求共赢，促进学生学会在学习中合作，在合作中发展。

第三，加强情境教学和活动教学。高中思想政治课要通过问题情境的创设和社会实践活动的开展，促进学生转变学习方式，使学生真正成为学习活动的主体，引导和推动学生积极主动地探究，体会知识获取的过程，享受获取知识的乐趣，在合作学习和探究学习的过程中，培养创新精神，提高实践能力。

4. 建立促进学生思想政治学科核心素养发展的评价机制

建立促进学生思想政治学科核心素养发展的评价机制，是高中思想政治课程评价方面的追求。

高中思想政治课程紧紧围绕思想政治学科核心素养的形成与发展，建立激励学生不断进步的发展性评价机制。要注重学生学习、劳动和社会实践活动的行为表现，采用多种评价方式，综合评价学生的理论思维能力、政治认同度、价值判断力、法治素养和社会参与能力等，全面反映学生思想政治学科核心素养的发展状况。

建立促进学生学科核心素养发展的评价机制，体现了一种新的评价观：评价的目的不是为了排队，而是为了促进学生学科核心素养发展；评价不能只注重学习的结论，更要注重学习的过程，既要考查学生掌握和运用相关知识的水平和能力，更要考查他们在劳动和社会实践活动中的行为表现，把形成性评价与终结性评价结合起来，全面反映学生思想政治学科核心素养的发展状况；评价的主体要多元化，学生、教师、家长共同参与评价；评价方式要多样化，考试作为重要的评价方式，应注重考查学生理解和运用知识的真实能力，对学生行为表现的评价，要更为关注其发展和进步的动态过程。

## 1.4　思想政治学科课程的目标

1. 思想政治学科课程目标的含义

要明确课程目标的含义，首先要了解课程目标与教育目的、培养目标、教学目标等之间的关系。一般来说，教育目的、培养目标、课程目标和教学目标都是教育行为活动的指向或结果的体现，具有一致性，但它们毕竟是有区别的。

教育目的体现和表达的是国家总体的终极的教育价值，是带有方向性的总体目标和最高目标，具有高度的宏观性、概括性、普遍性，是整个国家各级各类学校、各门课程、各科教学必须普遍遵循的基本宗旨和质量要求。

培养目标体现的是不同性质的教育和不同阶段的教育的价值，是不同性质教育和不同阶段教育的目标，如基础教育、高等教育、职业教育等的培养目标，它根据教育目的制定，具有阶段性和专业性，在一定性质的教育或一定阶段的教育中具有普遍性。

课程目标体现的是学生通过课程学习所要达到的预期结果和标准，是根据学生身心发展状况，在一定时期内，通过完成规定的课程教学而使学生所要达到的目标。它是国家教育目的在课程中的具体体现，是课程编制、课程实施、课程评价的准则和指南。

教学目标体现的是教师教和学生学的目标，是课程目标的进一步具体化，是每个单元、每节课甚至每个教学环节、教学活动应达到的具体目标，具有较强的灵活性，它是教学实施的基本依据，也是教学评价的主要依据。

显然，教育目的、培养目标、课程目标、教学目标体现着不同程度的价值，适用于不同的范围，是属于不同层次的教育目标。它们之间的区别见表 1-1。

**表 1-1 教育目的、培养目标、课程目标、教学目标的区别**

| | 价值体现 | 适用范围 | 所属层次 |
|---|---|---|---|
| 教育目的 | 国家总体的终极的教育价值 | 整个国家各级各类教育教学 | 第一层次 |
| 培养目标 | 不同性质教育和不同阶段教育的价值 | 一定性质和阶段的教育教学 | 第二层次 |
| 课程目标 | 一定课程的价值 | 一定课程的设计、实施、评价 | 第三层次 |
| 教学目标 | 课程中一定内容教学的价值 | 一定内容的教学与评价 | 第四层次 |

思想政治课程的目标就是学生通过思想政治课程的学习所要达到的预期结果和标准，是通过完成规定的思想政治课程教学而使学生所要达到的目标。把握这一定义，需要注意以下三点。

第一，思想政治课程目标的指向是学生，而不是教师。它所呈现的是学生所要达到的目标，而不是教师要达到的目标。

第二，思想政治课程目标是预期的结果和标准。一方面，它不是现实性的，学生还没有达到这种目标；另一方面，这种目标的建立有其特定的基础和条件，具有切实可行性，通过努力是能够实现的。

第三，思想政治课程的实施，尤其是学生对思想政治课程的学习是实现课程目标的基本途径。根据课程目标和学生实际，构建思想政治课程内容体系，并通过完成课程内容的教学，从而使学生达到课程目标的要求。

2. 思想政治学科课程目标的结构

课程目标是由一系列目标要素组成的，这些要素的结合就构成了课程目标的结构。在不同的历史时期，由于人们对课程目标的认识和界定不同，课程目标的结构也会存在差别。就思想政治学科课程目标的结构来看，基本上包括两个层次、三个维度。

1）课程目标的两个层次

虽然各个时期我们对思想政治学科课程目标的认识和界定不一样，但基本都涉及两个层次，即课程总目标和课程分类目标。

课程总目标是从宏观层面规定的课程的整体目标，相对比较抽象、概括，是具体教学目标设计和教学行为活动的宗旨或方针，需要通过一些具体的课程目标来细化和体现，才能更好地把握和落实。例如，普通高中思想政治课程标准规定课程的总目标是：知道中国共产党是中国特色社会主义事业的领导核心，马克思列宁主义、毛泽东思想、邓小平理论和“三个代表”重要思想是中国共产党的指导思想，“三个代表”重要思想是马克思主义在中国发展的最新成果；了解中国特色社会主义现代化建设常识；学习运用马克思主义基本观点和方法观察问题、分析问题、解决问题；具备在现代社会生活中应有的自主、自立、自强的能力和态度；具有爱国主义、集体主义和社会主义思想情感；初步形成正确的世界观、人生观和价值观。

课程分类目标是课程总目标的具体化，是在对构成课程目标基本要素进行分类的基础上，对各类课程目标进行恰当定位。究竟课程目标由哪些方面的要素组成，课程目标可以分为哪几类，在课程建设的发展进程中有多种不同的具体操作方法。就思想政治学科来说，主要有以下几种。

（1）按照知识、能力、觉悟进行分类。思想政治学科是知识性和思想性高度统一的课程，具有传授知识、培养能力、提高觉悟的“三位一体”的基本任务，不能重知轻能、重智轻德。以此为依据，思想政治学科的课程目标在结构上可分为三部分，即认知目标、能力目标和觉悟目标。这种课程目标的分类方式在我国很长时期都相当流行。①认知目标是课程目标结构的基础，也是教育学生的基础。它主要是指通过本课程的教学活动要使学生认识、理解和接受思想政治学科的有关知识。②能力目标建立在认知目标基础上。它是指通过本课程，学生应具备的思想政治学科的相关能力，并能运用所掌握的知识和能力分析解决问题，对社会上的各种现象进行正确的观察分析和鉴别评价。③觉悟目标是课程目标的落脚点，是最根本的目标要素。它主要指通过思想政治课程，使学生将学科知识和能力进一步转化为觉悟，形成科学的世界观、人生观和政治立场，形成高尚的思想品德和情操。

（2）按照知识、情感、行为进行分类。通过思想政治课程，使学生掌握知识、激发情感、指导行动，这是学生良好行为和品质养成的基本过程，也是思想政治课程的基本目的。据此，思想政治学科的课程目标在结构上也可相应地划分为三部分，即认知目标、情感目标、行为目标。①认知目标，参见上一种分类的有关论述。②情感目标，是指通过思想政治课的学习，学生要具有的对马列主义、毛泽东思想以及由此而形成的种种爱憎好恶之情，主要是指学生的正义感、善恶感、荣辱感、义务感、社会责任感、爱国爱党的情感，以及对集体观念、劳动观念、民主法治观念等所抱的正确态度。

行为目标就是要使学生的知识、情感进一步转化为行为活动，使学生能以马克思主义的科学理论和社会行为规范指导自己的行动，并形成良好的文明的行为习惯。

（3）按照知识与技能、过程与方法、情感态度与价值观进行分类。在我国基础教育新课程改革中，各学科课程目标都是按照知识与技能、过程与方法、情感态度与价值观来分类的，也称“三维目标”。就思想政治学科来看，思想政治课程标准把思想政治课程目标分为知识、能力和情感态度价值观三个维度。

2）课程目标的三个维度

不论是课程总目标还是分类目标，也不论是过去还是现在，思想政治学科的课程目标大体都包含三个维度的目标。例如，以往的知识目标、能力目标、觉悟目标，或认知目标、情感目标、行为目标，以及现在的知识与技能、过程与方法、情感态度与价值观目标。

根据思想政治学科课程标准，思想政治学科课程目标包括知识目标、能力目标和情感态度与价值观目标三个维度。其中，知识是指事实、概念、原理、规律等；技能是指动作技能，以及观察、阅读、计算、调查等技能；过程与方法是指认知的过程和方法，科学探究的过程和方法，认知过程中人际交往的过程和方法等，特别强调在过程中获得和应用知识，学习和运用方法；情感态度与价值观，一般包括对己、对人、对自然、对社会等的情感、态度、价值判断，以及做事应具有的科学态度、科学精神。在这三维目标中，知识目标是支撑全部课程目标实施的基础，服从并服务于能力目标和情感态度与价值观目标；能力目标强调认知能力和行为能力的发展，是组织和呈现课程内容的主导；情感态度与价值观目标的主体是思想政治观点，是优先设置和实施的课程目标。

3. 思想政治学科课程目标定位的嬗变

我国历来重视中学思想政治课程建设，对思想政治课程目标定位自然特别关注。经过几十年的探索，我国积累了许多经验，促进了中学思想政治课程的建设和完善。但回顾我国中学思想政治课程发展的历史进程，应该说我国在课程目标的定位上长期也存在多方面的问题。随着中学思想政治新课程改革的发展，我国在课程目标定位上出现了一些新的变化，体现出不少新的特点。

1）价值取向发生重大转变

就课程目标的价值取向看，历史上有三种不同的价值取向，即社会本位的价值取向、学生本位的价值取向、学科本位的价值取向。中国共产党成立后，思想政治课程目标在很长时期内都强调社会本位的价值取向，关注培养符合国家和社会需要的人才。例如，在民主革命时期根据地和解放区的思想政治课，目标定位十分明确，就是紧密服务于革命斗争需要，密切配合反抗日本帝国主义的侵略和国民党反动统治，准备夺取政权，建立新中国；新中国成立以后，在初期到“文化大革命”前的相当长一段时间里，中学思想政治课程也主要是根据国内外形势发展，密切配合政治运动设置的，社会需要成为课程设置最主要的依据。20 世纪 80 年代以后，虽然我们开始关注学生发展，重视中学思想政治课程的个体发展功能，但出于改变以往忽视学科知识学习，努力提高知识教学质量的考虑，课程目标更多地注重学科本位，有明显的过分强调学科知识的偏向。

中学思想政治新课程改革在一定程度上改变了过去过于强调社会本位、学科本位的价值取向，注重在关注社会发展的需要和学科知识体系的同时，强调以学生的发展为本，实现社会发展和学生个体发展的统一、学科知识与学生生活的结合。例如，中学思想政治新课程标准在课程目标中规定，了解青少年的身心发展特征和促进身心健康发展的途径，认识个体发展与社会环境的关系；具备在现代社会生活中应有的自主、自立、自强的能力和态度；提高在社会生活中正确处理竞争与合作关系的能力；热爱生活，积极参加健康有益的文化活动，保持昂扬向上的精神状态，追求更高的思想道德目标；初步形成正确的世界观、人生观和价值观，等等，这些都体现了对学生个体发展的关注。

2）目标结构有了新的发展

以往我国对思想政治课程目标的定位，情感目标长期缺位，知识目标和觉悟目标也缺乏层次的区分，目标显得过高、过大，难免落空。新课程改革中，思想政治课程的目标结构有了新的发展。

首先，构建了新的“三维目标”结构体系。新课程与教学目标分为知识、能力、情感态度与价值观三个方面，在整体体系上相比过去有了新的改变。

其次，知识目标强调学生的需要。在新课程目标中，知识目标虽然也是重要的组成部分，但这方面的目标不是单纯追求学科逻辑和学科体系，而是定位为“适应终身学习和终身发展的基础知识、基本技能和方法”，关注的是学生的发展。

最后，突出情感态度与价值观目标。在新的知识、能力、情感态度与价值观三维目标体系中，情感态度与价值观目标被摆在首要地位，其次是能力目标，知识目标仅是作为手段而存在。这一点在中学思想政治课程标准的分类目标中体现得非常明显。

3）目标内容有了明显更新

随着社会的进步和时代的发展，对人才培养提出了新的要求。中学思想政治课程作为基础教育阶段培养人才的重要课程，在新的课程目标中也体现了与时俱进的精神，增加了一些新的目标内容和要求。主要包括以下三个方面。

第一，马克思主义中国化的新理论成果。例如，新的高中思想政治课程标准在课程目标中增加了要学生了解“三个代表”重要思想的要求。强调要知道“马克思列宁主义、毛泽东思想、邓小平理论和‘三个代表’重要思想是中国共产党的指导思想”，知道“中国共产党始终代表中国先进生产力的发展要求，代表中国先进文化的前进方向，代表中国最广大人民的根本利益”。

第二，创新精神。例如，在新的高中思想政治课程标准中，明确规定了“培养为未来生活而自主学习、选择、探索的能力”、“乐于学习，尊重科学，追求真理，具有科学态度和创新精神”等课程目标要求。

第三，实践能力。在旧的思想政治课程标准中，只提到要“逐步提高参加社会实践的能力”，比较抽象，不容易把握。而新的思想政治课程标准中，对实践能力目标规定不仅有新的内容，而且规定得更具体、明确。例如，“提高主动参与经济、政治、文化生活的能力”；“提高在社会生活中正确处理竞争与合作关系的能力”；“增强依法办事、依法律己和依法维护自身权益的能力”；“发展采用多种方法特别是现代信息技术，收集、筛选社会信息的能力”等。

## 1.5　思想政治学科课程的结构

### 1.5.1　思想政治学科课程结构的含义

课程结构问题，应该说与教育本身一样，具有悠久的历史，夸美纽斯、赫尔巴特、斯宾塞、杜威等人的研究中都涉及课程结构问题。但真正比较系统地对课程结构进行探讨，主要是 20 世纪 60 年代以后开始的。我国 20 世纪 80 年代以后，在课程改革实践的推动下，一些课程理论专家也开始从理论上研究课程结构问题。

究竟什么是课程结构，人们的理解不太一致，至今还没有形成比较广泛认同的相对确切的定义。不过从一般意义上看，课程结构是指各种课程类型、具体科目在学校课程体系中的地位、作用和相互关系，以及同一学科或科目中不同内容的确立及其相互关系。根据这种理解，课程结构应该涉及三个层次、两个方面内容。

三个层次可以概括为宏观、中观、微观层次。①宏观层次，就是课程的类别结构。学校课程包括多种类型，每一类型的课程都是课程体系的重要组成部分，都在课程体系中占有重要地位，这些不同类型的课程结合在一起，构成课程的宏观结构。课程类型可以从不同的角度进行不同的划分，根据课程内容固有的属性，可以划分为学科课程与经验课程；根据课程内容的组织方式，可以划分为分科课程与综合课程；根据课程计划中对课程实施的要求，可以划分为必修课程和选修课程；根据课程设计、开发和管理主体，可以划分为国家课程、地方课程与校本课程；根据课程的存在形态，可以划分为显性课程和隐性课程，等等。②中观层次，就是课程的学科结构。学校课程由若干科目构成，每一科目都是课程体系的组成部分，都在课程体系中占有特定的位置，这些科目有机结合在一起，就构成课程的中观结构。③微观层次，就是学科或科目的内容结构。学校课程中的每一科目，又由多方面的内容构成，每一特定的内容都在相应的科目中占有特定的地位，学科内容的有机结合就构成课程的微观结构。

**视野拓展**

查阅相关资料，了解各种不同的课程类型及其划分依据，分析各种不同课程类型的特点，比较不同课程类型之间的区别。

两个方面内容就是指构成课程结构的基本要素以及这些要素之间的相互关系。①课程结构由多个要素构成。我们前面介绍的宏观层次上的各种课程类型、中观层次上的各具体科目、微观层次上的各方面内容等，都属于课程结构的构成要素。②构成课程结构的各种要素之间存在着特定的关系。这种关系主要涉及三方面：一是比例关系，既包括各类课程间的比例关系，如国家课程、地方课程、校本课程的比例关系，学科课程与活动课程的比例关系，必修课与选修课的比例关系；也包括各科目之间以及科目内部课程内容之间的比例关系。二是空间关系，主要是指相邻课程成分和课程要素之间在课程目标、课程内容上的横向组合关系。三是时间关系，主要表现为各种课程类型、科目、学科内容之间的开设时间安排与前后衔接关系等。

中学思想政治课程是中学课程体系中的一个科目，因此，思想政治课程的结构属于微观层次上的学科内容结构，是指思想政治课程的内容构成及其相互关系。一方面，中学思想政治课程由不同的内容要素构成，如必修课程要素和选修课程要素、各个年级的教学内容要素等；另一方面，构成思想政治课程结构的各种内容要素之间也存在着一定的关系，如必修与选修的比例关系、相关课程模块内容的开设时间安排及衔接关系等。只有构成要素合理，相互关系协调，才能使思想政治课程结构和谐，中学思想政治课程的功能得到有效发挥。

### 1.5.2 思想政治学科课程结构的确立和呈现

1. 思想政治学科课程结构的确立

课程结构的确立是课程设计的重要环节，也是课程设计的核心内容。课程设计包括的内容很多，其中课程目标和课程结构处于特殊重要的地位。课程目标是课程设计的灵魂，课程设计的其他方面都围绕课程目标展开，以课程目标为依据和基础，为实现课程目标服务；课程结构是课程设计的核心，课程设计最核心的工作就是要为实现一定课程目标而组织恰当的课程内容，课程目标决定课程结构，课程结构是对课程目标的具体反映。因此，课程结构的确立不是随心所欲的，而必须以课程目标为基础和依据。

**理论探究**

结合中学思想政治课的实际，分析探讨课程目标与课程结构的关系。

依据中学思想政治课程目标来确立课程结构，大体可以分以下几步进行。

（1）确定中学思想政治课程的总目标。这一目标是中学思想政治课程设计、课程实施、课程评价等的中心目标和努力方向，直接关系到中学思想政治课程的建设、发展和课程功能的有效发挥，因此，必须在认真调查、分析的基础上科学地加以确定。

（2）确定中学思想政治课程的子目标及其优先顺序。课程总目标相对较笼统、抽象，需要通过若干子目标来体现、落实。因此，要对总目标加以分解，形成课程的子目标，并在此基础上，依据各个子目标自身的重要性、子目标之间的关联性等，确定课程子目标的优先顺序，形成具体的课程目标体系。就中学思想政治课程来说，根据课程总目标，确定了知识、能力、情感态度与价值观三个维度的目标，每个维度的目标又包括若干子目标；在三个维度的目标中，情感态度与价值观目标应该处于最优先的地位，其次是能力目标，最后是知识目标。

（3）对中学思想政治课程目标和学科内容进行相关分析。课程目标确定以后，要将课程目标与中学德育学科内容进行对照分析，寻求与课程目标相对应或吻合的学科内容，并明确这些内容对实现哪些课程目标有支持作用、有多大程度的支持作用。应该说，就一定的课程目标而言，对实现目标能够起支持作用的学科知识往往比较多，但有的起直接支持作用，有的起间接支持作用，有的起重要的支持作用，有的起一般的支持作用，对此都需要认真分析和把握。

（4）确定思想政治课程的结构。在进行课程目标与学科内容对照分析的基础上，最后就是进行科学的选择，确定最终的中学思想政治课程内容，构建思想政治课程的结构。在这一步，应重点关注两方面问题。第一，选择和确定课程内容。要考虑在有限的时间内哪些学科内容对实现课程目标最合适、最有效，并注意相关内容的基础性、均衡性、时代性等。第二，确定课程的框架结构。课程内容确定以后，要考虑按怎样的顺序编排或展开最合理，这就需要构建课程的框架结构。课程的框架结构是组织课程内容的逻辑主线，确定课程的框架结构就是确定组织课程内容的逻辑主线。中学思想政治课程内容的逻辑主线主要可以有两种：一是学科逻辑，二是生活逻辑。以往我国中学思想政治课程内容逻辑主线的确定强调的更多是学科逻辑，注重学科知识的系统性、完整性；随着中学思想政治课程改革的发展，现在更注重生活逻辑，强调以学生的生活为基础，符合学生生活的需求和发展的需要。

需要说明的是，以上这种“确定课程目标——寻求课程目标与学科内容的对应性——确定和优化课程结构”的课程结构确定方式只是一种学理化的方式，在实际思想政治课程的结构确立中，往往受到许多经验性的、习惯性的、传统性的因素的影响和制约。事实上，各个时期的中学思想政治课程都不是纯粹理性的产物，而是理性与非理性共同影响和作用的结果。

2. 思想政治学科课程结构的呈现

思想政治学科课程结构确定以后，需要通过一定的方式、借助一定的物质载体呈现出来。

就呈现方式来看，思想政治课程结构的呈现方式有多种，其中主要有描述性方式、数量化方式和应用性方式。描述性方式是指以语言文字表述中学思想政治课程内容要素及其相互关系的呈现方式。例如，高中思想政治采取模块式的组织形态，分为必修和选修两部分。必修课程围绕经济生活、政治生活、文化生活的主题设置三个模块，以马克思主义哲学常识为主要内容，设置生活与哲学模块等。数量化方式是指以数量表述中学思想政治课程内容要素及其相互关系的呈现方式。这种数量化呈现方式可以通过各种数字、时间、分值等来具体体现，如高中思想政治必修部分共8个学分，设4个课程模块；选修部分共12个学分，设6个课程模块；各课程模块均为36学时，经考核合格，可获2个学分；必修部分每周2学时，各课程模块的教学以一学期为单位等。应用性方式是指在中学思想政治课程实施中将课程内容要素及其关系具体展示出来的方式。例如，教学过程中对课程模块、单元等内容的具体设计、处理和安排等。

就物质载体来看，呈现思想政治课程结构的物质载体有很多，其中主要有课程标准、教材、教学方案等。课程标准从总体上对中学思想政治课程的基本结构进行了设计和安排，明确了中学思想政治课程的基本内容要素及其相互关系，如学科知识之间的结构关系，知识、能力、情感态度与价值观的结构关系等；教材从方便教学的角度对中学思想政治课程的内容要素及其关系进行设计和规划，形成了一个系统的内容结构体系；教学方案则主要从课程实施的角度对中学思想政治课程的内容要素及其关系进行具体安排，包括课程的内容、实施的顺序、实施的时间等。

**实践反思**

比较中学思想政治课以往的教学大纲和新颁布的课程标准，分析它们之间对思想政治课程结构的确定和呈现上有哪些区别？这些区别体现了我国中学思想政治课程改革的哪些特点？

### 1.5.3 思想政治学科课程结构的调整

1. 调整课程结构是基础教育课程改革的重要目标

调整课程结构，就其实质而言，就是重新认识和确立各种课程类型、具体科目，以及同一科目中不同内容在课程体系中的地位、作用和相互关系。

长期以来，我国基础教育课程结构存在严重的不合理现象。主要表现在三个方面。

第一，从课程类型看，呈现单一化现象。在学校课程体系中，学科课程占据绝对主导地位，经验课程微乎其微；分科课程占据绝对主导地位，综合课程微乎其微；必修课程占据绝对主导地位，而选修课程则微乎其微；国家课程备受关注，地方课程和校本课程得不到实质性的开发等。学科课程强调的是学科知识的内在性质和逻辑结构，分科课程关注的是使学生获得逻辑严密和条理清晰的文化知识，必修课程重点在于培养和发展学生的共性，国家课程主要是通过课程体现国家的教育意志。显然，这种单一的课程类型不可避免地会忽视其他课程类型的价值，忽视学生关于现实世界的直接经验和真切的体验，忽视学生整体性发展和学生的兴趣、爱好、个性的发展，最终导致学生的片面发展。

第二，从具体科目看，表现出不平衡性。不同学科在课程结构体系中的比例关系体现了不同学科在课程体系中的价值地位。受应试教育的影响，在学校课程体系中，一些传统优势科目所占的比重过高，如语文、数学等，挤占了其他学科的时间，从而直接影响了学生的身心健康和全面发展。

第三，从学科内容看，不仅过分注重学科逻辑，追求学科知识体系的系统完整，而且繁、难、偏、旧的问题长期没有得到很好的解决。

针对课程结构存在的问题，《基础教育课程改革纲要（试行）》明确把改革课程结构作为课程改革的具体目标之一，要求课程设置必须“体现课程结构的均衡性、综合性和选择性”。均衡性、综合性和选择性既是基础教育新课程改革中课程结构调整的三条基本原则，又是新课程结构区别于以往课程结构的三个基本特征。所谓均衡性，是指学校课程体系中的各种课程类型、具体科目和课程内容能够保持一种恰当、合理的比重。根据新课程的培养目标，新课程结构包含了各种类型的课程，以及多种与现实社会生活、学生的自身生活密切相关的科目和具体内容，同时通过课时比例调整，使其保持适当的比重关系。所谓综合性，是指要改变过分强调学科本位、科目过多和缺乏整合的现状，一方面设置综合课程；另一方面加强学科的综合性，提倡和追求不同学科之间的彼此关联、相互补充和相互渗透，注重学科本身与学生经验、生活实际的联系，加强学科知识、社会生活和学生经验的整合。所谓选择性，是指课程结构要加强选修课程，增加选修课程的比重，适应不同地方、学校与学生的差异，符合不同地方、学校与学生发展的需要。

**视野拓展**

查阅相关资料，了解我国基础教育新课程改革对课程结构具体进行了哪些方面的调整？这些调整具有什么样的意义？

2. 思想政治学科课程结构调整的趋向

同整个基础教育课程结构一样，思想政治课程的结构也一直存在多方面的弊病，主要表现在：重必修，轻选修，没有很好地考虑不同地方的实际和不同学生个性发展的要求；过分强调学科知识的系统性和学科逻辑结构的严密性，脱离现实，远离生活，忽视了学生的身心发展特征；课程内容烦琐、艰深，超越了基础教育的水平，增加了学生的课业负担，占用了学生开展其他有益于身心发展活动的时间，挫伤了学生的学习积极性，不能很好地体现课程的育人功能和价值；课程内容陈旧，课程结构没有很好地反映社会发展、时代进步对中学思想政治课或中学生的要求，制约了现代化人才的培养，等等。因此，进行思想政治课程结构调整，也是中学思想政治课程改革的重要目标。

**视野拓展**

分析义务教育道德与法治和高中思想政治课程标准，了解它们对思想政治课程的结构进行了哪些调整，并体会这些调整如何体现了基础教育新课程改革的基本精神。

根据中学思想政治新课程改革的基本精神，中学思想政治误程在结构调整上至少有以下四点值得关注。

1）增强选择性

针对思想政治课程的结构忽视学生个性发展、选择性缺少的问题，思想政治课程的结构调整强调课程的选择性，增加了选修内容，形成了必修与选修相结合的课程体系。

以高中思想政治课为例，高中思想政治课采取模块式的组织形态，分为必修和选修两部分。必修部分是所有学生必须学习的课程，选修部分是学生自主选择的课程。必修课程包括经济生活、政治生活、文化生活、生活与哲学四个模块；选修课程包括科学社会主义常识、经济学常识、国家和国际组织常识、科学思维常识、生活中的法律常识、公民道德与伦理常识六个模块。选修课程是基于必修课程教学的延伸和扩展，是体现课程选择性的主要环节。选修课程模块的设置，把先进性要求与广泛性要求结合起来，既着眼于学生升学的需要，又考虑到学生毕业后的就业需求；既体现本课程作为德育课程的特有性质，又反映本课程在人文与社会学习领域中的特有价值。

2）提高综合性

不论是初中思想品德课，还是高中思想政治课，都是中学课程方案中的一个科目，有其自身的系统知识和逻辑结构。但这些中学德育课要适应学生的个性发展和社会培养人才的需要，在课程结构上必须改变长期以来课程过分强调学科本位的现象，突出学科知识、社会生活和学生经验的整合，关注丰富多彩的现实生活，回归学生的生活世界，体现出综合性特色。

从中学思想政治新课程改革来看，初中思想品德课课程标准就明确提出：“以认识自我、我与他人和集体、我与国家和社会为主线，对道德、心理健康、法律和国情等方面的学习内容进行有机整合”。高中思想政治课也是马克思主义政治经济学、哲学、政治学、文化学、伦理学等多学科内容的综合，而且强调高中思想政治课的构建要以生活为基础，以学科知识为支撑。

3）突出基础性

中学属于基础教育阶段，中学思想政治课程内容、结构的安排当然要突出基础性，力求为学生的发展奠定基础。

首先，要精选终身学习必备的基础知识和基本技能作为课程主干内容。中学思想政治课程的内容涉及经济、政治、哲学、道德、法律等多方面，其中每一方面都有严密的逻辑体系和丰富的知识内容。中学思想政治课程内容不可能严格按照这种学科的理论体系进行构建，必须淡化学科的知识体系，根据学生的生活需要和未来发展，构建符合学生认识规律、惠及学生终身发展的课程内容体系。

其次，要筛选贴近学生、贴近社会生活的典型事例。以往中学思想政治课程在事例的应用上往往过于理想化，多以伟人、英雄、模范等杰出人物为典型，不仅时效性较差，学生缺乏新鲜感，也远离学生的现实生活，让他们觉得可信度不强，难以产生共鸣。因此，要整理、筛选来自现实社会生活和学生生活中的典型，激发学生的兴趣，引发他们的思考，增强中学思想政治课程的吸引力。

4）体现时代性

中学思想政治课是时代性很强的课程，课程内容的选择必须在保留传统课程内容中仍有价值的基础知识的同时，剔除陈旧过时的知识，从当代科学的最新成果中吸取新的基础知识，增加新的具有时代性的内容，体现时代特色。

例如，高中思想政治课四个必修模块的构建，涵盖了当前进行思想政治教育的基本要求。一方面，它保存了以往高中思想政治课经济常识、哲学常识、政治常识的基本内容和要求，较好地处理了与传统课程设置及其经典教学内容的继承关系。另一方面，从中国特色社会主义现代化建设的要求来看，它有利于贯彻物质文明、政治文明、精神文明建设协调发展的精神；从学生现实生活的需要来看，它为学生参与经济、政治、文化生活提供相关知识和技能，展示了高中思想政治课建设与时俱进的新面貌。

再如，高中思想政治课单独设置“文化生活”模块，更体现了时代性。从社会发展看，时代的变迁凸显了文化在社会发展中的重要地位，文化与经济、政治相互交融，在综合国力竞争中的地位越来越突出；从坚持“三个代表”重要思想的指导看，始终代表中国先进文化的前进方向，是“三个代表”重要思想的重要组成部分，是马克思主义中国化的新成果，设置文化生活模块是与时俱进地坚持马克思主义基本观点教育的必要举措；从贯彻“三贴近”的要求看，文化现象业已成为当前学生关注的焦点，他们的文化生活日益丰富，文化需求日益强烈，生活中的冲突也越来越多地表现在文化层面；从进一步充实德育课程的内容目标看，用先进文化、民族精神教育学生，不仅体现了文化建设作为现代化建设重要领域的时代意义，而且更加凸显了本课程特有的德育性质和价值，对于加强和改进高中学生思想道德具有特殊重要的意义。

## 复习与思考

1. 如何认识中学思想政治课程及其特点？
2. 比较《普通高中思想政治课程标准》和《中学德育大纲》，分析思想政治课程与中学德育的关系。
3. 结合我国中学思想政治课程建设发展的历史，分析我们从中应该得到的经验教训。
4. 基础教育新课程改革给思想政治课程带来了哪些方面的变化？如何看待这些变化？
5. 简要介绍初中思想品德和高中思想政治课程的基本理念。
6. 选择一定的中学思想政治教材内容，分析教材是否体现了课程的基本理念，是如何体现的？
7. 观摩一定的课堂教学，讨论并总结在教学中贯彻课程基本理念的方法。
8. 什么是课程目标？简要介绍课程目标的基本结构。
9. 如何理解课程结构？如何确立课程结构？
10. 基础教育改革中为什么要进行课程结构的调整？如何理解课程结构的均衡性、综合性和选择性？
11. 思想政治学科课程结构调整的必要性包括哪些？如何更好地对思想政治学科课程结构进行调整？

# 第 2 章 思想政治学科课程标准概述

**学习目标**

1. 把握思想政治学科课程标准的含义，正确认识课程标准与教学大纲的关系。

2. 了解思想政治学科课程标准的发展历史，明确课程标准演变发展的趋势，总结课程标准发展给我们的启示。

3. 了解思想政治学科课程标准研制的基本原则和依据。

4. 明确思想政治学科课程标准分析的重要性，把握思想政治学科课程标准分析的一般方法和要求，提高课程标准的分析能力，增强课程标准分析的自觉性。

**关键词** 课程标准；教学大纲；课程标准的微观分析；课程标准的宏观把握

思想政治学科课程标准是与思想政治学科课程建设密切相关的，课程建设和发展中的每一变化，都会通过课程标准表现出来。思想政治课程有其特定的发展历史，思想政治学科课程标准也必定有其自身的演变过程。了解思想政治学科的课程，当然要对课程标准进行分析和考察，以把握课程标准及其演变发展的规律，总结以往的经验教训，更好地对现行的课程标准进行科学的分析。

## 2.1 思想政治学科课程标准的界定

### 2.1.1 思想政治学科课程标准的含义

谈到课程标准，首先要明确“课程”、“标准”的基本含义。对“课程”的理解，在教育学领域争议较多、歧义较大，对此我们在第1章中已有分析。就“标准”这一概念看，它是与质量管理相伴而生的，是为了保证产品的生产质量而对产品的生产规格、程序等所进行的规范。例如，《辞海》中对标准的定义是：衡量事物的准则，可以引申为一种规范[①]。1996年，国家技术监督局发布的GB/T 3935.1—1996《标准化和有关领域的通用术语》第Ⅰ部分“基本术语”中对标准进行了这样的规定：为在一定范围内获得最佳秩序，对活动或其结果规定共用的和重复使用的规则、指导原则或特性的文件[②]。2001年，中国大百科全书出版社出版的《质量标准化计量大百科全书》把“标准”（standards）定义如下：在一定的范围内获得最佳秩序，对活动或其结果规定共同的和重复使用的规则、导则或特性的文件[③]。

“课程标准”作为一种“标准”，自然应该具有“标准”的内在规定性。但究竟什么是课程标准？有多种不同的见解。《中国教育大百科全书（教育）》认为课程标准是“规定中小学的

① 辞海编辑委员会．辞海．上海：上海辞书出版社，1989：3351.

② 国家技术监督局．标准化和有关领域的通用术语．北京：中国标准出版社，1996：82.

③ 中国大百科全书编辑委员会．质量标准化计量百科全书．北京：中国大百科全书出版社，2001：20-37.

培养目标和教学内容的文件”[①]。顾明远主编的《教育大辞典》（第一卷）对课程标准的定义是：课程标准是确定一定学段的课程水平及课程结构的纲领性文件[②]。根据我国《基础教育课程改革纲要（试行）》，国家课程标准是教材编写、教学、评估和考试命题的依据，是国家管理和评价课程的基础，应体现国家对不同阶段的学生在知识与技能、过程与方法、情感态度与价值观等方面的基本要求，规定各门课程的性质、目标、内容框架，提出教学和评价的建议[③]。

我们认为，课程标准是由国家最高教育行政部门制定的，规定课程性质、课程目标、内容要求、学习方式、计划安排、实施建议等，并用以指导、规范、评估和管理课程与教学活动的纲领性文件，具有法规性质，体现着国家意志，体现了国家对课程的要求。思想政治学科课程标准就是由国家最高教育行政部门制定的，规定思想政治学科的课程性质、课程目标、内容要求、学习方式、计划安排、实施建议等，并用以指导、规范、评估和管理思想政治学科课程与教学活动的纲领性文件，具有法规性质，体现着国家意志，体现国家对思想政治课程的要求。

明确思想政治学科课程标准的含义，我们需要把握以下四个方面。

第一，从性质来看，思想政治学科课程标准是由国家最高教育行政部门制定的课程文件，具有法规性质，体现着国家意志，体现国家对思想政治课程的要求。

第二，从内容来看，思想政治学科课程标准规定着思想政治学科的课程性质、课程目标、内容要求、学习方式、计划安排、实施建议等，是国家用以指导、规范、评估和管理思想政治课程与教学活动的基本规章。

第三，从行为指向来看，思想政治学科课程标准指向的是学生的学习行为和目标要求，而不是教师的教学行为和方法要求，是对多数学生经过某一阶段学习之后所应达到的最基本要求的原则规定，而不是对具体教学内容的规定。

第四，从作用来看，思想政治学科课程标准是思想政治教材编写的依据，是思想政治学科教学的依据，是思想政治学科教学评价的依据。无论教材怎么编，无论教学如何设计，无论评价如何开展，都必须围绕着这一基本素质要求展开，都不能脱离这个核心。因为课程标准规定的是国家对国民在思想政治方面的基本素质要求，这种基本素质要求是教材、教学和评价的灵魂。无论教材还是教学，都是为学生思想政治方面的基本素质的培养服务的，而评价则是重点评价学生在思想政治方面是否达到国家的基本要求。

### 2.1.2　课程标准与教学大纲

**理论探讨**

课程标准和教学大纲有什么区别？在基础教育新课程改革中，我国为什么要以课程标准取代教学大纲？

谈到课程标准，我们自然会联想到教学大纲。就世界各国来看，究竟使用“教学大纲”

---

① 中国大百科全书总编辑委员会《教育》编辑委员会，中国大百科全书出版社编辑部．中国大百科全书（教育）．北京：中国大百科全书出版社，1985：208.

② 钟启泉，崔允漷，张华，等．为了中华民族的复兴，为了每位学生的成长——基础教育课程改革纲要（试行）解读．上海：华东师范大学出版社，2001：171.

③ 钟启泉，崔允漷，张华，等．为了中华民族的复兴，为了每位学生的成长——基础教育课程改革纲要（试行）解读．上海：华东师范大学出版社，2001：6.

还是“课程标准”，没有统一的提法，主要视各个国家的教育传统与理论背景而定。就我国来看，早在1912年，由蔡元培任总长的中国南京临时政府教育部就颁布了《普通教育暂行课程标准》，此后，“课程标准”一词在中国一直沿用了40年。直到1952年，由于全面学习苏联，我们才将“课程标准”改成了“教学大纲”。1999年1月，国务院批准了教育部《面向21世纪教育振兴行动计划》，要求到2000年初步形成现代化的基础教育课程框架和课程标准，改革教育内容和教学方法等。由此，“课程标准”以正式文件的形式再次载入史册。伴随着新课改的推行，我国又以课程标准取代教学大纲。

**资料卡片**

**教学大纲**

教学大纲是根据教学计划中规定的各门学科的目的、任务而编写的指导性文件。它以纲要的形式，具体规定每门学科知识、技能的范围、深度及其体系、结构，同时规定教学的一般进度和对教学法的基本要求①

应该说，课程标准和教学大纲都是教育行政部门颁布的纲领性文件，都是规范课程和教学的基本标准。但它们之间是有区别的，主要表现在六个方面。

第一，结构不同（表2-1）。课程标准的框架结构各国不尽一致。我国在基础教育新课程改革中，通过学习和借鉴各国的课程标准，结合我国的教育传统及教师的理解和接受水平，制定并颁布了基础教育各学科课程标准。这些课程标准结构基本一致，大致包括前言、课程目标、内容标准、实施建议等部分。而各级各类学校的教学大纲，一般分“说明”和“大纲本文”两部分。前者说明本学科的教学目的要求、本学科教材的编选原则、教材的排列、教学中应注意的问题等。后者依据知识的逻辑体系和学生认识过程的规律，系统安排本学科教材的篇、章、节、目的标题，内容要点，上课时数，实际作业（实验、练习、实习）的内容和时数，以及其他教学活动的时数。有的教学大纲，还包括参考书目、教学仪器、直观教具等方面的提示。

**表2-1 课程标准与原教学大纲框架结构比较②**

<table>
<tr><th colspan="2">课程标准</th><th>教学大纲</th></tr>
<tr><td rowspan="3">前言</td><td>课程性质</td><td rowspan="3"></td></tr>
<tr><td>课程基本理念</td></tr>
<tr><td>课程设计思路</td></tr>
<tr><td rowspan="3">课程目标</td><td>知识与技能</td><td rowspan="3"></td></tr>
<tr><td>过程与方法</td></tr>
<tr><td>情感态度与价值观</td></tr>
<tr><td>内容标准</td><td>学习领域、目标及行为目标</td><td>教学内容和教学要求</td></tr>
<tr><td rowspan="4">实施建议</td><td>教学建议</td><td rowspan="4">教学建议<br>☆课时安排<br>☆教学中应注意的问题<br>☆考核与评价</td></tr>
<tr><td>评价建议</td></tr>
<tr><td>教材编写建议</td></tr>
<tr><td>课程资源开发与利用建议</td></tr>
</table>

① 中国大百科全书总编辑委员会《教育》编辑委员会，中国大百科全书出版社编辑部．中国大百科全书（教育）．北京：中国大百科全书出版社，1985：150.

② 朱慕菊．走进新课程——与课程实施者对话．北京：北京师范大学出版社，2002：54.

续表

| 课程标准 | | 教学大纲 |
| --- | --- | --- |
| 附录 | 术语解释 | |
| | 案例 | |

第二，从性质看，教学大纲是教学文件，是学科教学工作的纲领性文件，关注的是基本的教学目标、教学内容、教学要求及若干教学建议。而课程标准是课程文件，是确定课程水平及课程结构的纲领性文件，主要针对学生在某一方面或领域应该具有的基本素质提出要求。

第三，从目标看，教学大纲关注的是学生在知识和技能方面的要求，不仅对教学内容作出清晰精确的规定，而且对这些教学内容的教学顺序作出安排。而课程标准着眼于未来社会对国民素质的要求，以促进学生发展为宗旨，确立了知识与技能、过程与方法、情感态度与价值观三位一体的课程目标。

第四，从服务对象看，教学大纲服务于教师的教，对各科教学工作都作出了十分具体细致的规定，对教师的教学工作真正能够起到具体直接的指导作用，便于教师学习和直接运用。而课程标准服务于学生的学，是国家制定的某一学段共同的、统一的基本要求，是学生通过学习应该而且能够达到的最低标准，着眼于全体学生的发展。

第五，从作用方式看，教学大纲对教学的内容、教学要求的规定具体细致，“刚性”太强，缺乏弹性和选择性，没有给教材特色化和个性化发展留下足够的空间，不利于教材多样化的实现，无法适应全国不同地区的学校发展极不平衡的状况。而课程标准关注的是学生在通过相关课程的学习要达到的基本要求，主要对课程目标、课程内容、教学实施、教材编写、评价等提出指导和建议，具有较强的弹性，为教学与评价留下了较大的选择余地和灵活空间。

第六，从本质特点看，课程标准是以素质教育（课程理念）为指导，以课程目标为中心，体现了“目标导向型”的设计思路；而教学大纲以社会需要（教学目的）为指导，以教学内容为主体，体现了“知识传授型”的设计思路。

## 2.2 思想政治学科课程标准的历史演变

思想政治学科课程标准作为规范课程设置、课程内容安排等的课程文件，不是从来就有的，它是随着学校思想政治课程的建设开始出现，并逐步完善和发展的。

### 2.2.1 思想政治学科课程标准的历史回顾

为了方便考察，我们把思想政治学科课程标准演变发展的历史分为几个历史时期。

1. 清朝末年

清朝末年，随着新式学堂制度的建立，我国开始按照学科相对固定地设置课程，也开始出现一些规定课程设置、课程内容的课程文件，最典型的是《钦定学堂章程》和《奏定学堂章程》。

《钦定学堂章程》是 1902 年清政府公布的第一个关于学校课程的文件，它具体包括《钦定小学堂章程》、《钦定中学堂章程》。《钦定学堂章程》规定中学堂的设置宗旨在于加深高等小学毕业生的教育程度，增添其科目，为进一步深造奠定基础。中学堂的课程有 12 门，其中包括修身、讲经两门。

《奏定学堂章程》是 1904 年清政府颁布的，具体也包括《奏定初等小学堂章程》、《奏定高等小学堂章程》、《奏定中学堂章程》。因这一年为旧历癸卯年，故又称“癸卯学制”。《奏定学堂章程》规定在中学堂设置修身科、读经讲经科。

清末各级新学堂所定章程，有对课程门类及课时的相关规定和说明，可以视为我国近代意义上的课程标准的雏形，但还不是严格意义上的课程标准。在中国，严格意义上的文本形态的课程标准，是在近代学制和教育体系的形成过程中，伴随着严格意义上的课程的明确化和系统化而产生的。

2. 中华民国时期

中华民国成立后，蔡元培担任中华民国第一任教育总长。在蔡元培的主持下，中华民国教育部对教育制度进行了大的革新。1912 年，中华民国教育部公布的《中学校令》和《中学校令施行规则》废除了晚清充满封建意识、宣传“忠君”“尊孔”的读经讲经课，开设修身、法治经济。

1912～1949 年，我国教育经历了多次改革，出台了多个有关中学课程的课程设置、课程内容、课时安排等课程文件，颁布了多个与中学政治课相关的课程标准（表 2-2）。

**表 2-2　1912～1949 年颁布的中学政治课课程标准或教学大纲**

| 实施年份 | 课程标准或教学大纲名称 |
|---|---|
| 1913 | 中学校课程标准 |
| 1923 | 新学制课程标准纲要 初级中学公民学课程纲要 |
| 1923 | 新学制课程标准纲要 高级中学公共必修的人生哲学课程纲要 |
| 1923 | 新学制课程标准纲要 高级中学公共必修的社会问题课程纲要 |
| 1923 | 新学制课程标准纲要 高级中学第一组必修的伦理学初步课程纲要 |
| 1923 | 新学制课程标准纲要 高级中学第一组必修的心理学初步课程纲要 |
| 1932 | 初级中学公民课程标准 |
| 1932 | 高级中学公民课程标准 |
| 1936 | 初级中学公民课程标准 |
| 1936 | 高级中学公民课程标准 |
| 1940 | 修正初级中学公民课程标准 |
| 1940 | 修正高级中学公民课程标准 |
| 1941 | 六年制中学公民课程标准草案 |
| 1948 | 修订初级中学公民课程标准 |
| 1948 | 修订高级中学公民课程标准 |

1913 年，中华民国教育部发布《中学校课程标准》。《中学校课程标准》规定了初等小学校、高等小学校、中学校和师范学校应开设的课程和“各学年每周各科教授时数”，并附相应课程表，列出了简要的科目内容。其中规定开设“修身科”，第一学年讲授“持躬处世，待人之道”；第二学年讲授“对国家之责务，对社会之责务”；第三学年讲授“对家族及自己之责务，对人类及万有之责务”；第四学年讲授“伦理学大要，本国道德之特色”。除此之外，也规定开设“法治经济”，讲授“法制大要，经济大要”。

这种早期的课程标准文本，内容主要包括两部分：一是对需要设置的课程及课时的规定或说明，相当于我们所谓的课程标准总纲、“课程计划”或“课程设置方案”；二是对各有关科目内容的陈述和要求，即一般所说的“各科课程标准”。由于两者都比较简单，篇幅也较短，所以很多时候都合在同一文件中，并常用条文和表格的形式来显现。

**案例 2-1**

《中学校课程标准》

| | 第一学年 | | 第二学年 | | 第三学年 | | 第四学年 | |
|---|---|---|---|---|---|---|---|---|
| | 每周时数 | 教学内容 | 每周时数 | 教学内容 | 每周时数 | 教学内容 | 每周时数 | 教学内容 |
| 修身 | 1 | 持躬处世，待人之道 | 1 | 对国家之责务，对社会之责务 | 1 | 对家族及自己之责务，对人类及万有之责务 | 1 | 伦理学大要，本国道德之特色 |
| 国文 | 7 | 讲读，作文，习字（楷书、行书） | 男7<br>女6 | 讲读，作文，文字源流，习字同前学年 | 5 | 讲读，作文，文法要略，习字同前学年 | 5 | 讲读，作文，文法要略，中国文学史，习字（行书、草书） |
| 外国语 | 男7<br>女6 | 发音，拼字，读法，译解，默写，会话，文法，习字 | 男8<br>女6 | 读法，译解，默写，造句，会话，文法 | 男8<br>女6 | 读法，译解，会话，作文，文法 | 男8<br>女6 | 读法，译解，会话，作文，文法<br>文学要略 |
| 历史 | 2 | 本国史（上古、中古、近古） | 2 | 本国史（近世、现代） | 2 | 东亚各国史，西洋史 | 2 | 西洋史 |
| 地理 | 2 | 地理概要，本国地理 | 2 | 本国地理，外国地理 | 2 | 外国地理 | 2 | 自然地理概论，人文地理概论 |
| 数学 | 男5<br>女4 | 算术，代数 | 男5<br>女4 | 代数，平面几何 | 男5<br>女3 | 代数，平面几何 | 男4<br>女3 | 平面几何，立体几何，平三角大要 |
| 博物 | 3 | 植物（普通植物之形态分类解剖生理生态分布应用等之大要）；动物（普通动物之形态分类解剖生理习性分布应用等之大要） | 3 | 动物（同前学年），生理及卫生（人身之构造、个人卫生、公众卫生） | 2 | 矿物（普通矿物及岩石之概要），地质学之大要 | | |
| 物理化学 | | | | | 4 | 地理，力学，物性，热学，音学光学磁学，电学 | 4 | 化学（无机化学、有机化学大要） |
| 法治经济 | | | | | | | 2 | 法制大要，经济大要 |
| 图画 | 1 | 自在画（临画、写生画） | 1 | 同前学年 | 1 | 自在画（临画、写生画），用器画（几何画） | 男2<br>好女1 | 自在画（意匠画），用器画（几何画） |
| 手工 | 1 | 竹工，木工 | 1 | 木工，黏土细工 | 1 | 黏土石膏细工，金工 | 1 | 同前学年，工业大意 |

续表

| | 第一学年 | | 第二学年 | | 第三学年 | | 第四学年 | |
|---|---|---|---|---|---|---|---|---|
| | 每周时数 | 教学内容 | 每周时数 | 教学内容 | 每周时数 | 教学内容 | 每周时数 | 教学内容 |
| 家事园艺 | | | 女 2 | 家事整理，家事卫生，饮食物之调理，实习（洗濯，烹饪等） | 女 2 | 待病，育儿，经理家产，家计簿记，实习（洗濯、烹饪、救急疗法等） | 女 2 | 同前学年，实习（烹饪、救急疗法等） |
| | | | | 蔬果花木等之培养法，庭园构造法实习 | | 同前学年，实习 | | 同前学年，实习 |
| 缝纫 | 女 2 | 初步技术之练习，普通衣服之缝法，裁法补缀法 | 女 2 | 同前学年 | 女 2 | 同前学年 | 女 2 | 同前学年 |
| 乐歌 | 1 | 基本练习，歌曲 | 1 | 同前学年，乐典 | 1 | 同前学年 | 1 | 基本练习，歌曲，乐器 |
| 体操 | 男 3<br>女 2 | 普通体操，兵式体操 | 男 3<br>女 2 | 同前学年 | 男 3<br>女 2 | 同前学年 | 男 3<br>女 2 | 同前学年 |
| 合计 | 男 33<br>女 32 | | 男 34<br>女 33 | | 男 35<br>女 34 | | 男 35<br>女 34 | |

◆以上是中华民国教育部 1913 年 3 月颁布的《中学校课程标准》。分析这一课程标准，谈谈这种早期的课程标准的特点。

1922 年，为了实施新学制，全国教育会联合会组织了新学制课程标准起草委员会，并于 1923 年复订刊布了《新学制课程标准纲要》，其中包括《初级中学公民学课程纲要》、《高级中学公共必修的人生哲学课程纲要》、《高级中学公共必修的社会问题课程纲要》、《高级中学第一组必修的伦理学初步课程纲要》、《高级中学第一组必修的心理学初步课程纲要》。在《新学制课程标准纲要》中，突出的变化是以公民课代替了修身课，加强了公民教育。

以蒋介石为首的国民党取得政权之后，竭力推行“党化教育”，改公民科为党义科，但此举遭到多方的非议和反对。1932 年，国民政府教育部颁布了《初级中学公民课程标准》和《高级中学公民课程标准》，将党义科改为“公民”科。1932～1949 年，“公民”科的教学目的和主要教学内容曾作多次调整，国民政府先后颁布了多个相应的《课程标准》。主要包括：1936 年，国民政府对课程标准进行了修订，颁发了《初级中学公民课程标准》和《高级中学公民课程标准》；1940 年，颁布了《修正初级中学公民课程标准》和《修正高级中学公民课程标准》；1941 年 9 月，根据第三次全国教育会议“设六年制中学，不分初高中”的精神，颁布了《六年制中学公民课程标准草案》；1948 年，颁布了《修订初级中学公民课程标准》和《修订高级中学公民课程标准》。

需要说明的是，在民主革命时期，中国共产党在根据地和解放区也创办了一批中学，虽然由于各种因素，没有颁布统一的课程标准，但也颁布了一些相关的条例和办法，规定了中学政治课的开设和教学内容的安排。例如，在抗日战争时期，《晋察冀边区中学暂行办法》明确规定中学政治课开设“政治常识”、“三民主义与统一战线”、“时事政策”等课程。在解放战争时期，华北人民政府颁布了《统一中学政治课程标准的规定》，规定了中学政治课的开设：初一开设“中国现状”、“中国革命”；初二开设“世界现状”、“社会常识”；初三开设“人生观”、“社会调查”；高一开设“经济学”、“中国经济”；高二开设“政治学”；高三开设“新民主主义论”、“政治常识”。

3. 新中国成立后的社会主义时期

新中国成立后，我国中学一直开设有思想政治课程，但是规定课程设置和课程内容的课程标准或教学大纲先后变动多次，具体的课程设置和教学内容变动频繁。总体来看，中学思想政治学科课程标准或教学大纲的主要演变情况大体如表 2-3 所示。

**表 2-3　中学思想政治课程标准或教学大纲的主要演变情况**

| 实施年份 | 课程标准或教学大纲名称 |
| --- | --- |
| 1959 | 中等学校政治课教学大纲（试行草案） |
| 1982 | 初级中学青少年修养教学大纲（试行草案） |
| 1982 | 初级中学社会发展简史教学大纲（试行草案） |
| 1982 | 高级中学政治经济学常识教学大纲（试行草案） |
| 1982 | 高级中学辩证唯物主义常识教学大纲（试行草案） |
| 1986 | 中学思想政治课改革实验大纲（初稿） |
| 1992 | 全日制高级中学思想政治课教学大纲（试用） |
| 1996 | 全日制普通高级中学思想政治课课程标准（试行） |
| 1997 | 九年义务教育小学思想品德课和初中思想政治课课程标准（试行） |
| 2003 | 全日制义务教育初中思想品德课程标准（实验稿） |
| 2004 | 普通高中思想政治课程标准（实验稿） |

1949 年，新中国成立后，全国各地均根据自己的实际情况开设政治课，选定政治课教学内容。虽然各地区的政治课教学内容各不相同，但其指导思想和课程内容的安排都强调马克思主义的基础知识教育和爱中国共产党、爱革命领袖、爱新中国的教育。

1949～1958 年，我国出台了一系列规定中学政治课课程设置、内容安排等的相关文件，如 1951 年的《教育部关于改定中学政治课名称、教学时数及教材的通知》，1957 年的《教育部关于 1957～1958 学年度中学教学计划的通知》、《教育部关于中学、师范学校设置政治课的通知》、《教育部、团中央关于对中学和师范学校学生进行社会主义思想教育的联合通知》等等。但是，由于这个时期我国政治运动频繁，思想政治课程的课程设置和内容安排受政治运动的影响较大，所以我们没有顾及政治课教学大纲或课程标准的编制，没有严格意义上的课程标准或教学大纲的颁布和实施。

1959 年，教育部制定了新中国成立以后的第一部全国中学思想政治课教学大纲——《中等学校政治课教学大纲（试行草案）》。大纲对政治课程的任务、课程设置和时间安排、教材编写的原则、教学注意事项、成绩考核作了规定。虽然我国的教育仍然处于极左思潮影响下，教学大纲所规定的教学内容中带有浓厚的“左”的成分，但教学大纲的颁布，无疑使我国中等学校的政治课课程建设进入了一个规范化的新阶段，无疑有利于把我国中等教育的政治课程设置提高到一个新水平。

**资料卡片**

**1959年教学大纲制订的辩证唯物主义常识的纲目的三种可选择方案**

第一种方案：什么是辩证唯物主义；辩证唯物主义和唯心主义、形而上学的对立；物质和意识；认识和实践；辩证法的基本规律；对立统一规律；辩证唯物主义是工人阶级的世界观。

第二种方案：引言；从实际出发；认识和实践的关系；客观规律和主观能动性的关系；全面地发展地看问题；揭露矛盾，解决矛盾；具体地分析具体情况；抓住中心环节；坏事能否变成好事；两种世界观。

第三种方案：中学生要学点哲学；怎样制订学习计划——主客观关系；知识从哪里来——认识和实践的关系；不入虎穴，焉得虎子——感性认识的重要性；知识就是力量——理性认识的重要性，理论指导实践；事实胜于雄辩——实践是检验真理的标准；任何人都不能离开社会单独生活——事物的普遍联系；要向前看不向后看——事物是发展变化的；星星之火，可以燎原——新生事物是不可战胜的；问题总是有的——矛盾的普遍性；什么钥匙开什么锁——矛盾的特殊性；家有三件事，先赶紧处来——主要矛盾和次要矛盾；一个巴掌拍不响，一条腿走不了路——矛盾的统一和斗争；落后变先进，先进更先进——矛盾的转化；划清界限，分清敌我——两类不同性质的矛盾；聚沙成塔，集腋成裘——量变和质变；后来居上——肯定和否定；九个指头和一个指头——区别主流和支流；兼听则明，偏信则暗——克服片面性；学习哲学的目的——认识世界，改造世界。

1961年，教育部颁布了《关于改进中等学校政治课教学的意见》，对1959年的教学大纲作了必要的修改。1963年，教育部发出《关于实行全日制中小学新教学计划（草案）的通知》，对各门课程的教学计划都作了新的规划。此后，由于受“文化大革命”的影响，思想政治学科教学大纲长时期没有得到完善和发展。

“文化大革命”结束以后，随着不断的拨乱反正，思想政治课程的规范化、系统化建设提上议事日程。1980年9月，教育部发出《关于印发改进和加强中学政治课的意见的通知》，不仅明确了中学政治课的地位和任务，也明确提出了中学政治课的课程设置方案。1982年，教育部颁发了《初级中学青少年修养教学大纲（试行草案）》、《初级中学社会发展简史教学大纲（试行草案）》、《高级中学政治经济学常识教学大纲（试行草案）》、《高级中学辩证唯物主义常识教学大纲（试行草案）》。这是继1959年之后，教育部第二次颁发的全国性的规范的中学政治课教学大纲。

进入20世纪80年代中期后，随着我国经济、政治体制改革的发展，教育体制改革也提上议事日程，中学政治课程改革同样受到关注。以1985年8月中共中央下发的《关于改革学校思想品德和政治理论课程教学的通知》为标志，中学政治课进入改革时期。在这一轮课程改革中，打破了长期以来全国实行统一的教学计划、使用统一的教学大纲的局面，由全国统一课程转变为多套课程并存，主要有三套：一套由教育部（国家教委）制定供全国大多数地区使用，初中、高中均设“思想政治”；一套由上海中小学课程教材改革委员会编制供上海市使用，初中设“公民”，高中设“思想政治”；一套由浙江省教育委员会编制供浙江省使用，初中设“公民”，高中设“思想政治”。

随着改革的不断深入，国家教育行政部门颁布和实施了多个中学政治课课程标准或教学大纲。

1986 年，国家教委制定了《中学思想政治课改革实验大纲（初稿）》，规定“中学思想政治课是在马克思主义指导下对学生进行思想品德和社会科学基础知识教育的重要课程”。提出了新的中学思想政治课的课程设置方案。1988 年，教育部对改革实验教学大纲进行了修订，对课程名称和课程内容进行了调整。

1992 年，国家教委在总结《中学思想政治课改革实验教学大纲（初稿）》实施经验的基础上，重新制定和颁发了《全日制高级中学思想政治课教学大纲（试用）》。

1996 年和 1997 年，国家教委相继颁布了《全日制普通高级中学思想政治课课程标准（试行）》和《九年义务教育小学思想品德课和初中思想政治课课程标准（试行）》。这是新中国成立后，我国首次以课程标准取代教学大纲。与以往的教学大纲比较，课程标准明确了对教学目标和程度的具体要求，不仅规范教学内容注重表达什么，而且对应达到的“识记”、“理解”、“运用”层次基本标准进行了规范。

2001 年，教育部对《九年义务教育小学思想品德课和初中思想政治课课程标准（试行）》进行了修订。修订的课程标准对初中思想政治课的课程结构和教学内容进行了新的优化和调整。随后，教育部又颁发了《高中思想政治课课程标准（2002 年秋季版）》。

进入 21 世纪，我国进入基础教育新课程的改革时期。为适应基础教育改革的要求，教育部启动了思想品德课和思想政治课新的课程标准的编订工作，并于 2003 年 5 月，颁发了《全日制义务教育初中思想品德课程标准（实验稿）》，课程标准以初中学生逐步扩展的生活为基础，按照成长中的我、我与他人关系、我与集体国家和社会的关系三个层次，整合心理健康、道德、法律、国情四方面知识，构成初中思想品德课程的基本内容。2004 年 3 月，教育部又颁发了《普通高中思想政治课程标准（实验稿）》。该课程标准以生活为基础，以学科知识为支撑，以模块课程的方式，构建课程内容，把教学内容分为必修和选修两部分。必修部分包括经济生活、政治生活、文化生活、生活与哲学四个课程模块；选修部分包括科学社会主义常识、经济学常识、国家和国际组织常识、科学思维常识、生活中的法律常识、公民道德与伦理常识六个课程模块。

党的十八大以后，面对经济、科技的迅猛发展和社会生活的深刻变化，面对新时代社会主要矛盾的转化，面对新时代对提高全体国民素质和人才培养质量的新要求，教育部又先后启动了普通高中和义务教育课程标准的修订工作，修订完成了《普通高中思想政治课程标准》（2017 年版）、《普通高中思想政治课程标准》（2017 年版 2020 年修订）、《义务教育道德与法治课程标准》（2022 年版），对初中道德与法治、高中思想政治的课程目标、课程结构、课程内容等进行了新的设计。

### 2.2.2 思想政治学科课程标准历史考察的认识与思考

通过对思想政治学科课程标准历史演变与发展的分析，我们可以得到以下三方面的结论。

1. 课程标准产生于人们规范课程或教育内容的需要

课程标准不是从来就有的，从历史的角度看，课程标准的出现受课程演进状况的影响，受课程系统化和规范化程度及水平的驱动。只有当各级各类学校不断建立和发展，学科课程体系不断完善，学校课程设置趋于系统化，对学校课程设置加以规范和管理变得越来越必要的时候，作为对学校课程加以规范和管理的课程标准才得以产生。

我国最初的课程标准，也是伴随着新式学堂制度的建立、近代学制和教育体系的形成，以及学校课程的明确化和系统化而产生的。

2. 课程标准文本内容与结构日趋具体化、明细化

早期课程标准文本多是综合性的，各学科的课程标准合在同一文本中，结构简明，内容简单，篇幅也较短，只是对需要设置的课程及课时进行简单规定或说明，对各有关科目的内容进行简要陈述和要求，如民国政府 1913 年 3 月颁布的《中学校课程标准》就很典型。

后来，课程标准对课程内容和课程教学的规定趋于明细化和具体化，以至于各个学科都有自己独立的课程标准文本，而且学科课程标准不仅规定课程的设置和基本内容安排，还包括对学科课程目标、课程教学的内容范围及重点和难点、教学的时间分配、教学方法方式和其他教学注意事项的规定和说明。例如，1932 年以后，初中和高中都开设公民科，相应地颁布了公民课程标准。再如，我国当今的基础教育新课程改革中，不仅颁布了独立的初中思想品德课程标准和高中思想政治课程标准，而且课程标准的结构和内容比以往更丰富和完善，既有课程性质、课程基本理念、课程设计思路、课程目标的规定，也有内容标准的规定和要求，还有课程实施的多种建议。这样，课程标准在内容和结构方面获得了很大的发展和提高，在课程管理和课程改革方面被赋予了更多样的功能和意义。

3. 思想政治学科课程标准对课程内容的规定受国家和社会时局变化的影响大

思想政治课本身具有比较强烈的阶级性、时代性，课程标准对课程内容的规定受国家和社会时局变化的影响自然在所难免。读经科的命运就证明了这点。读经科宣传“忠君”“尊孔”等，充满封建意识。推翻封建统治，建立中华民国后，废除了晚清的读经科；其后为迎合袁世凯称帝，袁世凯政府恢复了“读经”科；袁世凯皇帝梦破灭以后，“读经”科也随之取消，从此再没开设。再如，蒋介石国民政府竭力推行“党化教育”，不论是最初的改公民科为党义科，还是后来的将党义科恢复为公民科，都表现出强烈的政治性和意识形态取向。

新中国成立以后，这种现象仍然存在，并且比较突出。不论是中学政治课的目标定位，还是内容安排，都长期紧跟国内外形势的发展，服从和服务于政治斗争的需要，都强调为社会服务、培养社会所需要的人才。这不仅导致思想政治课程难以保持相对稳定，而且不利于学生的个性发展和综合素质的提升。

# 2.3　思想政治学科课程标准的研制

## 2.3.1　思想政治学科课程标准研制的基本原则

关于基础教育课程标准研制的原则，系统研究不多，大多散见于一些课程类著作中。吕达在论述高中课程标准编订的原则时提出了六项基本原则：第一，要处理好传授知识和培养能力的关系；第二，要处理好知识教学和思想政治品德教育的关系；第三，要处理好理论与实际的关系；第四，要处理好传统知识与现代科技新成就、新成果的关系；第五，要处理好知识的逻辑顺序与学生的身心发展顺序的关系；第六，要处理好统一性与差异性的关系①。

一般而言，思想政治学科课程标准的研制应该注意以下三个方面的基本原则。

1. 以学生发展为本

以人为本，促进学生全面发展，是现代教育的主流。“以人为本”是相对于“以物为本”而言的思维模式和价值原则。“以物为本”往往突出某些外在的、可量化的东西，而“以人为本”则强调各种外在量化的指标对于人本身的意义。

在课程标准研制中，坚持以学生的发展为本，就要研究和了解学生，根据学生身心发展和认识发展的规律，着眼于学生的全面发展、全员发展、生动活泼地发展，确立课程目标，构建课程设计的思路，选择和编排课程内容，提出课程实施的相关建议，使课程标准能够为学生的发展奠定基础。

2. 适应社会发展要求

思想政治学科是国家课程，且有着比较浓厚的国家意志和时代特征。因此，课程标准的研制，必须紧跟社会发展的步伐，体现国家对这门课程的要求。

根据这一原则，在思想政治学科课程标准的研制中，必须了解社会经济、政治、文化和科技等方面的发展变化，把握国家的有关路线方针政策和德育工作的有关精神，并在课程标准编制中得到切实的贯彻，使之符合社会发展的需要和国家发展的要求。

3. 符合基础教育的阶段特点

中学属于基础教育阶段，中学教育是为每个学生的终身发展奠定基础的教育。因此，中学的课程应面向每一个学生，课程标准应体现普及性、基础性，课程目标、课程内容等应该是基础的，不能被任意扩大、拔高。

由此出发，思想政治学科课程标准的研制，在课程目标和课程内容等的设计上，有两点值得注意。第一，课程标准作为一个标准，应该是学生都能够达到的，体现出国家对这门课程的基本要求。当然，由于我国幅员辽阔，各地发展不平衡，不同地区、不同学校的办学水平和教育质量存在差异。基于这种情况，课程标准的研制中对课程目标、内容等的规定可以考虑一定的弹性，为不同学生的发展留有一定的空间。第二，课程标准作为一个标准，只要每一个学生能够基本达到就可以。也就是说，并不要求每一个学生在每一个方面都特别突出，达到“优秀”水平，而只要在每一个方面都基本符合标准的要求，达到“合格”水平就可以。

① 吕达．普通高中课程标准编制原则初探．课程·教材·教法，1995，(5)．

相关链接

**课程标准的弹性**[①]

《现代汉语词典》中说：弹性，“比喻事物的可多可少、可大可小等伸缩性，如弹性立场，弹性外交，弹性工作制”。可见，弹性就是一种灵活性，可多可少、可大可小；也是一种选择性，可选择多，也可选择少。

课程标准的弹性，作为一种灵活性，不是无限灵活的，其灵活范围有一个最低限，这就是国家对公民的基本素质要求。各地各校在确定本地本校各科课程目标和课程内容时，不得低于国家的基本要求。

课程标准的弹性，作为一种选择性，也只是对于部分内容而言的：作为国家基本要求的部分是必须达到的，其中多数内容不具有选择性；对于有些地区或学校的学生来说，基本要求中可能有些内容是校外生活或学前教育中已经达到标准要求的，学生也可以免学；作为供各地各校有条件时拓展学习的，是供选择的学习内容。

### 2.3.2 思想政治学科课程标准编制的依据

任何学科课程标准的编制，都必须考虑学生需要、社会需求和学科发展的实际，思想政治学科课程标准编制的基本原则在一定意义上也体现了课程标准编制的依据。应该说，不同时期的思想政治学科课程标准，研制的依据不尽相同。就现行的思想政治学科课程标准来看，研制的依据主要有以下三个方面。

第一，以中共中央、国务院有关学校德育工作的一系列文件为依据。思想政治学科是一门国家意志相对比较强的课程，国家意志主要体现在党和政府的一些文件里面。因此，课程标准的研制要以这些文件为依据。例如，党的十六大精神，中共中央《公民道德建设实施纲要》、国务院《关于基础教育改革与发展的决定》、《中共中 央国务院关于进一步加强和改进未成年人思想道德建设的若干意见》等文件，都明确提出了思想政治教育的要求，都对中学思想政治学科课程改革和建设有重要的规范和指导意义，应该成为思想政治学科课程标准研制的基本依据。

第二，以《基础教育课程改革纲要（试行）》为依据。2001年6月教育部颁布的《基础教育课程改革纲要（试行）》是整个基础教育新课程改革的指导性文件，明确提出了基础教育新课程改革的理念、目标、步骤、要求等，强调要以提高国民素质为宗旨，以培养学生的创新精神和实践能力为重点，改进教学方式和学习方式。思想政治学科课程改革作为基础教育课程改革的组成部分，其课程标准的研制必须遵循整个基础教育课程改革的基本精神和基本要求，符合基础教育课程改革的基本目标。

第三，以新的课程方案为依据。为配合基础教育新课程改革的需要，教育部设计了基础教育新的课程方案。以《普通高中课程方案（实验）》为例，是以学习领域、科目、模块的结构来构建，思想政治课属于“人文与社会”学习领域中的一个科目。因此，思想政治课程标准的研制，要合乎高中课程方案对本课程的定位及其模块式建构方式，在把握本

① 任长松．关于课程标准的研究．山东教育科研，2001，(5)．

课程在“人文与社会”学习领域中应具有的学科价值的同时，凸显本课程特有的思想政治教育的任务、功能和视角；在进一步提供终身学习必备的基础内容的同时，要更注重当代社会进步、科技发展的知识的应用，注重在市场经济的背景下学生自主选择和人生规划的能力培养。

**资料卡片**

**《普通高中课程方案（实验）》对课程设置的规定**

<table>
<tr><th>学习领域</th><th>科目</th><th>必修学分<br>（共计 116 学分）</th><th>选修学分Ⅰ</th><th>选修学分Ⅱ</th></tr>
<tr><td rowspan="2">语言与文学</td><td>语文</td><td>10</td><td rowspan="18">根据社会对人才多样化的需求，适应学生不同潜能和发展的需要，在共同必修的基础上，各科课程标准分类别、分层次设置若干选修模块，供学生选择</td><td rowspan="18">学校根据当地社会、经济、科技、文化发展的需要和学生的兴趣，开设若干选修模块，供学生选择</td></tr>
<tr><td>外语</td><td>10</td></tr>
<tr><td>数学</td><td>数学</td><td>10</td></tr>
<tr><td rowspan="3">人文与社会</td><td>思想政治</td><td>8</td></tr>
<tr><td>历史</td><td>6</td></tr>
<tr><td>地理</td><td rowspan="2">6</td></tr>
<tr><td rowspan="4">科学</td><td>物理</td></tr>
<tr><td>化学</td><td>6</td></tr>
<tr><td>生物</td><td>6</td></tr>
<tr><td rowspan="2">技术（含信息技术和通用技术）</td><td>6</td></tr>
<tr><td rowspan="2">技术</td><td rowspan="2">8</td></tr>
<tr><td rowspan="2">艺术或<br>音乐、美术</td></tr>
<tr><td rowspan="2">艺术</td><td rowspan="2">6</td></tr>
<tr><td>体育与健康</td></tr>
<tr><td>体育与健康</td><td>研究性学习活动</td><td>11</td></tr>
<tr><td rowspan="3">综合实践活动</td><td>社区服务</td><td>15</td></tr>
<tr><td>社会实践</td><td>2</td></tr>
<tr><td></td><td>6</td></tr>
</table>

# 2.4　思想政治学科课程标准分析

## 2.4.1　分析课程标准的重要性

课程标准是由国家教育主管部门统一制定和颁布的指导性文件，规定各门课程的性质、地位、目标、内容，以及教学、评价等方面的要求。课程标准是教材编写的依据，是教师进行教学的依据，是检查教学效果、评估教学质量的依据，也是国家指导和监督学校教学工作的依据。思想政治学科课程标准对思想政治课程和教学的相关问题作出了明确的规定，提出了统一的要求。教师认真分析课程标准，对搞好教学工作、提高教学质量具有十分重要的指导意义。

第一，分析课程标准是进行教学准备的基础。教师的教学准备包括备课标、备教材、备学生、备教法、写教案等多方面内容，而其中备课标是首要的环节。课程标准是课程的核心要素，规定了课程的性质、理念、目标、内容等，也提出了教学、评价、课程资源开发和利用等方面的建议。教师只有认真分析课程标准，才能有效地研究教材，合理制定教学目标，恰当处理教学内容，妥善安排教学进程，科学选用教学方法和手段，编写出切实可行的教学方案，为教学活动的开展作好充分的准备。

第二，分析课程标准是有效组织教学活动的保证。思想政治课程是国家课程，其课程标准体现的是国家意志，课程标准的相关规定，体现了国家对思想政治学科教学的统一要求，对教学有重要的规范作用，是教师进行教学工作的依据。对思想政治学科教师来说，课程标准是既有基本原则、又有操作措施的教学文件，有较强的指导性和规范性。教师只有认真分析课程标准，才能明确思想政治学科教学的基本目标，把握教学的基本内容，有效地实施教学活动，全面完成教学任务。

第三，分析课程标准是科学进行教学评价的基本要求。教学评价是经常性的工作，这一工作的进行也必须以课程标准为依据。课程标准对思想政治课程的知识广度与深度、能力要求与结构、思想水平与行为表现等方面的规定，是进行教学评价的客观标准。尤其是对学生学习的评价，更要以课程标准为准，不能随意超标，更不能脱离标准另搞一套。可见，要做好教学评价工作，教师也必须分析课程标准。

值得注意的是，在现实的教学活动中，不少教师忽视对课程标准的研究，有的只是在开学前随便翻翻，有的表面重视而实际不去认真贯彻，有的甚至从来就没有看过。结果教学脱离标准、考试超越标准的现象时有发生，既加重了学生的学习负担，又偏离了教学应有的方向，影响了教学质量的提高。

### 2.4.2 分析课程标准的方法

对课程标准的分析，要讲究系统、全面、深入。为此，我们既要对课程标准本身进行微观层面的深入分析，又要把课程标准放在整个教学系统中进行宏观层面的系统把握。

所谓微观分析，就是对课程标准本身进行深入细致的分析、解剖，把握其基本结构和内容，明确其对课程性质、课程理念、课程目标、内容标准等的规定，了解其对教学、评价等方面的建议，从而全面、透彻地把握课程标准。关于这一点，我们将在下一章进行具体分析。

所谓宏观把握，就是将课程标准视为教学系统中的一个变量，从课程标准与教学大纲、教材、中学德育大纲及其他相关因素的比较分析中，全面、系统、准确地把握课程标准。

1. 课程标准与教学大纲

课程标准的制定有一个历史的发展过程，它的前身是教学大纲。将课程标准与教学大纲进行比较分析，研究其利弊得失，把握课程标准的新规定和新提法，领会其精神实质，对于帮助我们将思想政治课教学工作建立在更加自觉、更加科学的基础之上，具有重要的现实意义。

2. 课程标准与教材

课程标准是教材编写和审查的依据，课程标准的基本精神必然要贯穿到教材中去。课程标准明确规定了课程目标、课程内容，也提出了教材编写建议。在教材编写中，必须深入分析课程标准，紧扣课程标准规定的课程目标和课程内容，保持与课程标准的协调性和一致性，决不能抛开课程标准另搞一套。事实上，教材编写中以什么为指导思想、编写哪些内容、选用什么样的材料、采用什么样的编写体例等，都体现着课程标准的基本精神和要求，只有把握课程标准，才能准确理解教材。

教材编写以课程标准为依据，绝不意味着教材编写要生搬硬套课程标准，而只是强调要贯彻课程标准的要求和精神。教材是对课程标准的一次再创造、再组织，教材编写在符合课程标准的前提下，可以多样化。同时，教材是根据课程标准编写的，但它不能代替课程标准，教材只是教学的材料，课程标准作为教学的依据与教学评价的依据的重要功能是教材所代替不了的。

3. 课程标准与中学德育大纲

一般来说，《中学德育大纲》是“母纲”，《课程标准》是“子纲”，二者有着密切联系。思想政治课是中学德育的主要途径之一，在中学德育中居于特殊地位。思想政治学科课程标准是以中学德育大纲为依据，为完成中学德育任务服务的。只有正确理解和处理好二者的关系，才能充分发挥思想政治学科的德育功能。

4. 课程标准与国际国内形势发展

任何课程建设都是在一定社会历史条件下进行的，无不折射着社会政治、经济、文化的背景。思想政治学科尤其如此。思想政治学科课程标准是适应国际国内形势的变化发展需要而制定的，正如《普通高中思想政治课程标准（实验）》所述：“我国已进入全面建成小康社会、加快推进社会主义现代化的新的发展阶段。随着改革开放和社会主义市场经济的发展，社会经济成分、组织形式、就业方式、利益关系和分配方式日益多样化，给人们的思想观念带来深刻影响；世界多极化和经济全球化趋势，日新月异的科技进步，使我国的发展面临着前所未有的挑战与机遇，这对高中学生的思想政治素质提出了新的更高要求。为此，思想政治课教学必须贯彻党的十六大精神，以邓小平理论和‘三个代表’重要思想为指导，着眼于当代社会发展和高中学生成长的需要，增强思想政治教育的时代感、针对性、实效性和主动性。”因此，我们应该用开放、系统的观点来分析课程标准，把握课程标准的时代特色，把握时代对思想政治学科教学的要求。

### 2.4.3 分析课程标准的基本要求

（1）全面领会课程标准的内容。思想政治学科课程标准内容丰富多彩，理论性和实践性都很强，我们必须反复阅读、认真领会。同时，要尽量多阅读一些与本学科课程标准有关的研究文章，以开拓思路，准确理解其精神实质。做到不仅了解课程标准的主要特点，而且熟悉课程标准的主要内容，明确思想政治课程的性质、目标、理念，了解本学科的内容标准，把握学科教学、评价中应注意的问题等。

（2）认真贯彻课程标准的精神。思想政治学科课程标准是在新的社会背景和基础教育改革发展的新要求下研制的，其中包含许多新的教学思想和理念。必须在深入学习的基础上认真贯彻，促进教学思想的转变，树立起面向全体学生、使学生德智体全面发展的思想，确定好既符合课程标准要求又符合学生实际的教学内容与要求，选择好适当的教学方法，全面落实课程标准的精神。例如，高中思想政治课程标准提出的课程理念之一是强调课程实施的实践性和开放性。为此，教学中要切实加强实践环节，不断拓展和更新课程资源，给学生呈现一个真实的世界，使他们具有走进社会、面对挑战、规划人生的真实本领；要从以“教”为中心向以“学”为中心转变，提出有意义的问题，促进学生在解决问题过程中成为学习活动的主体；要倡导研究性学习的方式，设计真实的、具有挑战性的、开放的学习环境，引导和推动学生积极主动地探究，使他们感悟读书是学习、实践是更重要的学习等。

（3）严格执行课程标准的要求。教师要用课程标准来指导自己的教学工作，做到教学不离课标，一方面平时教学不随意拔高，也不随意降低教学要求；另一方面也运用课标这把尺子经常检查、评价自己的教学情况，努力完成好教学任务。为此，教师在整个教学过程中都要加强对课程标准的研究，在开学之初，教师要认真学习课程标准，明确课程标准的各项规定，用以指导学期教学方案的制订；在课前备课时，教师要重点分析课程标准规定的内容标准及其教学要求，以确定教学的重点难点，把握教学的度；在检测学习效果时，教师要根据课程标准的有关规定来命题，命题范围、题目难易程度应掌握在课程标准的要求之内等。

## 复习与思考

1. 如何理解思想政治学科课程标准的含义？
2. 比较课程标准和教学大纲两个概念，分析我国在新课程改革中为什么要改教学大纲为课程标准？
3. 课程标准是如何产生的？简要介绍我国课程标准的发展进程。
4. 比较各个不同时期的思想政治学科课程标准，它们各有哪些不同特点？
5. 回顾我国课程标准的演变进程，我们可以从中得到哪些启示？
6. 简要介绍思想政治学科课程标准研制的基本原则和依据。
7. 结合自己的教学实践，探讨思想政治学科课程标准分析的一般方法和要求。
8. 分析思想政治学科课程标准与教材、中学德育大纲的关系，并以课程标准中的某一内容标准为例，探讨如何处理好它们之间的关系。

# 第 3 章 思想政治学科课程标准解析

**学习目标**

1. 了解现行思想政治学科课程标准的基本结构，从整体上把握现行思想政治学科课程标准的全貌。

2. 结合对现行初中思想品德课程标准的分析，把握初中思想品德的课程性质、课程理念、课程目标、课程设计思路、内容标准、实施建议等。

3. 结合对现行高中思想政治课程标准的分析，把握高中思想政治的课程性质、课程理念、课程目标、课程设计思路、内容标准、实施建议等。

4. 通过对思想政治学科课程标准的解析，感受思想政治学科课程与教学改革的发展要求，积极投身教学改革实践。

**关键词**

课程方案；《思想品德课程标准》；《思想政治课程标准》；课程目标；课程总目标；课程分类目标；知识目标；能力目标；情感态度与价值观目标；课程设计思路；课程内容标准；生活主题；课程模块；选修课程；必修课程；课程实施建议；课程评价；课程资源；课程资源的开发与利用

思想政治学科课程标准是一个由多方面内容组成的有机整体，各内容之间相互联系、相互制约，共同体现国家对思想政治学科的基本规定，反映国家对思想政治学科的基本要求。进行学科课程标准分析，首先要对课程标准本身进行深入细致的了解，把握其基本结构和内容，明确其对课程性质、课程理念、课程目标、内容标准等的规定，了解其对教学、评价等方面的建议，从而全面、透彻地把握课程标准。

我国现行的思想政治学科课程标准是随着基础教育新课程改革的发展而研制的初中思想品德课程标准和高中思想政治课程标准。本章以该课程标准为蓝本，对课程标准的基本结构，以及课程标准对课程目标、设计思路、内容标准和实施建议等方面的规定进行简要分析。

## 3.1 思想政治学科课程标准的基本结构

我国现行的义务教育道德与法治课程标准是 2022 年颁布实施的，普通高中思想政治课程标准是 2017 年颁布实施，并于 2020 年进行了新的修订。两个课程标准的基本结构大体相似，以高中思想政治课程标准为例，其基本结构如图 3-1 所示。

从图 3-1 可见，课程标准的基本结构大体由前言、课程性质与基本理念、学科核心素养与课程目标、课程结构与课程内容、学业质量、实施建议、附录等部分构成。

（1）前言。主要对课程标准修订的背景、修订工作的指导思想和基本原则、修订的主要内容和变化等进行简要介绍。通过前言，可以对课程标准修订的整体情况有一个基本的认识。

（2）课程性质与基本理念。主要对课程的性质和基本理念进行明确的规定。课程性质和

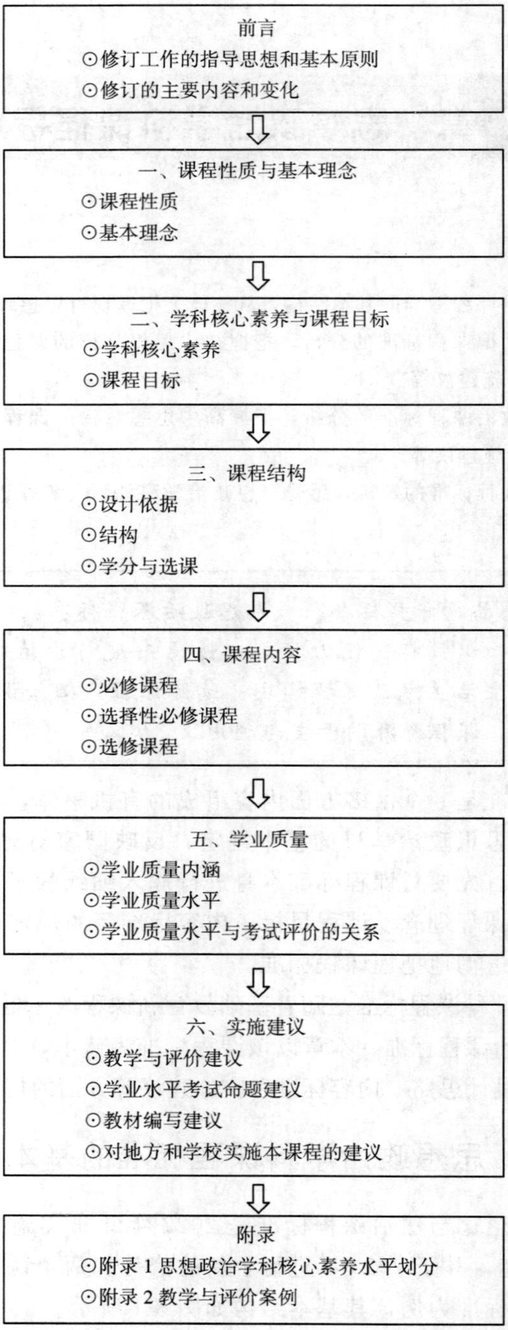


图 3-1《普通高中思想政治课程标准》(2017 年版 2020 年修订）的框架结构

基本理念是对课程的本质规定，具有方向性的意义，制约着学科核心素养的凝练、课程目标的确立、课程内容的选择、实施建议的提出等。例如，高中思想政治课程性质明确提出高中思想政治课是“综合性、活动型学科课程”，课程理念强调“构建以培育思想政治学科核心素养为主导的活动型学科课程”，这就决定了课程标准中课程结构的设计、课程内容的安排、教学与评价的建议等都必须按照这种规定和思路进行，在关注思想政治学科核心素养培育的基础上，坚持学科逻辑与实践逻辑、理论知识与生活关切相结合，坚持教育与生产劳动和社会实践相结合，坚持理论观点与生活经验、劳动经历相结合，让学生在社会实践活动的历练中、在自主辨析的思考中感悟真理的力量，自觉践行社会主义核心价值观。

(3) 学科核心素养与课程目标。主要是凝练思想政治学科核心素养，并基于学科核心素养提出课程目标。以学科核心素养为纲，是课程标准的标志性追求，也是和旧的课程标准相比最大的变化。学科核心素养是学科育人价值的集中体现，是学生通过课程学习而逐步形成的正确价值观念、必备品格和关键能力。课程目标是学科核心素养在学生身上的表现，作为课程目标的每个素养，都是知识、能力和情感态度价值观目标的整合。

(4) 课程结构。主要对课程设计的基本依据、课程的基本构成及其内在关系、课程的学分构成及选课要求等进行规定。课程结构反映了高中思想政治课程的整体框架和实施要求，是全面系统把握高中思想政治课程内容的重要基础。

(5) 课程内容。课程内容部分是课程标准的主体。根据课程结构，课程内容分为必修课程、选择性必修课程、选修课程三部分。必修课程和选择性必修课程以课程模块为单位，依据学科核心素养和课程目标，用尽可能清晰的行为动词对学生的学习内容和要求进行描述，以“议题教学”的方式给教师进行教学提示和建议，并对学生的学习提出明确的学业要求。选修课程主要介绍各选修模块设置的目的、基本内容和要求。

(6) 学业质量。主要以学科核心素养及其表现水平为主要维度，结合课程内容，对学生学业成就表现进行总体刻画，它是高中思想政治课阶段性评价、学业水平合格性考试和学业水平等级性考试命题的重要依据。高中思想政治课学业质量分为四级水平，其中水平二是高中毕业在本学科应该达到的合格要求，水平三是学业水平等级性考试的命题依据，学生达到水平四的相关表现可纳入综合素质档案，作为普通高等学校录取、自主招生的参考。

(7) 实施建议。主要为教师、教材编写人员、教育管理者等提供有关教学与评价、学业水平考试命题、教材编写、课程实施等方面的建议。

(8) 附录。主要包括“思想政治学科核心素养水平划分”和“教学与评价案例”两方面内容。“思想政治学科核心素养水平划分”基于每个素养的构成维度，依据学生在差异情境中的不同行为表现，共划分为四级水平，四级水平之间相互联系、相互依赖、逐层递进。“教学与评价案例”以教学案例的方式为教师开展议题式教学和活动型学科课程教学提供参考，以样题的方式为学业水平考试命题提供示范。

## 3.2　思想政治学科核心素养凝练与课程目标定位

学科核心素养和课程目标是两个紧密相关的内容，学科核心素养是学科育人价值的集中体现，课程目标以学科核心素养为导向，是学科核心素养在学生身上的表现。

### 3.2.1　学科核心素养

学科核心素养是中国学生发展核心素养在相关学科的具体表现，它具有学科特性，需要依托学科学习来培养。应该说，任何学科都有促进学生核心素养发展的功能，任何核心素养的培育都不是一门学科所能完成的，特定学科的育人价值主要在于对学生发展核心素养培育上的独特贡献。

为了建立核心素养与思想政治课程的内在联系，充分挖掘思想政治课程对全面贯彻党的教育方针、落实立德树人根本任务的独特价值，课程标准基于思想政治学科自身的本质特性凝练了本学科的核心素养。思想政治学科核心素养是中国学生发展核心素养在思想政治学科的具体表现，是思想政治学科育人价值的集中体现，是学生通过思想政治学科学习而逐步形成的正确价值观念、必备品格和关键能力。其中，“正确价值观念”是思想政治学科核心素养的核心要素，是落实立德树人根本任务、实现核心素养培育的根本追求，也是思想政治学科的根本价值所在；“必备品格”是学生通过思想政治学科学习实现的，适应社会发展和个人成长需要的内在品质；“关键能力”是学生思想政治学科核心素养水平的外在表现。

1. 学科核心素养在课程标准中的中心地位

以学科核心素养为纲，是课程标准修订的标志性追求。学科核心素养在课程标准中处于中心地位，课程标准的主体内容都是围绕着学科核心素养的落实展开。主要体现在：课程目标是以学科核心素养为统领、三维一体进行整合和呈现；课程结构和课程内容是围绕学科核心素养进行精选和重组；学业质量标准是依据学科核心素养进行划分和描述；实施建议是以学科核心素养培育为导向来设计和提出。

显然，学科核心素养不仅是课程标准的典型特点，而且在课程标准中处于中心地位，课程标准的其他各方面都与学科核心素养密切相关，都需要基于学科核心素养去认识和把握。

2. 学科核心素养的分项要素

1）义务教育道德与法治课程核心素养要素

根据课程标准的规定，义务教育课程核心素养要素包括政治认同、道德修养、法治观念、健全人格、责任意识五个方面的要素。政治认同是社会主义建设者和接班人必须具备的思想前提，道德修养是立身成人之本，法治观念是行为的指引，健全人格是身心健康的体现，责任意识是担当民族复兴大任时代新人的内在要求。

(1) 政治认同，指具备热爱伟大祖国、中华民族、中华文化、中国共产党、中国特色社会主义的情感，以及为中华民族伟大复兴而奋斗的志向，能够自觉践行和弘扬社会主义核心价值观。政治认同主要表现为：

第一，政治方向。明确中国共产党的核心领导地位，充分认识中国共产党领导是中国特色社会主义最本质的特征，是中国特色社会主义制度的最大优势。拥护中国共产党，坚持中国特色社会主义道路，了解习近平新时代中国特色社会主义思想是当代中国马克思主义、二十一世纪马克思主义，是中华文化和中国精神的时代精华。

第二，价值取向。践行和弘扬社会主义核心价值观，坚定共产主义远大理想和中国特色社会主义共同理想，增进中华民族价值认同和文化自信。

第三，家国情怀。对家庭有深厚的情感，热爱家乡，热爱伟大祖国，热爱中华民族，自觉铸牢中华民族共同体意识，有以实现中华民族伟大复兴为己任的使命感。

培育学生的政治认同，有助于他们形成正确的世界观、人生观、价值观，坚定正确的政治方向，初步树立共产主义远大理想和中国特色社会主义共同理想，成为德智体美劳全面发展的社会主义建设者和接班人。

(2) 道德修养，指养成良好的道德品质和行为习惯，把道德规范内化于心、外化于行。道德修养主要表现为：

第一，个人品德。践行以爱国奉献、明礼遵规、勤劳善良、宽厚正直、自强自律为主要内容的道德要求，在日常生活中养成诚实守信、团结友爱、热爱劳动等个人美德和优良品行。

第二，家庭美德。践行以尊老爱幼、男女平等、勤劳节俭、邻里互助为主要内容的道德要求，做家庭的好成员。

第三，社会公德。践行以文明礼貌、相互尊重、助人为乐、爱护公物、保护环境、遵纪守法为主要内容的道德要求，做社会的好公民。

第四，职业道德。树立劳动不分贵贱的观念，理解以爱岗敬业、诚实守信、办事公道、热情服务、奉献社会为主要内容的职业道德，做未来的好建设者。

培育学生的道德修养，有助于他们经历从感性体验到理性认知的过程，传承中华民族传统美德，弘扬民族精神和时代精神，维护国家利益和安全，增强民族气节，明大德、守公德、严私德，形成健全的道德认知和道德情感，发展良好的道德行为。

（3）法治观念，指树立宪法法律至上、法律面前人人平等、权利义务相统一的理念，使尊法学法守法用法成为人们的共同追求和自觉行为。法治观念主要表现为：

第一，宪法法律至上。理解宪法在法律体系中具有最高的权威，任何个人和组织都必须遵守宪法和法律，尊崇宪法和法律。

第二，法律面前人人平等。了解公民的合法权益一律平等地受到法律保护，对任何人的违法犯罪行为都依法予以追究，不允许任何人有超越法律的特权。

第三，权利义务相统一。理解每个公民都享有宪法和法律赋予的权利，同时也必须履行宪法和法律规定的义务。

第四，守法用法意识和行为。了解以民法典为代表的、与日常生活以及未成年人保护密切相关的法律法规，树立法治意识，养成守法用法的思维方式和行为习惯。

第五，生命安全意识和自我保护能力。了解和识别可能危害自身安全的行为，具备自我保护意识，掌握基本的自我保护方法，预防和远离伤害。

培育学生的法治观念，有助于他们形成法治信仰和维护公平正义的意识，做社会主义法治的忠实崇尚者、自觉遵守者、坚定捍卫者。

（4）健全人格，指具备正确的自我认知、积极的思想品质和健康的生活态度。健全人格主要表现为：

第一，自尊自信。正确认识自己，珍爱生命，能够自我调节和管理情绪，具备乐观开朗、坚韧弘毅、自立自强的健康心理素质。

第二，理性平和。开放包容，理性表达意见，树立正确的合作与竞争观念，能够换位思考，学会处理与家庭、他人、集体和社会的关系。

第三，积极向上。有效学习，能够主动适应社会环境，确立符合国家需要和自身实际的健康生活目标，热爱生活，积极进取，具有适应变化、不怕挫折、坚韧不拔的意志品质。

第四，友爱互助。真诚、友善，拥有同理心，相互支持，相互帮助，具有互助精神。

培育学生的健全人格，有助于他们正确认识自我、学会学习、学会生活、学会合作，养成积极的心理品质，提高适应社会、应对挫折的能力。

（5）责任意识，指具备承担责任的认知、态度和情感，并能转化为实际行动。责任意识主要表现为：

第一，主人翁意识。对自己负责，关心集体，关心社会，关心国家，维护祖国统一和国家安全，具备国家利益高于一切的观念。

第二，担当精神。具有为人民服务的奉献精神，积极参与志愿者活动、社区服务活动，热爱自然，践行绿色生活方式。

第三，有序参与。具有民主与法治意识，守规矩，重程序，能够依规依法参与公共事务，根据规则参与校园生活的民主实践。

培育学生的责任意识，有助于他们提升对自己、家庭、集体、社会、国家和人类的责任感，增强担当精神和参与能力。

2）普通高中思想政治学科核心素养要素

高中思想政治学科核心素养包括政治认同、科学精神、法治意识、公共参与四个方面要素。

（1）政治认同是人们在社会政治生活和政治发展中产生的一种感情和意识上的归属感，主要包括对国家的道路认同、理论认同、制度认同等。人们在一定社会中生活，总要在一定的社会联系中去确定自己的身份，如把自己看作是某一政党的党员、某一政治过程的参与者、某一政治信念的追求者等，并自觉地以社会的要求来规范自己的政治行为，这种现象就是政治认同。政治认同作为一种政治情感，是团结和组织社会成员齐心奋斗的凝聚力量，是激励和促进社会成员共同努力的重要思想基础。

作为思想政治学科核心素养的政治认同，就是拥护中国共产党的领导，坚持和发展中国特色社会主义，认同中华人民共和国、中华民族、中华文化，弘扬和践行社会主义核心价值观。具体来说，主要包括以下几方面内容：

第一，认同中国共产党的领导。中国共产党是中国特色社会主义事业的领导核心，中国特色社会主义最本质的特征是中国共产党领导，中国特色社会主义制度的最大优势是中国共产党领导。中国共产党的领导地位不是自封的，是历史和人民选择的，是由党的性质决定的，也是由我国宪法明文确认的。坚持党对一切工作的领导，是党和国家的根本所在、命脉所在，是全国各族人民的利益所在、幸福所在。因此，要坚决拥护中国共产党的领导，坚决维护习近平总书记党中央的核心、全党的核心地位，坚决维护党中央权威和集中统一领导，确保党始终总揽全局、协调各方。

第二，认同中国特色社会主义。中国特色社会主义是改革开放以来中国共产党的全部理论和实践的主题，是党和人民历尽千辛万苦、付出巨大代价取得的根本成就。要坚持中国特色社会主义制度，完善中国特色社会主义理论，坚定中国特色社会主义发展道路，弘扬中国特色社会主义文化。

第三，认同中华人民共和国、中华民族、中华文化。爱国主义是中华民族精神的核心，爱国主义精神深深植根于中华民族心中，是中华民族的精神基因，维系着华夏大地上各个民族的团结统一，激励着一代又一代中华儿女为祖国发展繁荣而不懈奋斗。五千多年来，中华民族之所以能够经受住无数难以想象的风险和考验，始终保持旺盛的生命力，生生不息，薪火相传，同中华民族具有深厚持久的爱国主义传统密不可分。弘扬爱国主义精神，必须理解和认同中华民族的历史和文化。

第四，认同社会主义核心价值观。社会主义核心价值观是社会主义核心价值体系的内核，是当代中国精神的集中体现，凝结着全体人民共同的价值追求，反映出社会主义核心价值体系的丰富内涵和实践要求。认同并践行社会主义核心价值观，对于巩固马克思主义在意识形态领域的指导地位、巩固全党全国人民团结奋斗的共同思想基础、集聚实现中华民族伟大复兴中国梦的强大正能量、促进社会全面进步和人的全面发展等，都具有重要意义。

我们党立志于中华民族千秋伟业，必须培养一代又一代拥护中国共产党领导和我国社会主义制度、立志为中国特色社会主义事业奋斗终身的有用人才。在当代错综复杂的国际环境中和多元激荡的思想条件下，培养青少年正确坚定的政治认同至关重要。青少年的政治认同是他们创造幸福生活的精神支柱、价值追求和道德准则。

青少年发展政治认同素养，才能牢固树立中国特色社会主义理想信念，厚植爱国主义情怀，成为社会主义合格建设者和可靠接班人。培养青少年的政治认同素养，要注意引导青少年树立坚持中国共产党领导的坚定信念，认可和接受马克思主义基本理论，认可和接受中国特色社会主义的理论思想、道路选择和制度安排，认可和接受我国政治生活的运行机制和特色优势，认可和弘扬中华民族精神和优秀文化传统，认可和践行社会主义核心价值观，从而培养爱国之情、砥砺强国之志、实践报国之行，切实担负起把我国建设成为社会主义现代化强国、实现中华民族伟大复兴的历史重担。

(2) 科学精神，一般是指人所特有的理智的、自主的、反思的、实事求是的、开拓创新的思维品质和行为特征，实事求是是科学精神的核心，开拓进取是科学精神的活力。科学精神的内涵非常广泛，通常包括求真精神、实证精神、进取精神、协作精神、包容精神、理性的怀疑精神、开放精神、创新精神等。

作为思想政治学科核心素养的科学精神，是指学生在认识世界和改造世界的过程中表现出来的一种精神取向，即坚持马克思主义的科学世界观和方法论，能够对个人成长、社会进步、国家发展和人类文明作出正确的价值判断和行为选择。

当代中国正经历广泛而深刻的社会变革，正进行宏大而独特的实践创新。在这一社会变革和实践创新的过程中发扬科学精神，必须坚持辩证唯物主义和历史唯物主义基本观点，领会习近平新时代中国特色社会主义思想，认清社会发展规律和阶段性特征，解放思想、实事求是、与时俱进、求真务实，在全面深化改革的进程中，把握发展机遇，应对各种挑战。

培养青少年的科学精神，有助于他们形成正确价值取向和道德定力，提高辩证思维能力，立足基本国情、拓展国际视野，在实践创新中增长才干。思想政治课培养学生的科学精神素养，要注意引导学生形成辩证思维品质、正确价值取向、实践创新能力等维度的素养特征，面对纷繁复杂的社会经济、政治、文化等现象，能够运用马克思主义基本立场、观点、方法去科学认识和分析，正确作出价值判断和行为选择。

(3) 法治意识是人们对法律发自内心的认可、崇尚、遵守和服从。我国虽然已经形成中国特色社会主义法律体系，但有法不依、执法不严、违法不究现象仍然存在，部分社会成员尊法信法守法用法意识不强，法治意识还没有在全社会广泛地、牢固地树立起来。法治意识是法治国家之魂，建设社会主义法治国家必须提高全民的法治意识。党的十八大以来，我国明确提出建设社会主义法治国家，强调坚持依法治国、依法执政、依法行政共同推进，坚持法治国家、法治政府、法治社会一体建设，全面推进科学立法、严格执法、公正司法、全民守法。把这些落到实处，就要在全社会树立法治意识，弘扬社会主义法治精神，建设社会主义法治文化，增强全社会厉行法治的积极性和主动性，形成守法光荣、违法可耻的社会氛围，使全体社会成员成为社会主义法治的忠实崇尚者、自觉遵守者、坚定捍卫者。

作为思想政治学科核心素养的法治意识，是指尊法学法守法用法，自觉参加社会主义法治国家建设。

建设社会主义法治国家，是推进国家治理体系和治理能力现代化的必然要求；全面依法治国，必须坚持党的领导、人民当家作主、依法治国有机统一，坚持依法治国和以德治国相结合，实现科学立法、严格执法、公正司法、全民守法，在全社会树立法治意识。

增强青少年法治意识，有助于他们在生活中依法行使权利和履行义务，严守道德底线，维护公平正义，做社会主义法治的忠实崇尚者、自觉遵守者、坚定捍卫者。思想政治课培养学生的法治意识，要引导他们认真学习社会主义法律知识，领会社会主义法治精神，认同社会主义法治观念，按照我国法律规范和法治精神来规范和约束自己的思想和行为，用社会主义法治思维和法治方式思考和处理各种问题，自觉维护法律权威，形成尊法学法守法用法的良好氛围。

(4) 公共参与是公民为维护和促进社会公益，通过各种合法的途径与方式表达利益诉求、影响公共活动和公共决策的社会行为。公共参与所涉及的范围很广，包括经济、政治、文化等社会各个领域的参与，其中最根本、最核心的是社会政治生活与政治决策的参与。

作为思想政治学科核心素养的公共参与，是指有序参与公共事务，勇于承担社会责任，积极行使人民当家作主的政治权利。

广泛的公共参与，彰显人民主体地位，是公民行使知情权、参与权、表达权、监督权的表现，有助于更好地表达民意、集中民智，提高国家立法和政府决策的科学性、民主性；有助于鼓励人们热心公益活动，激发社会活力，提高社会治理水平。

培养青少年公共参与素养，有益于他们了解民主管理的程序、体验民主决策的价值、感受民主监督的作用，增强公德意识和参与能力，追求更高的道德境界。思想政治课培养学生的公共参与素养，要注意引导学生明确公共参与的核心要义和重要意义，特别要突出以下几点：

第一，公共参与的有序性。社会生活是复杂的，参与公共事务必须维护公共秩序，遵守公共规则，符合社会规范。公共参与以有序性为基本前提，要引导学生以社会普遍接受和认可的方式参与社会生活。

第二，公共参与中的责任意识。公共参与实际上是承担社会责任的一种表现，要引导学生关爱他人、关心集体、奉献社会，增强主人翁意识，勇于承担社会责任。

第三，公共参与中的权利意识。民主管理、民主决策、民主监督等是我国公民的民主权利，要引导学生了解民主管理的程序、体验民主决策的价值、感受民主监督的作用，以主人翁的态度积极行使自己的民主权利，通过合理的方式表达自己的观点，提出自己的意见，奉献自己的智慧，促进社会主义民主政治的建设与发展。

3. 学科核心素养的总体把握

思想政治学科核心素养包括四个基本要素，虽然每个要素各有其内涵、特点和基本要求，但都是基于落实立德树人的根本任务和培养担当民族复兴大任的时代新人展开，是中国学生发展核心素养在思想政治学科的具体表现，在明确它们各自特性的基础上，我们也需要对其进行总体把握。以普通高中思想政治学科核心素养为例，对思想政治学科核心素养的总体把握主要可以从两个角度进行：

第一，从落实立德树人根本任务的角度看，思想政治学科核心素养的四个要素都是落实立德树人根本任务的重要方面，在落实立德树人根本任务中具有各自独特的价值。四个要素各自的独特价值依次可以归结为有信仰、有思想、有尊严、有担当。所谓有信仰，是科学理论支撑的信仰，即基于政治认同的理想信念；所谓有思想，是源于科学理论的思想，即科学精神的集中表现；所谓有尊严，是凝结自由、平等、公正价值取向的尊严，唯有法治意识才能使人切实感受到这样的尊严；所谓有担当，实质上是行使人民当家作主的权利，履行法律规定的义务，唯有公共参与才能真正体现这种责任担当。

第二，从思想政治学科核心素养自身的角度看，四个核心素养要素相互联系，是一个有机整体，在内容上相互交融、在逻辑上相互依存。其中，“政治认同”关乎学生的成长方向和理想信念的确立，是“科学精神”“法治意识”和“公共参与”有中国特色的共同标识；“科学精神”既显示学生认识社会、参与社会的能力和态度，也显示人自身自由发展的文明程度，体现中国特色哲学社会科学的有关原理和方法，是达成“政治认同”、形成“法治意识”、实现“公共参与”的基本条件；“法治意识”体现当代中国公民依法行使权利、履行义务的必备品质，是“公共参与”的必要前提，也是“政治认同”和“科学精神”的必然要求；“公共参与”体现人民当家作主的责任担当，是“政治认同”“科学精神”和“法治意识”的行为表现。

### 3.2.2　课程目标

在课程标准中，课程目标以学科核心素养为统领进行确定和描述，是学科核心素养在学生身上的表现，是学生通过课程学习要具有的学科核心素养。

1. 义务教育道德与法治课程目标

义务教育道德与法治的课程目标包括总目标和学段目标。

1）总目标

义务教育道德与法治课程的总目标以课程核心素养要素为统领，包括五个方面：

第一，学生能够初步了解中国的基本国情、中华优秀传统文化的主要代表性成果，了解中国共产党的历史和革命传统、改革开放和中国特色社会主义的伟大成就，汲取党史、新中国史、改革开放史、社会主义发展史所蕴含的精神力量，热爱伟大祖国、中华民族、中华文化、中国共产党和中国特色社会主义，为自己是中国人而自豪；具有维护民族团结的意识，能够把个人发展和国家命运联系起来，维护国家利益和安全；能够理解社会主义核心价值观的内涵及其重要意义，并在社会生活中自觉践行；能够以实现中华民族伟大复兴为己任，增强做中国人的志气、骨气、底气，不负时代，不负韶华，不负党和人民的殷切期望；关心时事，热爱和平，初步具有国际视野和人类命运共同体意识。

第二，学生能够了解个人生活和公共生活中基本的道德要求和行为规范，能够在日常生活中践行诚实守信、团结友爱、尊老爱幼等基本的道德要求；形成初步的道德认知和判断，能够明辨是非善恶；通过体验、认知和践行，养成良好的道德品质。

第三，学生能够具有基本的规则意识和安全意识，理解宪法的意义，知道与学生生活密切相关的法律，能够初步认识到法律对个人生活、社会秩序和国家发展的规范和保障作用；形成宪法法律至上、法律面前人人平等观念和权利义务相统一观念；遵守规则和法律规范，提高自我防范意识，掌握基本的自我保护方法，预防意外伤害，养成自觉守法、遇事找法、解决问题靠法的思维习惯和行为方式，初步具备依法参与社会生活的能力。

第四，学生能够正确认识生命的意义和价值，珍爱生命，热爱生活；初步具有自尊自强、坚韧乐观的心理素质和道德品质；具有理性平和的心态，能够建立良好的同伴关系、师生关系和家庭关系，树立正确的合作与竞争观念，具有团队意识和互助精神；具备积极向上、锐意进取的人生态度，能够适应变化，不怕挫折。

第五，学生能够关心集体、社会和国家，具有主人翁意识、责任感和集体主义精神，主动承担对自己、家庭、学校和社会的责任，自觉维护祖国统一和国家安全；能够主动参与志愿者活动、社区服务活动，具有为人民服务的奉献精神，勇于担当；能够遵守社会规则和社会公德，依法依规有序参与公共事务，具有公共意识和公共精神；敬畏自然，保护环境，形成人与自然生命共同体的意识。

2）学段目标

义务教育道德与法治课程的学段目标以核心素养为统领，分四个学段设计和确定。每个课程核心素养包括若干方面的目标要素，每一目标要素在不同的学段有不同目标层次的要求，形成逐层递进的目标体系。

以“责任意识”这一核心素养为例，包括对自己及家庭的责任、对他人和集体的责任、对国家和民族的责任、对自然和社会的责任四个方面的目标要素，每一方面的目标要素在不同的学段有不同目标层次的要求（表 3-1）。

**表 3-1 义务教育道德与法治课程标准中的学段目标节选**

| 核心素养 | 责任意识 |
| --- | --- |
| 第一学段<br>（1～2 年级） | • 学会自己的事情自己做，减轻父母的负担。<br>• 热爱学校和班集体，积极参与学校和班级活动，有集体荣誉感，能够关心和帮助他人。<br>• 知道中华民族是一个统一的大家庭。<br>• 亲近自然，爱护动植物。 |
| 第二学段<br>（3～4 年级） | • 主动参与力所能及的家务，学会承担家庭责任。<br>• 热爱集体，积极参与集体活动和民主管理，有互助意识。<br>• 初步了解维护国家统一和民族团结的重要性。<br>• 热爱自然，了解自然是我们生活的共同家园，懂得保护环境、爱护动物、节约资源。 |
| 第三学段<br>（5～6 年级） | • 学习参与家庭决策，为父母分忧。<br>• 关心公益事业，学习民主管理的规则和程序，参加力所能及的社会公益和志愿者活动，有团队意识，能够与他人合作互助。<br>• 树立维护国家统一和民族团结的责任意识。<br>• 热爱并尊重自然，自觉保护环境、爱护动物，初步了解可持续发展理念。 |
| 第四学段<br>（7～9 年级） | • 自觉分担家庭责任，体会敬业精神的重要性，具有较强的责任感。<br>• 关心社会，知道我国全过程人民民主制度的优越性，了解时政，主动参与社会公益活动和志愿者活动；在团队合作互动中增强合作精神和领导力。<br>• 具备国家利益高于一切 的观念，能够以实际行动维护民族团结，捍卫国家主权。<br>• 敬畏自然，具有绿色发展理念，初步形成环保意识和生态文明观；能够在日常生活中自觉践行生态文明的理念。 |

“五四”学制第二学段（3～5 年级）目标主要参照“六三”学制第三学段（5～6 年级）

目标确定，适当降低要求。“五四”学制第三学段（6～7 年级）目标在“六三”学制第三学段（5～6 年级）目标基础上合理提高要求，结合“六三”学制第四学段（7～9 年级）目标确定，使“五四”学制 6～9 年级目标进阶更加科学。

2. 普通高中思想政治课程目标

普通高中思想政治课程目标以核心素养为统领，包括四个方面。

（1）具有政治认同素养的学生，应能够：认同走中国特色社会主义道路是历史的必然，坚信中国特色社会主义是国家富强、民族振兴、人民幸福的根本保障，坚定中国特色社会主义道路自信、理论自信、制度自信、文化自信；拥护党的领导，领会中国特色社会主义最本质的特征是中国共产党领导，中国特色社会主义制度的最大优势是中国共产党领导，党是最高政治领导力量；明确社会主义核心价值观是公民最基本的价值标准，自觉践行社会主义核心价值观，树立共产主义远大理想和中国特色社会主义共同理想。

（2）具有科学精神素养的学生，应能够：用马克思主义基本立场、观点和方法，观察事物、分析问题、解决矛盾；解放思想、实事求是，对经济、政治、文化、社会和生态文明建设的实践，作出科学的解释、正确的判断和合理的选择；感悟人生智慧，过有意义的生活；以锐意进取的态度和负责任的行动促进社会和谐。

（3）具有法治意识素养的学生，应能够：理解法治是人类文明演进中逐步形成的先进的国家治理方式，全面依法治国是国家治理的一场深刻革命，明确建设社会主义法治国家的基本要求；树立宪法法律至上、法律面前人人平等的法治理念；懂得权利与义务的关系，养成依法办事、依法行使权利、依法履行义务的习惯；拥有法治使人共享尊严，让社会更和谐、生活更美好的认知和情感。

（4）具有公共参与素养的学生，应能够：具有集体主义精神；遵循规则，有序参与公共事务；热心公益事业，践行公共道德，乐于为人民服务；积极参与民主选举、民主协商、民主决策、民主管理、民主监督的实践，体验人民当家作主的幸福感；具备善于对话协商、沟通合作、表达诉求和解决问题的能力，勇于担当社会责任。

把握高中思想政治课程目标，要特别注意“一个中心、三个维度”。“一个中心”就是以学科核心素养为中心，课程目标是学科核心素养在学生身上的表现，是学生通过思想政治课程学习要具有的学科核心素养；“三个维度”就是知识、能力和情感态度价值观三维一体，作为课程目标的每个素养，都是知识、能力和情感态度价值观目标的整合，三维目标之间相互联系，密不可分。

## 3.3　思想政治课程的设计思路和课程内容

思想政治课程的设计思路和内容标准是课程标准的主体，也是课程标准最核心内容，体现出思想政治课程设计的基本构想，以及课程内容和要求的基本构成，直接反映国家对该课程的期望和学生学习该课程应该达到的效果。

### 3.3.1 初中道德与法治课程的设计思路和课程内容

**问题研讨**

初中“道德与法治”课程以前叫“思想品德”。课程名称的改变必然带来课程设计思路和课程内容上的变化。比较新的义务教育道德与法治课程标准与过去的初中思想品德课程标准，在课程设计思路和课程内容上有什么样的变化？为什么要进行这样的变化？

1. 初中道德与法治课程的设计思路

义务教育道德与法治课程标准明确指出，道德与法治课程以发展学生的核心素养为导向，以“成长中的我”为原点，由“自我认识”到“我与自然”“我与家庭”“我与他人”“我与社会”“我与国家和人类文明”，不断扩展学生的认识和生活范围，以道德与法治教育为框架，有机融入国家安全教育、生命安全与健康教育、劳动教育，以及信息素养教育、金融素养教育等相关主题，强化中华民族传统美德、革命传统和法治教育。根据不同阶段学生的身心发展特点，以学生实际生活为基础，分学段按主题对内容进行科学设计，建构学段衔接、循序渐进、螺旋上升的课程体系。

2. 初中道德与法治课程的课程内容

在课程内容上，课程标准是分学段按主题设计。其中第一学段是1～2年级，第二学段是3～4年级，第三学段是5～6年级，第四学段是7～9年级。在课程标准的具体阐述中，每一学段的课程内容均从学段概述、学习内容、教学提示、学业要求等方面进行统一和规范地展开，分别说明是一个什么样的学段、学习什么样的内容、经过怎样的学习、达到什么样的要求。

“学段概述”在每个学段课程内容的开头，主要对学段的基本特点、学习主题、学习目标等进行简要介绍，从整体上明确这是一个什么样的学段。其中初中学段的学段概述是：7～9年级是初中年级段，是小学高年级段的延续，与高中阶段相衔接，是培育道德品格，形成世界观、人生观、价值观的重要时期。该学段学生正处于青春期，独立思考能力和判断能力进一步增强，情绪波动性大，可塑性强。依据上述特点，课程标准设置生命安全与健康教育、法治教育、中华优秀传统文化教育、革命传统教育、国情教育等五个主题，通过与中华优秀文化传统、革命传统、国情教育等方面的关联，从真实的社会情境角度进行道德教育，强化学生的道德体验和道德实践，旨在引导学生正确认识自己，以及个人与家庭、他人、社会、国家和人类文明的关系，了解国家发展和世界发展大势，增强社会责任感和担当意识，立志做社会主义建设者和接班人。

“学习内容”即该学段包括什么内容，在课程标准中分学习主题和内容要求两个层次，分别通过“左栏”和“中栏”呈现；“教学提示”主要介绍学生应经历什么样的学习过程和社会实践活动，也为教师的教学提供可选择、供参照的思路，在课程标准中是以“右栏”的形式出现，体现出对议题式教学的积极倡导。

初中学段包括生命安全与健康教育、法治教育、中华优秀传统文化教育、革命传统教育、国情教育等五个学习主题，每个学习主题包括若干方面的内容要求，每一内容要求对应一个教学提示。以“中华优秀传统文化教育”这一学习主题为例，课程标准设计的内容要求和教学提示如表3-2所示。

**表3-2　“中华优秀传统文化教育”的内容要求和教学提示**

| 学习主题 | 内容要求 | 教学提示 |
|---|---|---|
| 中华优秀传统文化教育 | 弘扬中华优秀传统文化中讲仁爱、重民本、守诚信、崇正义、尚和合、求大同的核心理念。 | 以“中华优秀传统文化的魅力何在”为议题，探究中华优秀传统文化核心理念的当代价值。可讨论中华优秀传统文化中的“大同”理想；可讨论“己所不欲，勿施于人”的原则是否普遍适用；可举行以“和而不同”为主题的讨论活动，了解中华民族俭约自守、中和泰和的生活理念，推己及人、和而不同的处世之道。 |
| | 理解中华民族孝悌忠信、礼义廉耻的荣辱观念，崇德向善、见贤思齐的社会风尚。 | 以“见贤思齐，见善思迁”为议题，搜集体现正确荣辱观念的神话传说、寓言故事、嘉言金句等，讨论传统荣辱观与社会主义核心价值观的关系。 |
| | 践行中华民族自强不息、敬业乐群、脚踏实地、实事求是的思想。 | 以“自强不息，厚德载物”为议题，讨论在新时代如何做一个脚踏实地、积极进取、自立自强的时代新人。 |
| | 了解中华优秀传统文化修齐治平的理想追求，锤炼高尚人格。 | 以“学以成人”为议题，理解做人做事第一位的是崇德修身。 |
| | 感悟天下兴亡、匹夫有责的担当意识，厚植爱国主义情怀。 | 以“如何理解‘家是最小国，国是千万家’”为议题，理解家国情怀的重要性，激发为中华民族伟大复兴而奋斗的使命感。 |

“学业要求”在每一学段课程内容的最后，主要说明学生学习要达到什么样的程度，形成什么样的学科素养。根据课程标准的规定，初中学段的学业要求是：通过初中学段的学习，学生能够了解我国的主要国家机构和基本经济政治制度，了解公民权利义务，具备参与社会生活的基本能力；珍爱生命，热爱生活，具备积极向上的人生态度，能在学习和生活中进行正确的判断和选择，自觉践行社会主义核心价值观；能运用自己所了解的法律知识认识和评价社会现象，用法律维护自己作为未成年人的权益；能以积极态度对待自己面对的各种挑战，主动承担自己力所能及的责任，具备服务社会、奉献社会的意识和能力。

### 3.3.2　普通高中思想政治课程的设计思路和课程内容

1. 普通高中思想政治课程的设计思路

课程标准明确提出了六个方面的设计依据：①聚焦思想政治学科核心素养，讲述马克思主义基本原理，紧跟实践基础上的理论创新进程，阐明习近平新时代中国特色社会主义思想，落实立德树人根本任务，全面加强爱国主义、集体主义、社会主义教育，体现思想政治课程的性质与理念。②坚持改革方向、问题导向，立足当下、不忘本来、面向未来，彰显一脉相承、与时俱进的改革信念。③根据博采众长、为我所用的原则，在坚守本色、保持特色的同时吸收、借鉴国际教育发展的经验。④促进知行合一，凸显活动型学科课程的实践性和参与性。⑤贯彻整体构建、有序衔接、依次递进的思路，在统筹规划大中小学德育课程的框架中，定位高中阶段的内容目标。⑥遵循教育规律和学生成长规律，课程设计兼顾基础性与选择性、提高学习效率与减轻学业负担的要求，促进学生全面而有个性地发展。

综合分析上述设计依据，体现出在课程结构设计上坚持四个方面的基本思想：

第一，聚焦学科素养，突出学科特性。思想政治课是落实立德树人根本任务的关键课程，观点教育、价值引领是思想政治课的根本特性，学科核心素养是思想政治学科育人价值的集中体现。因此，高中思想政治课程结构设计的依据特别强调要“聚焦思想政治学科核心素养，讲述马克思主义基本原理，紧跟实践基础上的理论创新进程，阐明习近平新时代中国特色社会主义思想，落实立德树人根本任务，全面加强爱国主义、集体主义、社会主义教育，体现思想政治课程的性质与理念”。

第二，遵循客观规律，促进学生发展。高中思想政治课程结构设计必须符合客观规律，包括一般教育规律、思想政治教育规律、学生成长规律等，着眼学生发展。在这方面，课程标准强调课程结构设计要“促进知行合一，凸显活动型学科课程的实践性和参与性”“遵循教育规律和学生成长规律，课程设计兼顾基础性与选择性、提高学习效率与减轻学业负担的要求，促进学生全面而有个性地发展”。

第三，坚持系统设计，体现学段特色。大中小学思想政治课一体化建设是我国当今的热点话题，也是我国思想政治课改革创新的重要着力点。同时，青少年阶段是人生的“拔节孕穗期”，思想政治教育必须贯穿于其成长的整个过程。高中思想政治课程结构设计强调“贯彻整体构建、有序衔接、依次递进的思路，在统筹规划大中小学德育课程的框架中，定位高中阶段的内容目标”，体现了系统设计的思想，符合大中小学思想政治课一体化建设的需要。

第四，坚持继承创新，注重吸收借鉴。思想政治课程结构的设计既要保持连续性，继承已有的成功经验和好的做法；也要强调发展性，适应新时期思想政治课程发展的新要求进行大胆创新。因此，课程标准在课程结构设计依据上明确提出了纵向的继承创新和横向的吸收与借鉴两方面的要求：“坚持改革方向、问题导向，立足当下、不忘本来、面向未来，彰显一脉相承、与时俱进的改革信念”；“根据博采众长、为我所用的原则，在坚守本色、保持特色的同时吸收、借鉴国际教育发展的经验”。

课程标准以培育思想政治学科核心素养为主导，在课程具体设计上采取模块式的组织形态，分为必修课程、选择性必修课程、选修课程三个部分（表 3-3）。

**表 3-3 高中思想政治课程结构**

| 必修课程 | 选择性必修课程 | 选修课程 |
|---|---|---|
| 中国特色社会主义（1 学分）<br>经济与社会（1 学分）<br>政治与法治（2 学分）<br>哲学与文化（2 学分） | 当代国际政治与经济（2 学分）<br>法律与生活（2 学分）<br>逻辑与思维（2 学分） | 财经与生活<br>法官与律师<br>历史上的哲学家 |

必修课程是培育全体学生学科核心素养的基本载体，在整体框架设计上是以发展中国特色社会主义为主线展开，包括中国特色社会主义、经济与社会、政治与法治、哲学与文化四个模块。模块 1“中国特色社会主义”，依循历史进程，讲述为何开创和发展中国特色社会主义；模块 2“经济与社会”、模块 3“政治与法治”、模块 4“哲学与文化”，依托模块 1 的基本原理，讲述如何坚持和发展中国特色社会主义。基于必修课程强调实践体验的要求，采取内容与活动相互嵌入的组合方式。强调社会实践活动并不意味着减少学科内容的学习时间，而是要求采取社会实践活动的方式学习学科内容。为此，在对接内容要求的教学提示中，以议题的方式提示课程内容，并提出多种活动建议，供课程实施时选择。

选择性必修课程是对必修课程的延展，满足学生多样化的学习兴趣和升学需要。选择性必修课程设置“当代国际政治与经济”“法律与生活”“逻辑与思维”三个模块，与必修课程相互配合、相互补充。

选修课程更关注学生专业素养发展、高校自主招生及学生个性化发展的需要。选修课程设置“财经与生活”“法官与律师”“历史上的哲学家”三个模块，是对相关必修课程和选择性必修课程的进一步拓展。

在学分安排上，必修课程和选择性必修课程作为国家课程，总计 12 学分。必修课程设置四个模块，共 6 学分，其中“中国特色社会主义”“经济与社会”各 1 学分，“政治与法治”“哲学与文化”各 2 学分。选择性必修课程设置三个模块，共 6 学分，“当代国际政治与经济”“法律与生活”“逻辑与思维”各 2 学分。

在选课要求上，课程标准注意对接学生的发展和新高考改革的需要。必修课程是全体学生必须完成的学业，普通高中必须要开设，每个学生也必须要学习。选择性必修课程是选择本课程作为学业水平等级性考试的学生应完成的学业，考试成绩计入高校招生录取总成绩；也可供对该课程有兴趣的学生选修，计入毕业学分。选修课程是学生自主选择修习的课程，涉及个人生活、职业体验、大学先修等方面的内容，可根据学生个性化发展的需求和当地经济、科技、文化发展的特点开设，纳入校本课程管理，如何选课取决于学生的志趣。

在开设顺序上，必修课程各模块应按顺序依次开设，其中模块 1 和模块 2 为一学期，模块 3 和模块 4 各为一学期；选择性必修课程模块可灵活安排。

2. 普通高中思想政治课程的课程内容

根据高中思想政治课程结构的基本框架，高中思想政治课程内容也从必修课程、选择性必修课程和选修课程三大类展开。

1）必修课程

高中思想政治必修课程以发展中国特色社会主义为主轴，阐述每一必修模块的逻辑框架。整体来看，每一模块都围绕一定的主题、主线、主旨展开（表 3-4）。

**表 3-4 高中思想政治必修课程的逻辑框架**

| 模块 | 内容 | 主题 | 主线 | 主旨 |
|---|---|---|---|---|
| 中国特色社会主义 | 基本原则 | 中国特色社会主义的选择 | 社会形态的历史演进 | 树立理想信念 |
| 经济与社会 | 经济建设 | 发展中国特色社会主义经济 | 全面深化改革 | 树立新发展理念 |
| 政治与法治 | 政治建设 | 发展中国特色社会主义政治 | 三者统一：<br>党的领导<br>人民当家作主<br>依法治国 | 坚定政治立场和方向 |
| 哲学与文化 | 哲学基础 | 马克思主义哲学 | 四大观点：<br>实践的观点<br>历史的观点<br>辩证的观点<br>发展的观点 | 树立世界观、人生观、价值观和文化自信 |

在课程标准的具体阐述中，每一模块的课程内容均按照模块概述、内容要求、教学提示、学业要求四个方面进行统一和规范地展开，分别说明是一个什么样的模块、学习什么样的内容、经过怎样的学习、达到什么样的要求。

（1）“模块概述”在每个模块课程内容的开头，主要对模块的基本框架、内容、作用等进行简要介绍，从整体上明确这是一个什么样的模块。高中思想政治课四个必修模块的模块概述分别是：

模块1：中国特色社会主义。着眼于人类社会的发展历程，立足于中国特色社会主义的伟大实践，明确中国特色社会主义是科学社会主义理论逻辑与中国社会发展历史逻辑的辩证统一，中国特色社会主义已进入新时代，帮助学生树立为共产主义远大理想和中国特色社会主义共同理想而奋斗的信念。

模块2：经济与社会。依据习近平新时代中国特色社会主义经济思想的基本原理，讲述我国社会主义基本经济制度，解析社会主义市场经济的基本特征，阐释指导我国经济社会发展的新理念，帮助学生理解全面深化改革的意义，提升在新时代参与社会主义现代化建设的能力。

模块3：政治与法治。以党的领导、人民当家作主、依法治国有机统一为主线，讲述党的领导是人民当家作主和依法治国的根本保证，人民当家作主是社会主义民主政治的本质特征，依法治国是党领导人民治理国家的基本方式，奠定学生政治立场与法治思维的基础。

模块4：哲学与文化。阐明马克思主义哲学是科学的世界观和方法论，讲述辩证唯物主义和历史唯物主义基本观点，坚持实践的观点、历史的观点、辩证的观点、发展的观点，在实践中认识真理、检验真理、发展真理；讲述社会生活及个人成长中价值判断、行为选择和文化自信的意义；培育学生思想政治学科核心素养，奠定学生的世界观、人生观、价值观基础。

（2）“内容要求”即模块包括什么内容，在课程标准中分主题和专题两个层次，分别通过“通栏”和“左栏”呈现。高中思想政治必修模块的内容要求如表3-5所示。

**表3-5 高中思想政治必修模块的内容要求**

| 必修模块 | 主题 | 专题 |
|---|---|---|
| 中国特色社会主义 | 人类社会发展的进程与趋势<br>中国特色社会主义的开创与发展 | 略 |
| 经济与社会 | 经济制度与经济体制<br>经济发展与社会进步 | 略 |
| 政治与法治 | 中国共产党的领导<br>人民当家作主<br>依法治国 | 略 |
| 哲学与文化 | 探索世界与追求真理<br>认识社会与价值选择<br>文化传承与文化创新 | 略 |

“通栏”用具有整合意义的主题表达一级内容要求，每个必修模块包括2～3个主题。

“左栏”以专题的方式表达二级内容要求，它采用不同的行为动词规范表达学生的学习行为和表现。例如，“中国特色社会主义”第一个主题“人类社会发展的进程与趋势”，具体包括两个专题的内容：

第一，描述不同社会形态的本质特征；解释人类社会发展的一般过程，阐明社会发展的历史进程取决于社会基本矛盾的运动。

第二，分析资本主义社会的历史地位，概述社会主义从空想到科学、从理论到现实的历史轨迹，阐明人类社会发展的趋势。

分析高中思想政治课程标准中的内容要求，要注意其中行为动词的运用：①行为动词指向的是学生。②行为动词表明了学生学习的不同水平，并且内在地包含了课程标准规定的知识内容维度。③课程标准中的行为动词是分层次的，不同层次的动词，对学生的要求也不同。

**案例分析**

以下是几段普通高中思想政治课程标准中对内容要求的陈述，分析其中行为动词的使用，探讨这些行为动词如何体现学生学习的不同水平，以及对学生的不同层次的要求。

◆列举宪法有关人民主体地位的规定，说明我国是人民民主专政的社会主义国家，人民代表大会制度是我国的根本政治制度。

◆理解坚持党对一切工作领导的意义，阐述中国共产党依宪执政、依法执政的道理、方式和表现。

◆描述世界是普遍联系、永恒运动的，领会全面地、发展地看问题的意义，学会运用矛盾分析法观察和处理问题。

◆辨识各种文化现象，领悟优秀文化作品的影响力和感召力；展示中国特色社会主义文化自信。

(3)“教学提示”在课程标准中是以“右栏”的形式出现，主要介绍学生应经历什么样的学习过程和社会实践活动，也为教师的教学提供可选择、供参照的思路。“教学提示”与“内容要求”不仅一一对应，而且体现出对议题式教学的积极倡导，每条“教学提示”都围绕一个议题展开，内含着议题确定、活动设计、内容学习三方面的基本要素，呈现出以什么为议题、通过什么样的活动、学习什么样的内容这种议题式教学的基本思路。

例如，模块 1“中国特色社会主义”的第一条教学提示：“以‘怎样揭示人类社会发展的奥秘’为议题，探究社会发展的基本规律和主要阶段。可绘制展板，标识各种社会形态，比较它们的差异。可采用图说等方式，阐释生产力与生产关系、经济基础与上层建筑相互作用的原理，揭示生产力与生产关系的矛盾运动是社会发展的根本动力。可列举实例，反映不同社会形态的更替，证实生产关系是否适合生产力发展是衡量社会进步的标准。”这一教学提示就内含着议题、活动、学习内容三方面基本要素。议题即“怎样揭示人类社会发展的奥秘”；学习内容即“社会发展的基本规律和主要阶段”；活动包括绘制展板、图说、列举实例等。

“教学提示”具有指导性、开放性和选择性。所谓指导性，就是对教学实施有指导意义，可以为教师的教学和学生的学习提供一定的参考；所谓开放性，就是教学的内容是开放性的，都是以开放性的议题、开放性的活动、开放性的材料等形式出现；所谓选择性，就是在教学中可以根据实际情况选择采用。

(4)“学业要求”在每一模块课程内容的最后，主要说明学生学习要达到什么样的程度，形成什么样的学科素养。根据课程标准的规定，高中思想政治课四个必修模块的学业要求如下：

模块1：中国特色社会主义。通过本模块的学习，学生能够结合社会实践活动，了解人类社会发展的一般过程和基本规律；确信社会主义终将代替资本主义是不可抗拒的历史趋势；懂得中国特色社会主义是科学社会主义的成功实践，是中国近代历史发展的必然选择；理解坚持和发展中国特色社会主义是实现中华民族伟大复兴的必由之路；展现中国特色社会主义道路自信、理论自信、制度自信、文化自信；坚定中国特色社会主义共同理想，树立共产主义远大理想。

模块2：经济与社会。通过本模块的学习，学生能够结合社会实践活动，初步运用中国特色社会主义政治经济学的基本观点，观察和分析经济社会现象；了解社会主义基本经济制度的优越性；理解坚持社会主义市场经济和深化经济体制改革的意义；明确加快建设现代化经济体系的必要性；树立以人民为中心的发展思想；尝试对促进社会公正、实现共同富裕、营造良好社会风尚、完善社会保障的政策提出建议。

模块3：政治与法治。通过本模块的学习，学生能够结合社会实践活动，了解中国共产党的性质、宗旨和指导思想，明确党的执政地位是历史和人民的选择；阐释中国特色社会主义政治制度的基本内容、鲜明特点和主要优势；了解全面推进依法治国的总目标，知道科学立法、严格执法、公正司法、全民守法的基本要求；懂得走中国特色社会主义政治发展道路，必须坚持党的领导、人民当家作主、依法治国有机统一，理解推进国家治理体系和治理能力现代化的重要性；具备有序参与国家政治生活和社会公共生活的能力。

模块4：哲学与文化。通过本模块的学习，学生能够结合社会实践活动，了解马克思主义哲学的基本原理；运用辩证唯物主义和历史唯物主义观点认识自然界、人类社会、人类思维，确信实践是检验真理的唯一标准；实事求是、与时俱进地观察和分析经济、政治、文化、社会、生态等现象，在生活中作出科学的价值判断和行为选择；继承中华优秀传统文化和革命文化，发展社会主义先进文化，尊重世界文化多样性，增强中国特色社会主义文化的自觉和自信；基本形成正确的世界观、人生观、价值观。

2）选择性必修课程

选择性必修作为国家规定课程，也和必修课程一样，在课程标准中是按照模块概述、内容要求、教学提示、学业要求进行规范陈述，分别说明是一个什么样的模块、学习什么样的内容、经过怎样的学习、达到什么样的要求。

模块概述主要对模块的基本框架、内容、作用等进行简要介绍，从整体上明确这是一个什么样的模块。高中思想政治课三个选择性必修模块的模块概述分别是：

模块1：当代国际政治与经济。围绕当今世界多极化与经济全球化趋势，解析不同的国家性质和国家形式，说明国际关系的主要影响因素和世界经济发展的基本特点，介绍国际组织的主要类型及其作用，引导学生在拓展国际视野的过程中，坚持总体国家安全观，坚定不移地走中国特色社会主义道路，积极贡献中国智慧和力量，推动构建人类命运共同体。

模块2：法律与生活。聚焦公民依法维护合法权益的法律行为，介绍公民一般的民事权利和义务，了解婚姻家庭中的法律关系和法律责任、劳动关系的法律保障、社会纠纷的解决机制和法律程序，为学生进一步发展思想政治学科核心素养、增强法治意识，提供日常生活中的法律常识。

模块 3 ：逻辑与思维。通过科学思维的训练，引导学生掌握科学思维的基本要求，把握逻辑思维和辩证思维的方法，提高创新思维能力，学会运用科学思维探索世界、认识世界。

(1)“内容要求”主要介绍模块的基本内容，分主题和专题两个层次。与必修课程不同的是没有采用表格的方式，而是采用观点分列的方式分层次呈现。每个选择性必修模块包括四个主题，每个主题包括若干个专题内容。高中思想政治选择性必修模块的内容要求如表 3-6所示。

**表 3-6 高中思想政治选择性必修模块的内容要求**

| 选择性必修模块 | 主题 | 专题 |
|---|---|---|
| 当代国际政治与经济 | 各具特色的国家<br>世界多极化<br>经济全球化<br>国际组织 | 略 |
| 法律与生活 | 民事权利与义务<br>家庭与婚姻<br>就业与创业<br>社会争议解决 | 略 |
| 逻辑与思维 | 学会科学思维<br>遵循逻辑思维要求<br>运用辩证思维方法<br>提高创新思维能力 | 略 |

(2)“教学提示”主要介绍学生应经历什么样的学习过程和社会实践活动，为教师的教学提供可选择、供参照的思路，具有指导性、开放性和选择性。但与必修课程存在不同之处，主要表现在两点：一是将“教学提示”统一列在“内容要求”之后，与内容要求不是一一对应；二是对议题式教学的要求相对不太高，议题式教学的提示和建议相对比较少。

例如，“逻辑与思维”模块的“教学提示”如下：

◎联系实际，探究人的思维的特征、思维形态的差异，说明不同思维形态的独特功用、彼此相辅相成的关系。

◎列举生活中正、反两方面的事例，通过故事讲述、主题演讲等形式，分享如何运用科学思维处理生活、学习中遇到的困难。

◎联系科学思维与文学想象的差异，讨论逻辑思维与形象思维的特点，探究二者的关系。

◎辨析“飞矢不动”“白马非马”等论题。运用所学逻辑知识，分析日常生活中常见的各类逻辑和推理错误，培养逻辑思维能力。

◎结合学习、生活实际，从如何平衡和运筹长远目标和阶段目标、整体目标和具体目标的角度，体会辩证思维就是复杂性思维，是在关系、矛盾、运动、变化过程中进行思考。

◎可比较“刻舟求剑”等寓言故事与“草船借箭”等智慧故事中的思维方法。可开展调研活动，了解当地存在的发展问题，学会运用辩证思维的方法制定解决方案。

◎搜集科技发明背后的故事，了解科学家探究未知现象时的思维方法，尝试运用“头脑风暴”等创新思维的方法和技巧，举办创意大赛。

(3)“学业要求”主要说明学生学习要达到什么样的程度，体现学科素养导向。根据课程标准，高中思想政治课三个选择性必修模块的学业要求如下：

模块 1：当代国际政治与经济。通过本模块的学习，学生能够在全球视野中观察不同国家的政治制度，坚定中国特色社会主义道路自信、理论自信、制度自信、文化自信；理解各国相互联系的程度空前加深，全球越来越成为相互依存的命运共同体，懂得和平与发展是时代主题、合作共赢是时代潮流；解析当今世界多极化和经济全球化进程，理解国际组织在国际事务中的作用；明确国家利益和国家实力是决定国际关系的主要因素；具有融入国际社会的积极意愿和开放态度，自觉维护国家主权、安全、发展利益。

模块 2：法律与生活。通过本模块的学习，学生能够结合生活实际，更加全面地认识公民的民事权利与义务；更为具体地理解婚姻家庭中的法律责任，以及与创业和就业相关的法律制度；更为理性地看待生活中的矛盾和纠纷，懂得调解、仲裁、诉讼等不同的纠纷解决机制；进一步提高主动学法的意愿、自觉用法的能力。

模块 3：逻辑与思维。通过本模块的学习，学生能够经历探究过程，明确科学思维的重要意义；学会遵循逻辑思维的规律；把握辩证思维的方法；提高创新思维的能力；提升自己的思维品质；正确运用科学思维方法观察和理解社会，处理学习和生活中遇到的问题。

3) 选修课程

高中思想政治选修课程包括“财经与生活”“法官与律师”“历史上的哲学家”三个模块，每个模块的内容要求由模块概述、内容要求两个方面构成。

(1)“模块概述”主要介绍提供这些模块的基本目的。例如，“财经与生活”模块的概述是：提供本课程模块，目的是帮助学生在中国特色社会主义新时代，更好地立足于社会主义市场经济运行和社会主义现代化建设的需要，了解经济生活的基本概念和原理，提升学生正确理解和积极参与经济生活的能力，帮助学生进一步树立正确的财富观与人生观，坚持公正、法治的价值取向，践行敬业、诚信的价值准则。

(2)“内容要求”主要介绍模块的基本内容，分主题和专题两个层次，采用观点的方式分层次呈现。每个模块包括四个主题，每个主题又包括若干个专题。高中思想政治选修模块的内容要求如表 3-7 所示。

**表 3-7　高中思想政治选修模块的内容要求**

| 选修模块 | 主题 | 专题 |
| --- | --- | --- |
| 财经与生活 | 货币与市场<br>收入与支出<br>投资与理财<br>企业与就业 | 略 |

续表

| 选修模块 | 主题 | 专题 |
|---|---|---|
| 法官与律师 | 法官的职责<br>审判程序<br>律师的职责<br>辩护和代理 | 略 |
| 历史上的哲学家 | 百家争鸣的时代<br>理学与心学的演变<br>西方哲学的起源<br>西方哲学的发展 | 略 |

## 3.4　思想政治课程学业质量

学业质量是课程标准的新增内容，主要阐述学业质量的内涵、学业质量水平、学业质量水平与考试评价的关系等问题。

### 3.4.1　学业质量

学业质量是学生在完成本学科课程学习后的学业成就表现。把握学业质量这一概念，需要注意三点：

第一，学业质量是学生的学习质量，主体是学生而不是教师。以往我们在教学评价上往往强调教师的教，对学生的学关注不够。事实上，教师的教不等于学生的学，教师教了学生不一定学了，教师教的多学生不一定学的多，教师教得好学生不一定学得好。学业质量是以学生的学为基本依据，通过学生学的情况进行衡量与评价。

第二，学业质量的基础是课程学习。学生的发展成就可以从多个方面、多种渠道获得，课程学习是其中最基本的渠道。一门课程的学业质量与该课程内容密切相关，学业质量是学生学习一门课程之后进步的表现，学业质量以课程学习为基础，学业质量的衡量以具体课程内容的掌握和运用为标准，离开了课程学习，就无所谓学业质量。

第三，学业质量的关键是学业成就表现。以往我们对教学的评价较多强调的是学习内容，偏重学科知识层面。而学业质量更强调学生在课程学习之后的学业成就表现，即学生在经历学科知识内容学习后实际达到的状态或结果。

### 3.4.2　学业质量标准

学生的学业质量如何？学业成就表现怎么样？需要借助一定的标准进行衡量。学业质量标准是以学科核心素养及其表现水平为主要维度，结合课程内容，对学生学业成就表现的总体刻画。把握学业质量标准这一概念，也需要注意三点：

第一，学业质量标准是以学科核心素养为基础。以学科核心素养为纲，是课程设计、实施、评价的基本导向。学科核心素养是课程目标整合、课程结构设计、课程内容精选等的基本依据，也是学业质量标准确定的基础，是学业质量水平划分的依据。

第二，学业质量标准与课程内容密切相关。学业质量是学生课程学习的成就表现，必须落实到具体的课程内容中，体现在课程内容学习后的行为表现上。

第三，学业质量是学生学业成就表现的总体刻画。这种刻画的总体性主要表现在两方面：一是学业成就的总体性，不只是强调学科知识的掌握，更强调行为活动表现，通过可观测、可衡量的行为表现来描述学生的学业成就；二是行为表现的总体性，不是局限于学生某一具体的行为，而是着眼于学生行为的整体表现来描述学生的学业成就。

### 3.4.3 学业质量水平

根据学生学业成就表现的关键特征，学业质量标准聚焦学生课程学习后表现出来的关键特征，以反映课程目标的达成度，旨在引导教师转变育人方式，树立科学的学业质量观。

就义务教育阶段而言，义务教育道德与法治课程标准按照四个学段呈现学业质量标准。其中初中学段（7～9 年级）的学业质量标准是：能够结合史实阐明伟大建党精神是中国共产党的精神之源，是我们党领导人民向第二个百年奋斗目标进军的强大动力（政治认同、道德修养）；能够结合实例初步阐释中国共产党为什么能、马克思主义为什么行、中国特色社会主义为什么好，了解中国发展的历史方位与中国社会的主要矛盾，能够简要论述习近平新时代中国特色社会主义思想是当代中国马克思主义、二十一世纪马克思主义，能够深刻理解中国特色社会主义进入新时代，党和国家事业取得的历史性成就、发生的历史性变革（政治认同、道德修养）；能够结合实例阐明人民代表大会制度、中国共产党领导的多党合作和政治协商制度、民族区域自治制度、基层民主制度、"一国两制"的基本内容和意义（政治认同、法治观念）；能够尝试化解青春期烦恼，采取正确方法面对成长过程中的顺境和逆境，自我管理，具有亲社会行为，敬畏生命，热爱生活（道德修养、健全人格、责任意识）；能够结合社会发展和个人实际制订个人生涯发展规划，具有实现中华民族伟大复兴的使命感和责任感（政治认同、责任意识）；了解习近平法治思想，具有宪法法律至上的观念，能够正确认识和行使公民权利、履行公民义务，运用实际案例说明与生活相关的法律规定（法治观念、责任意识）；能够举例说明社会主义先进文化、革命文化和中华优秀传统文化的主要特征，坚定文化自信（道德修养、政治认同）；能够结合实例理解维护国家安全的重要性，阐明如何自觉维护国家安全（政治认同、法治观念、责任意识）；知道全人类共同价值的内涵，具有初步的国际视野，了解主要的国际组织，阐明维护以联合国为核心的国际体系的意义，阐述构建人类命运共同体的意义（政治认同、责任意识）。

就普通高中而言，学生的学业成就表现是各不相同的。依据不同水平学业成就表现的关键特征，课程标准明确将高中思想政治课学业质量划分为四级水平，并描述了不同水平学习结果的具体表现。由于学业质量水平是基于学科核心素养水平来进行确定和划分，所以对学业质量水平不能孤立的去分析，而必须结合学科核心素养水平来全面理解。学业质量水平和学科核心素养水平存在着一一对应的关系，这种对应关系可以从呈现方式、内容要求等方面体现出来。

从内容要求上看，课程标准对不同层级学业质量水平的描述是以学科核心素养为主线，结合课程内容展开，体现出四个学科核心素养要素基本内容的一致性和学业质量水平的逐层递进关系。以普通高中思想政治为例，对应政治认同、科学精神、法治意识、公共参与四个学科核心素养要素的学业质量水平层级和水平描述如表 3-8 到 3-11 所示。

**表 3-8 “政治认同”的学业质量水平**

| 水平层级 | 水平描述 |
|---|---|
| 1 | 1-1 引用典型事例，证实选择中国特色社会主义道路的正确性；回顾改革开放的发展历程，表明中国特色社会主义理论体系是指导党和人民沿着中国特色社会主义道路实现中华民族伟大复兴的正确理论，习近平新时代中国特色社会主义思想是马克思主义中国化最新成果；引述宪法对我国根本制度的规定，了解社会主义制度的特征；结合典型事例，说明中国共产党是中国特色社会主义事业的领导核心；描绘全面建成小康社会的图景，解释国家富强民主文明和谐美丽的价值目标，表达中国特色社会主义是全国各族人民的共同理想。 |
| 2 | 2-1 通过对中国近现代史的回顾，依循历史逻辑证实走中国特色社会主义道路是历史和人民的选择；叙述马克思主义“一脉相承、与时俱进”的发展，明确习近平新时代中国特色社会主义思想是对马克思列宁主义、毛泽东思想、邓小平理论、“三个代表”重要思想、科学发展观的继承和发展，是马克思主义中国化最新成果；分析具体事例，归纳中国特色社会主义政治制度、经济制度的特点和优点；运用具体事例，展示中国共产党依法执政的方式，说明加强和改善党的领导的意义；结合为实现中华民族伟大复兴中国梦而奋斗的历程，解释社会主义核心价值观是中国特色社会主义道路、理论、制度和文化的价值表达。 |
| 3 | 3-1 选择恰当论据，在全球视野中比较各国发展道路，论证只有中国特色社会主义才能发展中国；结合改革开放的实践，阐述习近平新时代中国特色社会主义思想的精神实质；对照西方主要国家的政治制度，阐述人民代表大会制度的组织和活动原则，说明绝不能照搬西方政治制度模式的道理；阐明党的执政理念和全面从严治党的意志，阐述中国共产党永远保持先进性和纯洁性的意义；论证社会主义核心价值观既体现了社会主义本质要求，继承了中华优秀传统文化，也吸收了世界文明有益成果，体现了时代精神。 |
| 4 | 4-1 综合运用各种论据，辨析各种错误思潮，有创见地批驳封闭僵化或改旗易帜的主张，阐明走中国特色社会主义道路的坚定信念；阐述习近平新时代中国特色社会主义思想的丰富内涵，表达坚守本色、保持特色、锐意进取的意志；跟进全面深化改革的进程，论证坚持中国特色社会主义制度不动摇的理由；引用全面从严治党的各种数据，评析中国共产党领导全国各族人民长期奋斗、不忘初心、继续前进的业绩；论证中国特色社会主义文化源自于中华优秀传统文化，熔铸于革命文化和社会主义先进文化，植根于中国特色社会主义伟大实践，阐明道路自信、理论自信、制度自信都是文化自信的表现。 |

**表 3-9 “科学精神”的学业质量水平**

| 水平层级 | 水平描述 |
|---|---|
| 1 | 2-1 依据马克思主义哲学基本原理，观察并解释经济、政治、文化、社会和生态等现象，阐释创新、协调、绿色、开放、共享的新发展理念；运用相关学科的方法，表述相关体制运行的意义，在实践中识别决策目标和主要限制性条件，确认合理的选择方案；面对各种矛盾争端，把握个人在社会生活中的角色，评价既遵守规范、遵循程序，又不盲从、敢于质疑的行为；识别当前各种文化现象，理解存在于区域、民族和国家间的文化差异，表明认同中华文化、尊重域外文化、选择先进文化的态度。 |
| 2 | 2-2 运用辩证唯物主义基本观点和方法，回应当前经济、政治、文化、社会和生态文明建设中的突出问题，并对相关信息或推理进行检验和评价；运用相关学科的方法，在实践中反思各领域既有政策和体制、机制方面的限制性条件，解放思想，评估其对国家和社会发展的影响；关注当前热点问题和事件，科学论证选择方案，既表达担当社会责任的态度，又表现促进社会和谐的智慧；辨析继承中华优秀传统文化、不同文化交流互鉴、践行与传播先进文化的行为，表达文化创新的意义，揭示事物的文化价值以及各种文化现象背后的重要影响因素。 |

续表

| 水平层级 | 水平描述 |
|---|---|
| 3 | 2-3 运用历史唯物主义基本观点和方法，阐释社会发展的基本规律和趋势，用历史思维评价不同信息和观点，辨明事实真伪；针对经济、政治、社会活动中的重要议题，运用相关学科原理辨识各种选择方案，预测未来发展的走向，作出恰当的研判；针对生活实践中各种不确定的具体问题，用矛盾分析的方法权衡利弊，作出正确的价值判断和行为选择；在积极开展国际文化交往的过程中，对如何继承中华优秀传统文化和革命文化、发展中国特色社会主义文化等议题，发表持之有故、言之成理的见解，并提出可行的建议。 |
| 4 | 2-4 运用辩证唯物主义和历史唯物主义原理，揭示社会变革的原因，把握历史发展的阶段性特征，论述因势而谋、应势而动、顺势而为的意义；直面经济、政治、文化、社会和生态文明建设中的各种问题和挑战，秉持建设性批判的态度，解放思想、实事求是，采用相关学科的探究方法进行正确判断和选择；应对成长过程中遭遇的复杂情境和突发事件，运用辩证思维，掌控分歧及各种不确定性，澄清有关信息和观点的误导，提出有创见的解决方案；响应各种思想文化交流交融交锋的态势，在全球视野下表现文化理解力和传播力，对创造性转化与创新性发展中华优秀传统文化、坚持中国特色社会主义文化发展道路发表见解。 |

**表 3-10 “法治意识”的学业质量水平**

| 水平层级 | 水平描述 |
|---|---|
| 1 | 3-1 讲述法治使国家更强大的典型事例，表明法治是先进的国家治理方式；列举科学立法、严格执法、公正司法、全民守法的事例，描绘社会主义法治国家的图景；列举实例，说明任何组织或者个人都没有超越宪法和法律的特权；秉持自由、平等、公正、法治的价值取向，解释公民依法行使权利、依法履行义务的行为；引用自身的经验，推荐依法办事、依法维权、依法解决纠纷的案例，表明法治让社会更和谐。 |
| 2 | 3-2 描述法治国家、法治政府、法治社会的基本表征，说明依法治国是党领导人民治理国家的基本方式；归纳违法犯罪的主要种类及其成因，阐明宪法法律至上、法律面前人人平等的法治理念；剖析实例，比较不同的涉法行为，预测其后果，阐释权利与义务的关系；联系依法治理的实际，证实依法办事、依法维权、依法解决纠纷的好处，表达法治让生活更美好的感悟。 |
| 3 | 3-3 列举生活中立法、执法、司法和守法的实例，阐述全面依法治国的总目标；基于法律的本质和功能，选择恰当的论据和论证方式，阐释宪法法律至上、法律面前人人平等的含义；针对民事活动与公共参与过程中的不当行为，解释相关权利和义务的法律意义，明辨依法行使权利、履行义务的正确方式；针对经济、政治、文化、社会生活中的行为误区，辨析法律与自由的关系，阐明法治保障对提高生活品质的作用。 |
| 4 | 3-4 反思历史经验，立足于发展中国特色社会主义的实践，阐释全面依法治国对推进国家治理体系和治理能力现代化的意义；选用立法、执法、司法和守法中体现法律面前人人平等的实例，阐述运用法治思维的意义，论证尊崇宪法和法律在治国理政中的作用和价值；了解生活中主要民事法律规范，列举解决纠纷的有效途径和方式，论证依法行使权利、依法履行义务、依法办事的意义；描绘法治中国的蓝图，阐述法治信仰的价值，提出维护公平正义和法律尊严的行动方案。 |

**表 3-11 “公共参与”的学业质量水平**

| 水平层级 | 水平描述 |
|---|---|
| 1 | 4-1 引用主流媒体的报道，确认公民参与国家立法、政府决策、社会治理、公共服务的途径、方式和规则；引用经过核实的报道，解释公民参与民主决策、民主管理、民主监督的必要条件和重要意义；阐述爱国、敬业、诚信、友善的价值准则，表明参加公益活动、践行公共道德的积极态度；结合各层面、各领域公民参与的情境，表明公共参与是体现人民主体地位的应有之义。 |

续表

| 水平层级 | 水平描述 |
|---|---|
| 2 | 4-2 举例说明各领域、各层级公共机构与公民生活的关系，并表达对这些机构的工作方式和规则的期望；针对人们当前关注的公共事务，评议政府履行职责的行为；解释基层群众自治的价值，阐述公民有序参与、直接行使民主权利的意义；分享公共参与的体验，表达参与公益事业的幸福感和成就感；评析公共参与的实例，展现我国人民的主人翁意识和社会责任感。 |
| 3 | 4-3 剖析公共机构制定公共政策的实例，阐释公民有序参与不同领域、不同层级公共事务的意义和价值；列举公共利益与私人利益发生矛盾的实例，阐述协商民主的意义和价值，评估合理解决矛盾的方案；列举不同情境下的各种冷漠表现和议论，剖析导致冷漠的思想根源，彰显践行公共道德的勇气；抨击漠视、损害公共利益的行为，表达公共参与的强烈意愿，提出率先垂范的行动方案。 |
| 4 | 4-4 评析各种指向公共机构的质疑，解释公民在公共参与过程中与各领域、各层级公共机构的互动关系，系统归纳参与国家立法、政府决策、社会治理的途径和方式；列举不同群体间利益冲突的实例，揭示其历史和现实根源，并提出管控冲突、化解矛盾的方法；评述有序政治参与的过程，既解释公民行使权利、履行义务的意义，又强调人民主体地位的保障；全面阐述公共参与对公民直接行使民主权利的意义，论证公共参与是人民当家作主的必然表现和重要标志，是当代中国公民责任担当的宝贵品格和关键能力。 |

由表 3-8 可见，“政治认同”四个等级学业质量水平的描述，都是围绕“政治认同”这一学科核心素养的基本要点展开，都重点涉及到五方面的内容要求：中国特色社会主义道路；中国特色社会主义理论和习近平新时代中国特色社会主义思想；中国特色社会主义制度；中国共产党的领导；中国特色社会主义文化及社会主义核心价值观。

例如，在“中国特色社会主义道路”这一内容要求上，水平 1 要求“引用典型事例，证实选择中国特色社会主义道路的正确性”；水平 2 要求“通过对中国近现代史的回顾，依循历史逻辑证实走中国特色社会主义道路是历史和人民的选择”；水平 3 要求“选择恰当论据，在全球视野中比较各国发展道路，论证只有中国特色社会主义才能发展中国”；水平 4 要求“综合运用各种论据，辨析各种错误思潮，有创见地批驳封闭僵化或改旗易帜的主张，阐明走中国特色社会主义道路的坚定信念”。四级水平描述均指向“政治认同”素养，体现出素养水平逐层递进的要求。

由表 3-9 可见，“科学精神”四个等级学业质量水平的描述，都是围绕“科学精神”这一学科核心素养的基本要点展开，都重点涉及到四方面的内容要求：科学的世界观和方法论；相关学科的方法；正确的价值判断和行为选择；对各种文化的正确态度。

例如，在“科学的世界观和方法论”这一内容要求上，水平 1 要求“依据马克思主义哲学基本原理，观察并解释经济、政治、文化、社会和生态等现象，阐释创新、协调、绿色、开放、共享的新发展理念”；水平 2 要求“运用辩证唯物主义基本观点和方法，回应当前经济、政治、文化、社会和生态文明建设中的突出问题，并对相关信息或推理进行检验和评价”；水平 3 要求“运用历史唯物主义基本观点和方法，阐释社会发展的基本规律和趋势，用历史思维评价不同信息和观点，辨明事实真伪”；水平 4 要求“运用辩证唯物主义和历史唯物主义原理，揭示社会变革的原因，把握历史发展的阶段性特征，论述因势而谋、应势而动、顺势而为的意义”。四级水平描述均指向“科学精神”素养，体现出素养水平逐层递进的要求。

由表 3-10 可见，“法治意识”四个等级学业质量水平的描述，都是围绕“法治意识”这一学科核心素养的基本要点展开，都重点涉及到四方面的内容要求：治理国家的基本方式（依法治国）；维护宪法的权威；依法行使权利和履行义务；建设法治社会。

例如，在“治理国家的基本方式（依法治国）”这一内容要求上，水平 1 要求“讲述法治使国家更强大的典型事例，表明法治是先进的国家治理方式”；水平 2 要求“描述法治国家、法治政府、法治社会的基本表征，说明依法治国是党领导人民治理国家的基本方式”；水平 3 要求“列举生活中立法、执法、司法和守法的实例，阐述全面依法治国的总目标”；水平 4 要求“反思历史经验，立足于发展中国特色社会主义的实践，阐释全面依法治国对推进国家治理体系和治理能力现代化的意义”。四级水平描述均指向“法治意识”素养，体现出素养水平逐层递进的要求。

由表 3-11 可见，“公共参与”四个等级学业质量水平的描述，都是围绕“公共参与”这一学科核心素养的基本要点展开，都重点涉及到四方面的内容要求：公共参与的意义、途径和方式；公共事务中利益冲突与各种矛盾的化解；公共参与的积极态度和践行要求；公共参与的主人翁意识和责任担当。

例如，在“公共参与的主人翁意识和责任担当”这一内容要求上，水平 1 要求“结合各层面、各领域公民参与的情境，表明公共参与是体现人民主体地位的应有之义”；水平 2 要求“评析公共参与的实例，展现我国人民的主人翁意识和社会责任感”；水平 3 要求“抨击漠视、损害公共利益的行为，表达公共参与的强烈意愿，提出率先垂范的行动方案”；水平 4 要求“全面阐述公共参与对公民直接行使民主权利的意义，论证公共参与是人民当家作主的必然表现和重要标志，是当代中国公民责任担当的宝贵品格和关键能力”。四级水平描述均指向“公共参与”素养，体现出素养水平逐层递进的要求。

### 3.4.4 学业质量水平与考试评价的关系

义务教育道德与法治课程标准明确提出，学业质量标准是指导评价与考试命题的基本依据。

普通高中思想政治课程标准也明确提出，学业质量是阶段性评价、学业水平合格性考试和学业水平等级性考试命题的重要依据。

阶段性评价是对学生一定阶段的学习效果进行的评价，实质上是一种过程评价。阶段性评价的方式很多，其中最典型最重要的是阶段性考试，如单元考试、期中考试等。阶段性考试的主要目的在于考查学生对阶段性学习内容的掌握和运用情况、在学习过程中还存在哪些问题、如何解决这些问题等。显然，阶段性考试命题以学业质量标准为依据，才能真正了解学生的学业质量水平和教学中对学科核心素养的落实程度，有效调整教学的方向、调控教学的进程。

学业水平合格性考试是检验学生是否达到普通高中课程方案规定的基本学业要求的水平考试，是确定学生课程学习效果的重要方式，考试成绩是高中学生毕业的主要依据。课程标准明确提出，学业质量水平二是高中毕业生在本学科应该达到的合格要求。这就意味着学业水平合格考试的命题要瞄准学业质量的二级水平，试题对学生学业成就的考核要与学业质量二级水平相适应。

学业水平等级性考试是在“强化基础”的前提下，具有较好区分功能的水平考试，考试成绩计入普通高校统一考试招生录取的考生总成绩，是高校招生录取、学生继续升学的重要依据。《课程标准》明确提出，学业质量水平三是学业水平等级性考试的命题依据；学生达到水平四的相关表现可纳入综合素质档案中予以呈现，作为普通高等学校招生录取、自主招生的参考。这也就意味着学业水平等级性考试的命题要瞄准学业质量三级水平，试题对学生学业成就的考核要与学业质量三级水平相匹配。

## 3.5　思想政治课程的实施建议

在课程标准中，提出了多方面的课程实施建议，主要包括教学与评价建议、学业水平考试命题建议、教材编写建议、对地方和学校实施本课程的建议等。

### 3.5.1　义务教育道德与法治课程实施建议

1. 教学建议

义务教育道德与法治课程标准明确提出，上好道德与法治课，关键在教师。教师要不断提高自己的理论水平和专业素养，按照政治强、情怀深、思维新、视野广、自律严、人格正的要求，坚持政治性和学理性相统一、价值性和知识性相统一、建设性和批判性相统一、理论性和实践性相统一、统一性和多样性相统一、主导性和主体性相统一、灌输性和启发性相统一、显性教育和隐性教育相统一，增强道德与法治课程的思想性、理论性和亲和力、针对性。

在此基础上，课程标准具体提出了四个方面的教学建议。

1）立足核心素养，制订彰显铸魂育人的教学目标

教师应从发展学生核心素养的角度制订教学目标，将核心素养的培育作为教学的出发点和落脚点，使教学目标在培育学生核心素养方面起到指引性、规定性的作用。

在确立教学目标时，教师要注意以下几点：第一，政治立场鲜明。符合马克思主义基本要求，符合中国特色社会主义基本立场，对错误的社会思潮旗帜鲜明地加以批判。第二，价值导向清晰。符合社会主义核心价值观，坚持马克思主义国家观、民族观、历史观、文化观、宗教观，符合全人类共同价值。第三，知行要求明确。要根据学生年龄特征和不同学段特点对观念认知与道德品行进行科学设计，制订具体、适切和可操作的目标，在教学中引导学生知行合一。

设计具体的教学目标时，要准确理解课程依据的基础理论、基本知识和价值规范，注意以透彻的学理分析回应学生，以彻底的思想理论说服学生，以真理的强大力量引导学生，以情感激发学生，以文化熏陶学生。

2）及时丰富和充实教学内容，反映党和国家重大实践和理论创新成果

教学要围绕课程内容体系，及时跟进社会发展进程，结合国内外影响较大的时事进行讲解。要将党和国家重大实践和理论创新成果引入课堂，充分体现马克思主义中国化最新成果。要密切联系社会生活和学生生活实际，用富有时代气息的鲜活内容，以学生喜闻乐见的方式，增强道德与法治教育的时效性、生动性、新颖性，让道德与法治课成为有现实关怀和人文温度的课堂。

3）把握思想教育基本特征，实现说理教育与启发引导有机结合

思想政治理论、道德与法律规范都不是自发生成的，必须发挥教师在教学中的主导作

用，通过讲解让学生了解基本概念、原理和理论。教师既要深入浅出地把道理讲清楚讲透彻，也要启发学生主动学习，加以领悟和理解。

按照灌输性和启发性相统一的原则，做到“灌中有启”“启中有灌”。教师在讲述中要注意用可以激发学生兴趣的素材和问题引导学生自己主动思考领会，不搞填鸭式的“硬灌输”；要在鼓励学生主动学习、积极思考中对政治方向和价值导向加以规范和引导，不能“放任自流”。在灌启结合中辩证地理解教师主导性和学生主体性的统一，要正视学生的困惑与疑问，通过摆事实讲道理，让学生心悦诚服接受结论、水到渠成得出结论，真正实现以理服人。

4）丰富学生实践体验，促进知行合一

教学要与社会实践活动相结合，加强课内课外联结，实现隐性课程与显性课程相配合。

注重案例教学，选择、设计和运用个人和社会生活中的典型实例，鼓励学生探究、讨论，提高学生的价值辨析能力。案例选择要关注以下几点：一要坚持正面引导为主；二要紧扣时代主题，反映学生关注的现实问题；三要具有真实性、典型性、可扩展性，能够服务核心素养的培育；四要关注学生的认知水平和接受能力，具有一定的感染力和说服力，能够引起共鸣。

要积极探索议题式、体验式、项目式等多种教学方法，引导学生参与体验，促进感悟与建构。要采取热点分析、角色扮演、情境体验、模拟活动等方式，引导学生开展自主探究与合作探究，让学生认识社会。

通过参观访问、现场观摩、志愿服务、生产劳动、研学旅行等方式走向社会，增进学生对国情、社情、民情的了解，增强爱国情感。鼓励学生在社会实践中扩展自己的视野，提升自己的能力，学以致用，知行合一。

2. 评价建议

课程标准明确提出，评价是检验、提升教学质量的重要方式和手段。要充分发挥评价的诊断、激励和改善功能，促进学生发展和改进教师教学。在评价方面，课程标准重点就教学评价和学业水平考试提出了明确的建议。

1）教学评价

教学评价主要涉及价值观念、学习态度、过程表现、学业成就等多方面，贯穿道德与法治课程学习的全过程和教学的各个环节。在教学评价方面，课程标准就评价原则、评价内容、评价方法、主要环节的评价、评价结果的呈现提出了明确的要求。

（1）评价原则。

坚持素养导向。围绕课程目标，依据课程的内容要求、学业要求和学业质量标准，进行全面、综合的评价，要注重从学生理想信念、爱国情怀、担当精神、品德修养、法治观念、日常品行表现等方面加以考查，引导学生践行社会主义核心价值观，弘扬社会主义先进文化、革命文化和中华优秀传统文化。

坚持以评促学。倡导以评价促进学习的理念，关注学生真实发生的进步，捕捉、欣赏、尊重学生有创意的、独特的表现，并予以鼓励，不断加深学生的知行体验，引导学生发现自己的潜能，合理运用评价结果改进学习，知行合一。

坚持以评促教。通过对学生的过程评价和学习结果反馈，促进教师反思并改进教学方式，使教能够更好地服务于学，努力实现“教—学—评”一致性。

重视表现性评价。围绕学生道德与法治课程学习实践性、体验性等特点，注重观察、记录学生在学习、实践、创作等活动中的典型行为和态度特征，运用成果展示、观点交流等形式，对学生的学习情况进行质性分析，同时兼顾其他评价方式的应用。注重引导学生对自己的学习历程进行写实记录，丰富评价内容，提高评价的全面性、准确性。

坚持多主体评价。充分发挥学校、教师、学生、家长等不同评价主体或角色的作用，形成多方共同激励的机制，从各个渠道，采取多种方式全面观察和收集学生在各种场景中的日常品行表现，各评价主体之间要充分沟通交流，形成育人合力，增强学生学习的动力和信心。

（2）评价内容。要对学生核心素养的综合发展状况进行评价，兼顾学生学习态度、参与学习活动的程度以及对课程内容的理解应用水平；要着重评价学生在日常生活与学习中表现出的思想政治素养、道德品行、法治观念，以及在真实情境与任务中运用所学知识分析问题、解决问题时所表现出的核心素养发展综合水平。

（3）评价方法。要综合运用观察、访谈、作业、纸笔测试等方法全面获取和掌握学生核心素养发展的相关信息，加强纸笔测试与观察、谈话等方式的结合，关注不同情境中学生日常品行表现，避免仅凭考试分数判断学生水平的传统单一评价方式。要根据评价情况及时分析原因，调整教学方式。

观察应着重关注学生课堂学习、小组合作、劳动和社会实践中的表现；多视角、全面地观察，获取真实信息，为客观地对学生进行评价提供参考。

访谈包括与学生、其他任课教师、家长谈话交流。要增强针对性，重视学生道德修养、法治观念、规则意识、行为习惯等方面的进步。发挥评价的价值引领作用，尊重学生的人格，保护学生的隐私。

作业是学习评价的重要手段，作业内容要结合学生生活，创新作业方式，采用开放性、情境性、体验式等形式多样、难度适宜、数量适当的作业。注重设计带有团队合作性质的、项目任务性质的作业，以掌握学生的学业达成情况，及时评价、反馈、指导学生学习。

纸笔测试要根据学业水平要求科学设计试题，灵活设计多种题型，注重考查学生运用知识分析和解决实际问题的能力，发挥其在诊断学情教情、改进教学、评价教学质量等方面的功能；纸笔测试要注重增加综合性、开放性、应用型、探究性试题比例，不出偏题怪题，减少记忆性试题，防止试题难度过大。

（4）主要环节的评价。

课堂评价。课堂评价是教学的有机组成部分。教师应面向全体学生进行评价，评价内容包括学生在学习过程中的道德品行、价值观念、学习态度、课堂学习阶段目标的达成情况等方面。通过观察、提问、交流、记录等方式，了解学生在合作探究、交流展示以及实践反思等过程中的学习进程、行为表现，分析、把握学生的价值观念、学习态度、学习体验、学习困难，给予必要的指导。评价反馈应注重即时性、生成性、针对性，以鼓励为主，激发学生的积极性，同时指出存在的问题，帮助学生改进学习。

作业评价。作业评价既要关注结果，如学习作品，包括内容品质、呈现形式等，也要关注过程，如完成方案策划、素材收集、创意构思等方面的参与状况。在对作业质量整体把握的基础上，进一步对作业要素或组成部分进行单项分析。依据作业意图，确定作业评价侧重点，可注重统一要求，也可注重创意表达，处理好两者之间的关系。综合运用质性分析和量化评定，更加重视书面或口头反馈，发挥评价的引导、激励功能。

期终评价。期终评价应立足于对学生核心素养发展状况进行全面评定，应包括课堂评价、作业评价和期终考核的结果。其中，期终考核要依据本学期的课程目标、内容、教学实际组织实施，注重采用具有综合性的题目或任务，针对学段特点，可运用家校劳动任务、作品成果展示、纸笔测试、档案袋等方式。

(5) 评价结果的呈现。评价结果可以采用分项等级制加评语的方式呈现，避免单纯以分数评价学生。评语要简练，中肯，有针对性，使学生准确了解自己的表现和结果，并知道今后的努力方向。针对不同学生的特点，对评价结果要作个性化、发展性的解读。

2) 学业水平考试

学业水平考试以考查学生核心素养形成与发展为目标。依据学业质量标准，充分体现基于核心素养的命题导向与立意，正确处理核心素养与课程内容、任务、情境之间的关系，有效测评学生学业成就，落实素养导向的课程改革要求。具体来说，课程标准从考试性质与目的、命题原则、命题规划、题目命制等方面提出了明确的建议。

(1) 考试性质与目的。道德与法治学业水平考试是由省级教育行政部门组织实施的考试，其目的是检测学生在义务教育结束时道德与法治的学业成就，为高一级学校招生录取提供重要依据，为评价区域和学校教学质量、改进教学提供参考。

(2) 命题原则。

第一，严格依标命题。要全面落实课程目标、课程内容、学业质量等要求。要理解和把握核心素养与学业质量标准的关系，根据所要考查的正确价值观、必备品格和关键能力，选择测试内容，明确具体任务，并保证试题情境、任务难度、答案制订等准确体现学业质量标准的要求。

第二，坚持正确的政治方向和价值导向。命题要以习近平新时代中国特色社会主义思想为指导，坚持正确的政治方向；积极培育和践行社会主义核心价值观，弘扬社会主义先进文化、革命文化和中华优秀传统文化。

第三，探索素养导向的命题方式。试题设计要在情境创设、任务设置、评分方式等方面有所突破。试题材料呈现方式要丰富多样。试题任务要体现综合性、开放性、应用型、探究性，使学生可从多个角度分析问题、解决问题，考查学生道德认知、价值判断等方面的表现。试题立意和考查内容应有利于促进教学方式改革，充分体现课程政治性、思想性和实践性的特点。

(3) 命题规划。

第一，命题内容和范围。要从整体上把握道德与法治课程内容主题的结构性和关联性，从我国经济社会发展的实际和学生真实生活中选择情境，避免从孤立的、过细的知识点角度选择测试内容。

第二，试卷结构。试卷内容应能够综合考查学生核心素养的发展。思想意识、价值取向和能力类型分布符合不同考查层次的要求。题型搭配、分值比例恰当，能发挥不同题型的测试功能。提高综合性、开放性、应用型、探究性试题比例。从内容、试题情境、理论分析、知识应用等不同角度科学设置试题难度，使其符合学生认知规律。

(4) 题目命制。

第一，命题立意。命题应从课程性质、时代要求、学生发展三个主要维度体现考查核心素养立意。关注学生全面发展，特别是学生思想政治素质、道德修养、法治素养和人格修养的发展，体现考试促进学生发展的功能。

第二，情境创设。试题情境创设要考虑情境的真实性、典型性、适切性、复杂性等，考查多层次、多角度分析和解决问题的能力，引导学生学会生活、学会思考、学以致用。情境素材选取要源于真实的社会生活，情境的描述和展开要符合生活常识。情境既要具有一定的复杂性，又要符合学生的认知发展水平。情境类型多样，能多角度、多层次反映道德与法治学习主题的要求。情境呈现方式多样，充分利用文字、数据、图片等表达形式。

第三，任务指向。依据学业质量标准和学习内容的不同特点，综合考查学生面对真实问题情境，在完成相应的学习任务过程中，展现出的核心素养达成情况，以检测课程目标实现的程度。任务应具有多样性，如描述特征、论证、辨析、评价、制订方案等，完成具体任务所需的知识、能力和方法不能超出要求。任务设计应具有合适的思维水平层级，以考查学生视野的广度以及多角度、多层次分析问题和解决问题的能力。

第四，评分标准。评分标准要清晰，便于阅卷操作；能根据答案的开放度、探究性等因素，合理拟订评分标准；评分标准在基本立场、观点上要坚持统一尺度，鼓励学生运用不同素材，提出不同的问题解决方案。

3. 教材编写建议

课程标准从教材编写原则、教材内容选择、教材编排与呈现形式等方面提出了多方面的建议。

1）教材编写原则

第一，坚持正确的政治方向和价值导向。教材编写要坚持以习近平新时代中国特色社会主义思想为指导，将坚持正确的政治立场作为首位要求，旗帜鲜明地批判错误观点和思潮，全面落实习近平新时代中国特色社会主义思想，有机融入重大主题教育内容，用正确的理论武装青少年头脑，打造培根铸魂、启智增慧的精品教材。

第二，与党和国家重大理论创新同步推进。中国特色社会主义是前无古人的事业，实践发展永无止境，理论创新也永无止境。在教材编写中要充分、及时反映中国特色社会主义实践和理论创新的最新成果，根据时代变化不断充实新的内容。

第三，按照大中小学德育一体化的要求建构内容。强化一体化设计，按照小学低、中、高年级和初中四个学段，学习要求循序渐进，螺旋上升，学习内容各有侧重，实现教材内容的相互衔接、层层递进。在教材设计上要关注与学前教育和高中教育的衔接。

第四，教材设计要基于学生不断扩大的生活范围，着眼于发展学生的核心素养。充分关注学生可感受、可参与的社会生活，引导学生通过分析和解决现实生活问题，逐步扩展和深化自己的认识，学会正确的思维方法，树立正确的世界观、人生观、价值观。教材的呈现要有利于培育核心素养，有助于学生通过自主探究提高思维水平。

第五，教材设计要紧密结合中国社会现实。选取具有时代特色的素材，以符合学生身心发展特点的方式加以呈现，引导学生关注国家和社会发展。

2）教材内容选择

第一，要重点呈现马克思主义基本原理，以及马克思主义中国化的重大成果，特别是习近平新时代中国特色社会主义思想，充分反映中国特色社会主义重大实践和理论创新成果。

第二，要遵循思想政治理论教育规律，充分体现道德与法治课程的综合性。根据学生身心不断发育成长的实际，以道德教育和法治教育内容为主，以生命安全与健康教育、中华优秀传统文化教育、革命传统教育、国情教育为主题，借鉴人类文明优秀成果，有机融入国家安全教育、劳动教育以及信息素养教育、金融素养教育等相关内容和素材，形成主次分明、层次清晰、相互支撑、螺旋上升的内容体系，全面落实道德与法治课程的育人功能。

第三，要遵循学生成长规律和认知规律，与学生的认知水平相适应。要着眼于学生的真实生活和现实问题，为学生的自主学习提供有效、渐进的阶梯，实现课程逻辑与实践逻辑、理论知识与生活关切相结合。

第四，既要注重育人要求的一致性，也要适应学生认知水平等差异。既要着眼于学生全面发展，阐述道德与法治课程的基本概念、基本知识和基本方法，符合规定的知识类别、覆盖广度、难易程度等，也要考虑城乡、区域差别。

3）教材编排与呈现形式

第一，要保持教材整体风格的一致性。各册要保持整体连贯和相互衔接。教材正文与辅文、栏目的比例应适中，栏目之间要分工明确、边界明晰。

第二，要注重逻辑性，做到条理清楚，层次分明。合理处理各个教育主题的铺展顺序、层次和逻辑关系。

第三，教材语言风格要简洁、精当、平实。语言既要准确规范，简明扼要地表达相关教学内容，又要亲切自然，利于学生接受。各个主题教育的内容要与鲜活生动的社会生活紧密结合，将文件语言转化为教材语言，为教师教学提供引导。

第四，确保适应不同学制的要求。道德与法治教材编写分为“六三”学制和“五四”学制两种版本。“五四”学制 6 年级教材体例要求等应符合初中学生学习、生活特点。

4. 课程资源开发与利用

课程资源是提高教学质量和增强教学效果的重要支撑，包括图书、音像资料、数字化资源，以及现实生活中鲜活的案例。课程资源从理论到实践要经过两个基本环节：开发和利用。开发是利用的前提，利用是开发的目的。所谓课程资源的开发，是指资源开发主体根据中学德育课程目标，对潜在的课程资源进行挖掘，使之成为现实资源，或对现有的课程资源的未知功能进行挖掘，充分发挥其潜能，从而有效服务于课程的动态过程。显然，课程资源的开发可以从两个方面进行，一是对潜在的课程资源进行发掘，使潜在的资源变为现实的资源；二是对现有的课程资源的未知功能进行发掘，探寻现实资源的新功能，提高资源的可用度。所谓课程资源的利用，是指将现实的中学德育课程资源投入到中学德育课程与教学中去，发挥其功能，促使课程与教学目标的实现。

**视野拓展**

◆查阅相关资料，了解课程资源还要那些分类方式，可以分为哪些类型。

◆比较各种类型的课程资源，分析它们各自的特点和功能，以及这些类型的课程资源在思想政治课教学中加以运用需要注意的问题。

课程标准在课程资源开发与利用方面提出了三个方面的建议。

(1) 坚持目标导向，精选优质课程资源。必须坚持正确的政治方向，聚焦核心素养，结合党和国家重大实践和理论创新成果，精选有助于学习活动开展与目标达成的优质资源。课程资源的选择要立足学生实际，重视资源的典型性和适切性，注重知识性与价值性有机统一，发挥课程资源促进学生发展的育人价值。

（2）调动多元主体，丰富课程资源。要增强课程资源意识，充分发挥自身优势，积极利用和开发各种课程资源；注重发现、利用学生中间和本地区的先进模范等榜样资源，引导学生向身边的榜样学习；积极争取社会各方面力量的参与和支持，挖掘和利用中华优秀传统文化资源和红色资源，如重要人物、重大事件、伟大成就、重要作品、重要节日纪念日、故居遗址遗物、馆藏文物等，丰富教育教学活动形式；重视信息化环境下的资源建设，要精选、整理和加工资源，为促进学生学习方式的转变提供课程资源支持。

（3）建立开发机制，共建共享课程资源。各地区、各学校在课程资源开发中要增强课程资源共建共享意识，统筹规划建设课程资源系统；重视线上线下互动体验平台等数字化资源建设，逐步建立地区之间、学校之间资源互补、共建共享的机制；可建立中小学、高校和研究机构资源建设共同体，加强课程资源库建设，持续更新优化资源。要增强知识产权保护意识，严格遵守知识产权保护的法律法规。

5. 教师培训与教学研究

课程标准提出，地方各级教研部门、师训部门和学校要以课程实施为重点，加强教研和对教师的培训，促进教师转变教学观念，改进教学方式，用好教材，发挥教师立德树人的积极性、主动性和创造性。

1）教师培训

课程标准提出，要整体设计培训内容、强化培训组织管理、采用多样化培训方式。

第一，整体设计培训内容。培训内容要着力加强教师专业课程培训，加强习近平新时代中国特色社会主义思想，包括习近平法治思想、习近平经济思想、习近平生态文明思想、习近平关于教育重要论述以及加强和改进民族工作重要思想等方面的培训。要坚定教师的理想信念，突出“政治要强、情怀要深、思维要新、视野要广、自律要严、人格要正”的标准，做到“让有信仰的人讲信仰”。加强教师专业知识方面的培训，比如伦理学、政治学、法学、心理学、教育学等学科知识。注重课程理念、课程育人价值的培训，引导教师深入领会新时代对道德与法治课程铸魂育人的新要求。

第二，强化培训组织管理。组建由课程专家、学科教育专家、教研员、骨干教师组成的结构合理、优势互补、便于实施的培训团队；从研修方案制订、研修课程规划、工作坊设计与组织、新课程实施关键问题的理解和解决等方面开展培训者培训；重点培育适应各级各类培训需求的培训者，特别要注重培养本区域专家，发挥一线专家的课程引领能力。注重发挥教研系统的作用，完善各级教研组织管理机构和管理制度，建立省、市、县、学校各级教研部门分级实施培训的体系。遵循大中小学德育一体化的要求，根据培训对象和培训内容的不同，结合各地实际，用党的路线方针政策统领学科知识，把课程标准、统编教材与历史资源、现实案例结合起来，丰富培训资源。

第三，采用多样化培训方式。根据培训目的与内容，可采用专家引领、全员参与、分级培训、集中培训与远程培训相结合等形式，通过案例示范、专题研讨、工作坊研修、跟岗研修、现场教学等方式，将教师自主学习与集中培训、集体备课相结合，专题研讨与跟岗研修相结合。倡导参与式、体验式、研究式培训，充分发挥现代信息技术对教师培训的支持和服务功能，创新开放式的学习环境，积极探索现代信息技术与教师培训有机融合的混合式培训模式，增强培训的实效性。在培训过程中，针对教师存在的问题和困惑，注重对话互动，紧扣教学实际，促进教师准确理解和把握课程改革总体思路和要求，帮助教师提升课程实施能力水平。

2）教学研究指导

课程标准提出，要基于整体设计开展教研活动、聚焦关键问题开展主题教研、采用多样化教研方式。

第一，基于整体设计开展教研活动。要根据新时代的要求，研究社会的新变化、新问题，学习新思想、新理念、新要求，回应“时代之问”。通过对口支援等方式促进区域合作，根据教师教学的需要开展不同层级、不同范围的区域教学研究。教研活动要掌握教师的困惑与需求，整体规划，统筹安排教研活动，为促进教师对课程观念和教学方式的转变提供专业保障。

第二，聚焦关键问题开展主题教研。重视开展重大主题教育的教研。教研要以问题为导向，聚焦关键问题。坚持实事求是深入调研，关注教师教学中的瓶颈问题，基于对问题产生的根源和制约因素的分析设计好教研主题，如怎样确定以发展学生核心素养为导向的教学目标等。教研要发挥主题引领的功能，激发教师集思广益聚焦研讨，以增强教研的启迪性和获得感，提高教研质量。教研要注意补短板，如围绕法治教育、国家安全教育、生命安全与健康教育、信息素养教育、金融素养教育等开展教研。

第三，采用多样化教研方式。根据教研目标、教研内容、教师的实际需求，依据不同教研主题，采取多样化教研方式，如名师示范课、教学主题微论坛等，以提升教研工作的实效性。教研培训中要重视发挥教师潜能，重视经验分享，通过交流共享等方式促进教师之间的深度互动，提升教师教学实施的专业能力。

3）校本教研指导

课程标准提出，要聚焦具体问题、以科研促教研、增强教学实效。

第一，聚焦具体问题。要充分发挥学校教研组的作用，针对教师在课程实施过程中遇到的具体问题，探索适合本校实际的方法和策略。

第二，以科研促教研。引导教师积极开展科研活动，通过科研活动提升教研能力，促进科研成果转化为教学资源，增强教学实效。

第三，改进教学实践。对教学中遇到的问题进行深入研究，有针对性地收集资料，获取证据，分析筛选和评估改进，以“问题—反思—改进—实践”的策略，持续提升教学能力。

### 3.5.2　高中思想政治课程实施建议

1. 教学与评价建议

教学与评价是密切联系的两个方面，都必须以课程标准为基本依据，体现课程标准的基本精神。课程标准将这两方面的建议放在一起，也体现了它们之间密不可分的关系。课程标准在这方面提出的建议主要从两个层次、两个方面展开。两个层次即总体建议和具体建议；两个方面即教学建议和评价建议。两个层次、两个方面的建议相互联系、相互交织、密不可分，这里主要以总体建议和具体建议为基本思路进行简要介绍。

1）教学与评价的总体建议

课程标准就教学与评价提出了一些总体性的建议和要求，主要包括以下几方面：

第一，以“六要”为基本标准，提升思想政治课教师的专业素养。讲好思想政治课关键在教师。习近平总书记不仅先后对教师提出了“四有”（有理想信念、有道德情操、有扎实学识、有仁爱之心）好老师标准和“四个引路人”（做学生锤炼品格的引路人，做学生学习知识的引路人，做学生创新思维的引路人，做学生奉献祖国的引路人）的要求，而且在学校思想政治理论课教师座谈会上提出了对思想政治课教师的“六要”新要求，即政治要强、情怀要深、思维要新、视野要广、自律要严、人格要正。这六个方面的要求既层次清晰、结构完整、内涵深刻，又相互关联、相互促进、相得益彰，构成了新时代思想政治课教师的专业标准和专业内涵。《课程标准》明确要求思想政治课教师应发挥积极性、主动性、创造性，按照“六要”的要求，不断提高自己的专业素养，这是开展好思想政治课教学与评价的关键。

第二，以“八个统一”为根本遵循，推进思想政治课教学与评价的改革创新。习近平总书记在学校思想政治理论课教师座谈会上明确提出了“八个统一”的具体要求，即坚持政治性和学理性相统一、价值性和知识性相统一、建设性和批判性相统一、理论性和实践性相统一、统一性和多样性相统一、主导性和主体性相统一、灌输性和启发性相统一、显性教育和隐性教育相统一。“八个统一”是对我国思想政治课建设长期以来形成的规律性认识和成功经验的深刻总结，也是对多年来思想政治课教学与评价中所遇到的问题和难题的明确回应，为思想政治课的改革创新指明了方向。课程标准明确要求教学与评价要坚持“八个统一”，增强思想政治课的思想性、理论性和亲和力、针对性。

第三，以课程标准为依据，以发展学生思想政治学科核心素养为目标，力求将学业质量转化为具体的教学要求，体现教学与评价的一致性。就教学而言，要运用多种方式方法，引导学生自主学习、合作学习和探究学习，强调学生的活动体验是其思想政治学科核心素养发展的重要途径；从评价来看，要将过程性评价与终结性评价相结合，着重评估学生解决情境化问题的过程和结果，反映学生所表现出来的思想政治学科核心素养发展水平。

2）教学与评价的具体建议

课程标准在提出教学与评价总体要求的基础上，提出了四个方面的教学与评价的具体建议：活动型学科课程的教学设计；辨析式学习过程的价值引领；综合性教学形式的有效倡导；系列化社会实践活动的广泛开展。

（1）围绕议题，设计活动型学科课程的教学。

高中思想政治课是活动型学科课程，这种课程性质主要通过活动设计体现出来。因此，高中思想政治课程的教学与评价要关注活动设计，使活动设计成为教学设计和承载学科内容的重要形式。

在教学方面，课程标准倡导教学设计围绕议题进行，实施议题式教学。所谓议题式教学，就是以议题为依托、以活动为载体、实现对学生的观点教育和价值引领的教学方式。显然，在活动型学科课程的教学设计中，重点需要注意议题确定、活动设计、内容目标落实三方面的问题。

议题的确定。教学设计能否反映活动型学科课程实施的思路，关键在于能否恰当确定开展活动的议题。议题，就是对教学内容进行活动化设计的主题。一般而言，议题应该符合以下基本要求：从内容看，议题应该既蕴含学科教学的具体内容，又展示价值判断的基本观点，既体现教学的重点，又针对学习的难点；从功能看，议题应该具有联结学科知识与生活实际的桥梁作用，显现价值引领和行为引导的教育作用，成为培育学生学科核心素养的重要路径；从特性看，议题应该具有开放性和探究性，有思维空间和探究价值，值得学生去探究，学生也能够探究。

活动的设计。这里的活动，是指围绕议题所设计的系列化活动，贯穿于教学全过程。就活动类型看，可以是课堂上的活动，如辩论辨析活动、讨论交流活动、问题探究活动、角色扮演活动、策划设计活动等；也可以是社会实践活动，如志愿服务活动、参观访问活动、社会调查活动等。就活动设计的内容看，围绕议题展开的活动设计，应该包括提示学生思考问题的情境、运用资料的方法、共同探究的策略，并提供表达和解释的机会。就活动设计的要求看，活动设计应有明确的目标和清晰的线索，统筹议题涉及的主要内容和相关知识，并进行序列化处理；要了解学生对议题的认识状况及原有经验，以提高教学的针对性、实效性；还要了解议题的实践价值，创设丰富多样的教学情境，引导学生面对生活世界的各种现实问题。

内容目标的落实。活动型学科课程的教学设计必须瞄准教学目标、基于课程内容，议题的确定、活动的设计都要对应结构化的学科内容、导向性的价值目标。以议题为依托，以活动为载体，教学内容活动化，活动设计内容化，让教学在活动设计的轨道上运行，使学生在活动中感悟、体验、探究、创造，达成基本观点，符合活动型学科课程的特征，也是引导学生经历过程、达成观点、提升学科核心素养的基本路径。

在评价方面，课程标准强调教学评价要专注学科核心素养的行为表现。以生为本，以学评教，已经成为人们在教学评价方面的共识。但教学评价究竟以学生的什么为本、怎样才是以生为本？以什么样的学评教，怎样才是以学评教？还值得我们进一步认真思考。活动型学科课程的教学评价强调要突出反映学生的学科核心素养，重点考查学生学科核心素养的行为表现。在具体实施中需要注意评价方式和评价内容两方面的问题：

在评价方式上，一般采用“求同”取向与“求异”取向相结合的验证思路。所谓“求同”，就是教学评价有统一标准，即教学必须能够提升学生的学科核心素养，实现对学生的马克思主义基本观点教育和思想政治方向引领。所谓“求异”，就是教学评价没有标准答案，鼓励学生运用相关学科知识和技能，基于不同经验、出自不同视角、运用不同素材、表达不同见解、提出不同问题解决方案。不能简单地以“标准答案”束缚学生的手脚、限制学生的发展空间。

在评价内容上，既评价达成基本观点的过程，也评价实现教学设计的效果。活动型学科课程的教学以议题为依托，以活动为载体，引导学生经历活动过程、达成基本观点、提升学科核心素养。因此，教学评价必须既重过程，关注学生在学习中的态度和表现；也重结果，关注学生通过学习是否达成了学习目标，提升了学科核心素养。

(2) 强化辨析，选择积极价值引领的学习路径。

高中思想政治课是落实立德树人根本任务的关键课程，以培育社会主义核心价值观为目的，着力引导学生在人生成长的道路上把握正确的思想政治方向。因此，思想政治课程的教学与评价必须凸显价值引领的意义，用支撑思想政治学科核心素养的基本观点统整、统筹学科知识。有些学科概念旨在引导学生思考和行动，无需要求学生从理论上掌握其内涵。可通过范例分析展示观点，在价值冲突中深化理解，在比较鉴别中提高认识，在探究活动中拓展视野，引领学生认同、坚信社会主义核心价值观。

在教学方面，课程标准要求强化辨析式教学。所谓辨析式教学，就是针对特定的教学内容，确定具有争议性、探究性的问题作为辩点，引导学生在独立思考的基础上进行分析、辨别、论证、交流，作出正确的价值判断和价值选择的教学方式。辨析式教学的基本路径主要包括三个步骤：确定辨析点、进行辨别分析与交流研讨、做出价值判断和价值选择。高中思想政治课教学要立足于当今信息化环境下学习的新特点，直面社会思想文化的影响相互交织、相互渗透，学生接受信息的渠道明显增多的新态势；要着眼于学生思想活动的独立性、选择性、多变性、差异性和高中阶段成长的新特点，引导他们步入开放的、辨析式的学习路径，理性面对不同观点。只有使学生亲历自主辨识、分析的过程，并作出判断，才能真正实现有效的价值引领。

在评价方面，课程标准强调要处理好过程与结论、导向性与开放性、思想内涵与辨析形式三方面的关系。

过程与结论的关系。既要关注过程，考查学生是否能够积极参与辨析的过程，是否能够针对辨析点准确运用学科知识、结合已有经验进行讨论辩论，是否能够充分发表自己的见解、展示自己的价值判断；又不忽略结论，考查学生通过辨析所得到的结论是否在“求异”的基础上实现了“求同”，是否符合正确的价值标准，是否能够实现正确的价值导向。

导向性与开放性的关系。既要注重开放性，考查辨析的问题是否具有争议性、探究性，能够引发学生的价值两难选择；辨析的过程是否体现师生之间、生生之间的和谐平等，能够引导学生积极思维和交往互动；预设与生成的关系是否处理得当，能够动态生成各种教学资源并积极捕捉和恰当利用。又要强调导向性，考查辨析的最终目的是否指向马克思主义基本观点教育和正确的思想政治方向的引领，能够有效地发展学生的学科核心素养。

思想内涵与辨析形式的关系。既要注重辨析的形式，考查在辨析式教学的过程中，教师是否采用丰富多彩的形式引导学生进行学习，提高学生的学习兴趣和学习质量；又要强调学习的意义，学生思想政治课程学习的根本价值和最终意义在于提升学科核心素养和确立正确的价值观，辨析式教学不论采用什么样的形式，都必须服务于这种教学目标和内容，严格遵循意义优先、兼顾形式的原则。

(3) 优化案例，采用情境创设的综合性教学形式。

高中思想政治课程具有综合性，课程内容既涉及马克思主义哲学、政治经济学、政治学、文化学、法学等多个学科，也与纷繁复杂的社会现实和学生实际密切联系。因此，高中思想政治课教学和评价既要体现内容的广泛性，又要关注问题的复杂性；既要多维度观察对象，又要多途径进行探究。

在教学方面，课程标准倡导以案例为载体的综合性教学。所谓综合性教学，就是从思想政治课程的综合性特点出发，通过给学生提供具有综合视点的案例，引导学生进行多维度的合作探究，积极主动地获取综合性的学科知识，发展综合能力，提升综合素养。显然，这里有两方面的问题值得注意：对“综合”准确把握和对“案例”进行优化。

综合性教学的“综合”突出表现在三个方面：一是学科知识的综合把握和综合运用；二是典型案例和社会现象的多维度、多层面分析和判断；三是学生学科核心素养的综合发展。因此，综合性教学要突出学科知识的整体构建、学科知识与能力的综合运用、学科核心素养的综合培育。既要着眼于同一课程模块的内容，综合不同的学科核心素养要素，又要着眼于同一学科核心素养要素，综合不同课程模块的内容，最终实现学生学科核心素养的综合发展。

综合性教学以案例为载体，教学中必须注重案例的优化，使案例具有综合性的功能，符合综合性教学的要求。这种“综合”的功能和要求集中表现在：能有效地支持、服务于学科核心素养的综合培育；能综合性地承载教学内容、贯穿逻辑线索；其内在意涵具有丰富的、现实的、可扩展的解释空间，可以从不同的层面和角度进行综合分析；能围绕议题，组织实施系列化的活动；能显现生活中真实的情境，体现学科知识与社会实际的有机联系。

在评价方面，课程标准强调要重点考查学生整合知识、理论联系实际、分析和解决问题的能力。

重点考查整合知识的能力。整合知识就是将分散的知识通过一定的方式联系起来，构建新的知识体系、形成知识网络。整合知识具有典型的综合性特点，也是综合性教学的基本要求。进行综合性教学评价，要重点考查学生是否具有基于学科逻辑、教学逻辑等整合知识，将学科知识系统化、结构化的意识和能力，是否养成用联系的、整体的观点认识和分析事物的良好习惯。

重点考查理论联系实际的能力。理论联系实际是思想政治课教学的重要原则，也体现思想政治课程的综合性特点和教学的基本要求。进行综合性教学评价，要重点考查学生对学科知识的掌握情况、对社会实际的敏锐程度，以及运用学科知识分析现实问题、借助社会实际印证学科道理的能力。

重点考查分析和解决问题的能力。分析和解决问题的能力是思想政治课最典型的学科能力之一，它要求综合运用学科知识分析解决纷繁复杂的社会现象和问题，尤其是综合运用马克思主义立场、观点、方法分析社会生活中的热点焦点问题和人生发展中的认识问题、思想问题，作出正确的价值判断和价值选择。进行综合性教学评价，要重点考查学生是否具有马克思主义立场、观点和方法，是否能够灵活运用马克思主义立场、观点和方法分析和解决问题，把握正确的思想政治方向。

此外，实施综合性教学评价，也要考查对情境的创设和案例的选取是否恰当。进行综合性评价的过程，也是反思和评估情境创设和案例选取是否合理、是否高效的过程，据此可以进一步优化情境和案例，不断提高教学效率和效果。

（4）走出教室，迈入社会实践活动的大课堂。

学科内容的教学与社会实践活动相结合，是活动型学科课程的显著特点。高中思想政治课教学与评价要体现活动型学科课程的特点，注重社会实践活动的价值。

在教学方面，课程标准倡导活动教学。所谓活动教学，就是在教学中通过组织实施一定的活动，引导学生积极参与和体验、思考与实践，实现学生综合素质的发展。高中思想政治课活动教学可以在课堂上进行，基于课堂上的学生活动展开，包括讨论辩论活动、角色扮演活动、策划设计活动等；也可以在课外进行，基于社会实践活动展开，包括志愿服务、社会调查、专题访谈、参观访问，以及各种职业体验等。社会实践活动为教学提供了更广阔的空间、更丰富的资源、更真实的情境，是实施活动型学科课程的社会大课堂。开展社会实践活动，要从学生的成长需要出发，注重通过乡土资源的开发与利用，丰富教学内容，加深学生对社会的认识与理解。

在评价方面，课程标准倡导发展性评价。具体从三方面提出要求：一是在评价内容上，以议题为纽带，以活动任务为依托，不仅要评价有关学科内容的学习效果，而且要评价学生在社会实践活动中表现出来的情感、态度、能力。二是在评价主体上，可以学生的自我记录、自我小结为主，兼顾同学、教师、家人、社区工作人员等的评价。三是在评价重点上，关注学科核心素养能否得到提升，具体要看学习目标是否明确，活动设计是否合理，活动组织是否恰当，活动资源是否充分利用，学生的主体性、创造性是否得到充分发挥，学生的交往能力是否得到增强，学生是否有获得感、成就感。

2. 学业水平考试命题建议

学业水平考试是根据课程标准和教育考试规定，由省级教育行政部门组织实施的考试，主要考查学生达到国家规定学习要求的程度，是保障教育教学质量的一项重要制度，也是衡量学校教育教学质量的重要参考。学业水平考试成绩是学生毕业和升学的重要依据，考试命题具有重要的导向作用，直接影响到教学活动的开展、学生综合素质的提升、教学改革的推进。为了提高学业水平考试的命题质量和水平，课程标准从命题的指导思想、命题框架、命题、评分四个方面对学业水平考试命题提出了建议。

1）把握学业水平考试的目标和要求

命题首先要明确考试的目标。高中思想政治课的考试多种多样，不同的考试对命题会有不同的要求。例如，达标性考试的试题一般难度较小，区分度较低，试题形式可以更灵活多样；而选拔性考试则要求试题有较大的难度和较高的区分度，试题形式也相对稳定。因此，命题首先必须明确考试的目标，这是命题工作的基本出发点。

根据课程标准，高中思想政治学业水平考试的目标是：坚持以学生的思想政治学科核心素养发展水平为考查对象，考查学生能否综合运用相关学科内容，参与社会实际生活，在真实情境中提出问题、分析问题和解决问题；重点关注能否坚持正确的思想政治方向，形成正确的世界观、人生观、价值观，是否展现出了适应当代社会发展和终身发展所需要的、必备的思想政治学科核心素养。

高中思想政治学业水平考试要实现这一目标，在命题中应遵循以下基本要求：

第一，根据完成任务的表现评价学科核心素养发展水平。学业水平考试以学生的学科核心素养发展水平为考查对象。学科核心素养作为人的内在品质和能力，往往具有隐蔽性，不能直接观测和度量，但它可以在学生执行具体任务的过程中，通过外显行为表现出来。因此，我们可以根据学生完成任务的表现评价学生学科核心素养发展水平。

需要注意的是：一方面，学生完成任务会有不同的外显行为表现和行为特征，不同的外显行为表现和行为特征通常能够体现出学科核心素养的不同发展水平；另一方面，学科核心素养的行为表现与具体任务类型并非一一对应，完成同一项任务时的行为表现，可以反映多个学科核心素养要素的发展水平，同一个学科核心素养要素的发展水平，也可以通过完成不同类型任务的外显行为体现出来。因此，测试思想政治学科核心素养发展水平，需要把握学科核心素养每个水平等级的行为表现和行为特征。

第二，注重情境对展示学科核心素养发展水平的价值。考查学生的学科核心素养发展水平，需要以具体的真实情境作为执行特定任务和运用学科内容的背景与依托，学科内容也只有与具体的问题情境相融合，才能体现出它的素养意义，反映学生真实的价值观、品格和能力。考查学生学科核心素养发展水平的情境多种多样，课程标准根据情境的复杂程度划分为简单情境、一般情境、复杂情境、具有挑战性的复杂情境，学生在不同情境中的行为表现对应不同的学科核心素养水平，评价学生的学科核心素养就是看学生能否运用学科内容应对各种社会生活情境中的问题和挑战。

需要注意的是：学科核心素养的行为表现与情境之间的关系是复杂的。同一个情境，可以展现出不同学科核心素养要素或同一个学科核心素养要素的不同水平；同一个学科核心素养要素及其水平，也可以通过不同的情境表现出来。

第三，注重学科内容的整合性对评价学科核心素养的意义。考查学生的学科核心素养，必须强调学生对学科内容的整体理解、把握和运用。在学业水平考试中，学生应对特定的问题情境、执行特定的目标任务，都需要建立在整合相关学科内容的基础上，要综合运用学科的相关知识去分析情境、完成任务。因此，要明确学科核心素养是学科整体内容的结晶，每个课程模块内容都具有培育学科核心素养的价值，每一学科核心素养培育也有赖于所有课程模块内容来实现。

总之，准确把握学科核心素养与任务、情境、学科内容之间的关系，是依据学业质量标准测试学科核心素养发展水平的前提。其中，执行任务是将内在的学科核心素养外显为可观测行为表现的媒介，情境是运用学科内容、执行任务、展现学科核心素养发展水平的平台，学科内容是印证与考查学科核心素养发展水平的依托。

2）制定学科任务导向型的学业水平考试命题框架

高中思想政治学业水平考试命题框架，以学科任务导向为标志，由关键行为表现、学科任务、评价情境和学科内容等四个基本维度构成，目的在于有效测试思想政治学科核心素养的真实发展水平。显然，这个命题框架由关键行为表现、学科任务、评价情境、学科内容四个基本要素构成，以学科内容为依托，以评价情境为平台，以学科任务为媒介，通过学生完成学科任务的质量来观察和推断学生的学科核心素养发展水平。由此出发，制定学业水平考试命题框架要重点做好四个方面的工作：

第一，构建评价学科核心素养发展水平的关键行为表现指标体系。学生学科核心素养发展水平的评价需要借助学生在执行具体任务中的关键行为表现来进行，但展现核心素养及其发展水平的学生行为表现是丰富多样的，而且受众多因素的影响，这些行为表现与学科核心素养各要素之间的内在关联程度并不相同。因此，学业水平考试命题框架的制定，必须强调构建评价学科核心素养发展水平的行为表现指标体系。

在操作思路上，可以根据敏感性强、随机性小两个要求，兼顾纸笔测试，筛选与每个学科核心素养要素有关、可纸笔测试的关键行为表现构成指标体系，作为推断学科核心素养发展水平的基础，从而保证素养水平测试的准确与便捷。

第二，界定学科任务的类别及影响任务难度的因素。体现学科核心素养及其发展水平的学生行为表现是在任务完成过程中展现出来的。思想政治学科任务的类别多种多样，可以从不同角度进行分类。为了在测试中获得预期的关键行为表现，应该基于思想政治学科性质和育人价值，界定基本的学科任务类别，并逐一分析影响其任务难度的基本因素，作为设计不同类型试题的参考。

基于思想政治学科性质和育人价值，思想政治学科任务主要有描述与分类、解释与论证、预测与选择、辨析与评价等几个类别。“描述与分类”回答的是“是什么”的问题，要求学生对一定情境中的事物或问题的表现、特征等进行描述；“解释与论证”回答的是“为什么”的问题，要求学生针对一定情境中的事物或问题，运用学科知识和技能分析原因、理清关系、论证说明等；“预测与选择”回答的是“怎样做”的问题，要求学生结合具体情境，预测事物发展的趋势、提出问题解决的方案等；“辨析与评价”回答的是“应该怎样做”的问题，要求学生结合具体的情境，分析事物的价值与功能、辨析事物之间的异同优劣、评析事物和现象及其影响等。

影响学科任务难度的因素多种多样，不同类型学科任务难度的影响因素也不尽相同。一般而言，情境的复杂程度与不确定程度、学生对情境的熟悉程度、要求学生对情境进行分析的维度、学生对学科知识和技能的掌握程度等，是影响学科任务难度的基本因素。情境越复杂，情境的不确定性越大，学生对情境越不熟悉，要求学生对情境进行分析的维度越多，学生对学科知识的掌握程度越低，学科任务的难度就越大。

第三，确定复杂程度不同的典型情境。考查学生的核心素养发展水平以学科任务为导向，思想政治课学科任务的设计，总是基于一定的问题情境。思想政治课学业水平考试的命题，需要根据课程目标和内容，筛选一定的典型情境，以此作为提出学科任务的背景和依托。

典型情境多种多样，复杂程度各不相同。基于学科核心素养的水平划分和考查要求，《课程标准》根据复杂程度将情境划分为简单情境、一般情境、复杂情境、具有挑战性的复杂情境四个层次，四类情境分别适用于提出难度不同的学科任务，考查学生学科核心素养的不同水平。简单情境适用于提出简单学科任务，考查学生是否达到学科核心素养一级水平；一般情境适用于提出一般学科任务，考查学生是否达到学科核心素养二级水平；复杂情境适用于复杂学科任务，考查学生是否达到学科核心素养三级水平；具有挑战性的复杂情境适用于提出具有挑战性的学科任务，考查学生是否达到学科核心素养四级水平。

情境的复杂程度受多方面因素的影响，主要有七方面因素：情境涉及的行为主体；主体之间的相互作用；决策要实现的相互竞争的目标；影响决策及其结果的因素；情境的不确定性；立场观点或价值观、利益的多样性；情境所蕴含的价值、功能、作用。一般来说，情境涉及的行为主体越多，主体之间的相互作用越强烈，决策要实现的相互竞争的目标越多，影响决策及其结果的因素越多，情境的不确定性越大，立场观点或价值观、利益越多样且相互冲突越大，情境所蕴含的价值、功能、作用越丰富多样，情境的复杂程度就会越高。学业水平考试中筛选情境要综合考虑这些要素，选择适合考查学科核心素养相应水平的典型情境。

第四，明确要考查的学科内容及其结构。学科核心素养并不见之于孤立的、碎片式的学科知识和技能的习得，而是见之于能否综合地、系统地运用学科知识和技能应对来自真实生活的问题。评价学生的学科核心素养水平，需要考查学生能否综合运用学科知识和技能去应对真实情境中的现象、解决现实生活中的问题。

学业水平考试命题必须着眼于思想政治课程的综合特性，根据学科内容之间的内在关联，按照课程内容要求与学业质量标准，梳理学科的基本概念、基本原理、基本观点、基本方法，明确它们之间的内在结构，据此确定学科内容的考查范围和形式。通过试题能够考查学生对学科内容的整合情况，以及综合运用学科知识分析和解决问题的能力。

总之，能够有效测试思想政治学科核心素养发展水平的试题，必定是指向核心素养及其关键行为表现，实现学科任务、评价情境、学科内容三者有机融合的试题。

3）测试学科核心素养发展水平的命题要求

命制试题是学业水平考试命题工作的核心环节。具体的试题命制要依据考试目标和命题框架进行，尤其是要重点考虑以下几方面要求：

第一，恰当选择学科任务，任务指向要明确。学科任务是考查学生学科核心素养水平的载体，学生完成学科任务中的关键行为表现体现学生学科核心素养的发展水平。因此，学业水平考试命题必须注意学科任务的选择和确定。首先，要根据不同学科核心素养要素的测试目标，恰当选择学科任务的类型。其次，要根据所测试的学科核心素养要素的水平，合理确定学科任务的难度，认真分析学科任务对学生的要求，确保通过学生完成学科任务的关键行为表现能够准确推断学生的学科核心素养水平。第三，学科任务要含义清晰，指向明确，不能引起歧义。既方便学生准确理解和努力完成，也有利于在评价中对学生的学科核心素养水平作出正确推断。

第二，创设评价情境，情境设置要结构化。典型情境是承载学科任务、考查学生学科核心素养的依托，学生完成学科任务需要在一定的典型情境中进行。因此，学业水平考试命题必须巧妙创设适合于评价的典型情境。首先，情境要源于真实生活，是真实生活的再现。情境只有真实，才能使学生在情境中愿意真实地表达自己的看法，真实地表现自己的素养发展水平。其次，要对情境进行有针对性的建构。源于真实生活的情境不是真实生活原封不动地照搬，而需要依据考查的学科核心素养及其水平进行有针对性的加工，保留关键性的事实与特征，剔除无关紧要的细枝末节。再次，情境要提供必要的信息支持。情境是学生完成学科任务的背景，学生要能够从情境中获取必要的信息，并以此为基础有效完成学科任务。

第三，确保试题的科学性、公平性和难度适宜学业水平考试命题既要符合课程标准的要求，遵循考试的命题框架，也要符合教育测量科学性、公平性和难度适宜的一般要求。首先，试题要有科学性。例如，试题的内容不能有知识性的错误，不能与本学科的概念、原理、观点相悖；试题的表述要做到简洁精练、题意明确、思路清楚、逻辑严密、语言规范，不出现模棱两可、不明题意的障碍。其次，试题要体现公平性。例如，试题要兼顾地区差异和城乡差异、兼顾国家的要求和学生的发展水平等。再次，命题要难度适宜。例如，试题创设的情境应该是高中学生能够理解的、要尽量避免使用学生不熟悉的术语、要充分考虑试题难度分布和区分度等。

4）制定基于学科任务完成质量的试题评分标准

根据题型的不同，学业水平考试既要有答案唯一的试题，又要有答案开放的试题；既要有只需呈现最终答案的试题，又要有需要解释答案理由与展现解题过程的试题。

就思想政治学科而言，学业水平考试应该有相当数量的开放性试题。制定这种试题的评分标准，要兼顾共同性与差异性。所谓“共同性”，是指评价标准的共同性，即要有共同的基本立场、观点和价值观，有共同的评价尺度，这是必须坚持的最根本标准，也是思想政治课的根本特性所在。所谓“差异性”，是指在共同评价尺度的前提下可以体现差异性，学生可以采用不同视角、运用不同素材、采取不同思路、表达不同见解、提出不同的问题解决方案等，透过这种有差异的解题过程与思维过程，划分评价等级，判断学生在特定情境中学科任务完成的不同质量，推断其学科核心素养发展水平。

针对不同类型的学科任务制定试题评分标准，要根据划分思想政治学科核心素养水平的基本原则，建立评价不同学科任务完成质量的具体指标体系，以提高评价的科学性、公正性和可操作性。

3. 教材编写建议

教材是教学的基本材料，是教学实施的重要载体，对落实立德树人的根本任务和学科核心素养的培育具有重要的意义。因此，课程标准对教材的编写提出了若干方面的建议。

1）突出立德树人要求，着力培育思想政治学科核心素养

（1）教材编写要立足于立德树人根本任务，以社会主义核心价值观为根本价值标准，以思想政治学科核心素养为育人的主导目标。立德树人是教育的根本任务，思想政治课是落实立德树人根本任务的关键课程，坚持立德树人是思想政治课最根本要求；社会主义核心价值观是社会主义核心价值体系的高度凝练和集中表达，体现“立什么德、树什么人”的问题，是立德树人根本任务完成情况的检验标准；学科核心素养是立德树人根本任务和社会主义核心价值观在课程中的具体体现。思想政治教材编写要以学科核心素养的培育为目标指向，具体落实社会主义核心价值观的培育，促进立德树人根本任务的完成。

（2）教材编写要处理好政治性和学理性、价值性和知识性、建设性和批判性、理论性和实践性、显性教育和隐性教育的关系。一方面，要强调教材内容的导向性，旗帜鲜明讲政治，彰显政治属性，明确政治立场，强调价值引领，教材知识点的选择和配置要服务于学科核心素养培育的目标，在彰显中华优秀传统文化的同时，强化有关中国特色社会主义道路自信、理论自信、制度自信、文化自信的内容安排。另一方面，又要注意教材呈现方式的生活化，通过学生喜闻乐见的鲜活案例阐述新时代中国特色社会主义经济、政治、文化、社会和生态文明等内容，发掘丰富生动的课程资源和学生活动，让学科核心素养真正在教材中落实落细，使思想政治教育不仅有高度、有力度，而且有温度、有效度。

2）依据课程标准，体现课程理念

课程标准是国家教育行政部门制定和颁布的规范课程与教学的纲领性文件，具有法规性质。就课程标准与教材的关系而言，课程标准是教材编写的基本依据，教材编写要依据课程标准进行。

（1）教材编写要充分体现课程标准阐述的基本理念。课程的基本理念是课程标准基本精神的集中体现，教材编写在框架设计、内容确定、素材选择、呈现方式等方面，都要依据课程标准提出的基本理念，表达课程改革的基本追求，反映高中阶段学生的特点，体现思想政治课程的本质。

（2）教材编写要遵循课程标准的设计。课程标准不仅对课程性质、课程基本理念等有明确的定位，而且对学科核心素养及其表现水平、课程结构与课程内容、课时安排与呈现方式、教学实施与学习评价等进行了系统的设计。教材编写必须遵循课程标准的设计，全面落实课程标准的要求。

（3）教材编写要体现特色。课程标准对课程内容的规定是具体明确、统一规范的，但这些内容在教材中如何呈现是可以灵活处理的。我国幅员辽阔，地区之间、城乡之间存在差异。在教材编写中，既要坚持统一标准，遵循课程标准的统一规定和要求，创造性地编写出高水平的教材；又要考虑城乡差异和地区差异，参照课程标准的有关提示和建议，创造性地编写出有特色的教材。

3）利用多种课程资源，拓宽学生视野

学科建设的历史发展和社会生活的复杂多样，为思想政治教材的编写提供了丰富的资源基础，教材编写必须精心筛选资源内容，恰当运用资源呈现方式。

就资源内容而言，教材编写要善于融通古今中外各种资源，特别是要把握好马克思主义、中华优秀传统文化和国外哲学社会科学三种资源。要按照立足中国、借鉴国外，挖掘历

史、把握当代，关怀人类、面向未来的思路，精选相关资源，使教材既有深厚历史底蕴，又有鲜明时代特点，既彰显中国立场，又开阔国际视野。

就资源呈现方式而言，教材编写要跟进时代发展，方便教学进行。既要贴近学生生活，又要反映当代社会进步的新发展和科技发展的新成果；既要有利于教师进行创造性的教学，又要有益于学生潜能的发挥，满足不同类型学生发展的需求。

4）体现活动型学科课程实施的新要求

(1) 教材编写要体现课程定位。高中思想政治课是活动型学科课程，教材编写必须反映这种活动型学科课程实施的特点，既符合学科课程的基本要求，又注意活动型课程的典型特性，坚持学科内容与活动设计相融合、课堂教学与社会实践活动相对接。

(2) 教材编写要注重活动设计。要通过设置开放的教学情境，提供多种课内外探究活动设计。通过活动设计，既为学生的学习留下空间，促进学生自主学习能力的发展；又为教师的教学提供参考，促进教师教学能力的提升。

(3) 教材编写要关注学生发展。教材内容的选择、素材的选用、活动的设计等，都要体现以学生为中心的学习观和转变学习方式的要求，能够引导学生主动学习、合作探究、澄清概念、深化认识，从而体现出教材作为教学依据、引领教学活动的价值，发挥思想政治课程特有的育人功能。

5）坚持政治性与科学性相统一的原则组织编写队伍

为了保证教材编写的质量，增强教材编写的科学性和适用性，要重视教材编写队伍的优化。

(1) 在编写人员的素质上，要坚持政治立场坚定和德才兼备的遴选标准和要求。思想政治教材编写是一项政治性、业务性都很强的工作，作为编写者，既要政治素质过硬，具有鲜明的政治立场和政治担当，也要业务素质过硬，精通学科理论和教育教学规律。

(2) 在编写队伍的构成上，要广泛吸纳学科专家、教育教学专家和具有丰富教学经验的教师、教研员参与。学科专家主要解决学科内容问题，对学科内容的科学性把关；教育教学专家主要解决学科内容的教育教学问题，对教育教学理论及其在思想政治学科中运用的合理性把关；具有丰富教学经验的教师和教研员主要解决学科内容在教学实践中的落实方式问题，对教材内容选择及呈现方式在中学思想政治课教学中的适用性把关。

4. 对地方和学校实施本课程的建议

高中思想政治课程的实施，需要党的坚强领导和地方教育行政部门、教研机构、学校的有力保障。因此，课程标准也对地方和学校实施思想政治课程提出了几方面的建议。

1）加强党对课程实施的全面领导

(1) 要坚持统一性和多样性相统一。所谓统一性，就是思想政治课程实施要遵循国家对该课程的统一要求，包括教学目标、课程设置、教材使用、教学管理等方面的统一要求；所谓多样性，就是思想政治课程实施要考虑不同地区、不同时期、不同学生的实际，做到因地制宜、因时制宜、因材施教。

(2) 要形成协同共管的合力和氛围。思想政治课程的实施是一项系统工程，需要各方面共同努力。要建立党委统一领导、党政齐抓共管、有关部门各负其责、全社会协同配合的工作格局，推动形成全党全社会努力办好思想政治课的良好氛围。

(3) 要发挥党的领导核心作用和领导干部的模范带头作用。学校党委要坚持把从严管理和科学治理结合起来；学校党委书记、校长要带头走进课堂，带头推动思想政治课建设，带头联系思想政治课教师。

2）全面落实课程标准的要求，加大课程实施的培训指导

思想政治课程实施离不开教师的参与，从一定意义上说，教师甚至是影响课程实施的关键因素。因此，地方和学校在课程实施中要加强教师的培训指导。一方面，要通过培训促进教师理解课程标准。课程标准是教材编写、教师教学、学生学习和考试命题的依据，教师只有全面系统准确地理解了课程标准，才能更好地在教学中落实课程标准，充分发挥课程标准引领教学的作用。另一方面，要通过培训提高教师素质。教师是教学活动的设计者、组织者，在教学中起主导作用。各级教育行政部门、教研机构要根据课程标准对思想政治课教师专业素质的要求，切实做好教师培训和校本研修工作，促进教师更新课程理念和知识结构，转变教学方式，确保课程实施的效果。

3）根据课程方案，开足开齐必修课程，开好选修课程

必修课程是培育学生学科核心素养的基本载体，是体现国家意志、落实立德树人根本任务的主要途径，也是全体学生必须完成的学业。学校应该按照国家要求开设必修课程，不得随意减少课时。

选择性必修课程是对必修课程的延展，满足学生多样化的学习兴趣和升学需要，是选择本课程作为学业水平等级性考试的学生应完成的学业；选修课程是相关必修课程和选择性必修课程的进一步拓展，关注学生专业素养发展和学生个性化发展的需要。学校要开好选择性必修和选修课程，建立选课指导制度，编写《选课指导手册》，帮助学生根据个人兴趣、爱好和人生规划选择合适的课程。

4）结合实际，确保社会实践活动的有效开展

高中思想政治课是活动型学科课程，必须注重社会实践活动的价值，确保社会实践活动的有效开展。

（1）地方各级教育行政部门、教研机构以及学校要确保社会实践活动的开展。社会实践活动的开展需要学生走出教室和校门，深入社会进行切身体验，这仅仅靠思想政治课教师的力量是不够的，地方各级教育行政部门、教研机构以及学校有责任作为主体去组织和实施。

（2）采用灵活多样的社会实践活动方式。社会实践活动方式包括志愿服务、社会调查、专题访谈、参观访问，以及各种职业体验等。不论什么样的活动方式，都必须坚持社会实践活动的本土化特征和探究式要求，这是思想政治课教学富有典型的现实性与实践性、强大的生命力与吸引力的关键。要鼓励和支持教师采取灵活多样的活动方式，充分结合当地的环境条件、社会生活等实际特点，选择学生感兴趣的主题，开展深入的活动探究。

（3）积极为社会实践活动的开展提供支持。社会实践活动的开展需要有时间来进行，有的社会实践活动还需要有经费和其他各种条件来保障。学校可以根据社会实践活动的需要，灵活安排课时；对富有创造性的探索活动，给予更多资金保障和活动条件的支持。

5）采取多种方式，加强课程资源建设

课程资源是课程实施的基本保障。在思想政治课程实施中，地方和学校要采取多种方式，加强课程资源建设。

（1）学校要发挥教师课程资源建设的主体作用。课程资源的建设，不只是特定部门和人员的专业行为，更是教师主导的活动，教师是课程资源建设的主体。学校要发挥教师课程资

源建设的主体作用，鼓励和支持教师根据当地实际，充分挖掘并有效利用一切可以利用的课程资源，为学生学习和教师教学的有效实施创造有利条件。

（2）教育行政部门、教研机构要统筹规划、指导和管理课程资源的开发和建设。一方面，要充分发挥不同地区、不同学校的优势，开发和建设丰富多样、新颖独特的课程资源；另一方面，要充分考虑地区与学校的差异，向资源开发能力不足的地区和学校给予全面而有力的支持，运用信息化技术，实现课程资源的共享。

## 复习与思考

1. 简要介绍我国现行思想政治课程标准的基本结构。
2. 如何理解思想政治课程的性质和基本理念？
3. 基于对课程标准的分析，谈谈如何打造活动型学科课程。
4. 什么是思想政治学科核心素养？简要分析思想政治学科核心素养要素之间的关系。
5. 基于对课程标准的分析，谈谈思想政治课程与教学如何坚持以培育学科核心素养为主导。
6. 简要分析思想政治课程设计的依据。
7. 简要分析思想政治课程的基本内容。
8. 简要介绍思想政治课程的内容和学业要求。
9. 什么是学业质量和学业质量标准？思想政治课学业质量水平是如何划分的？
10. 简要介绍思想政治课教学与评价的基本要求。
11. 谈谈思想政治课学业水平考试命题的基本规范和要求。
12. 地方和学校在思想政治课程实施方面要注意做好哪些方面的工作？

# 第 4 章 思想政治学科教材建设的发展

**学习目标**

1. 把握思想政治学科教材的含义，正确分析教材与教学、教材与课程标准的关系。

2. 了解我国思想政治学科教材建设的历史，把握各个历史时期思想政治学科教材的基本特点，总结思想政治学科教材建设的经验教训。

3. 能够结合我国思想政治学科教材建设的实际和自己的教学经验，正确认识思想政治学科教材的稳定性与变动性、学科性与生活化、国定与审定、内容范围与层次等方面的问题。

4. 了解思想政治学科教材编写的基本原则和要求。

5. 通过对各种不同时期、不同版本的思想政治学科教材的比较分析，提高比较鉴别和辩证思维能力。

**关键词** 教材；教科书；课本；教学；国定制；审定制；教材管理；教材审定；教材编写

政治课是各级各类学校对学生进行政治、思想、道德教育的专门课程。在我国古代的政治伦理社会，虽然新式学堂制度没有建立，没有现代意义上的学校，也没有专门的“政治课”名称，但已经有思想政治教育的内容，也规定了相应的教材，最典型的是“四书五经”。汉代，董仲舒极力推崇儒家思想，提出“罢黜百家，独尊儒术”，儒家纲常伦理成为占统治地位的思想意识形态，儒家典籍《诗》、《书》、《礼》、《易》、《春秋》被合称为“五经”，成为学校教育的基本课程和蓝本。到宋代，朱熹集理学思想之大成，特别强调“修身、齐家、治国、平天下”的教育目标，将《大学》、《中庸》、《论语》、《孟子》合为“四书”，此后成为历代王朝设科取士的标准教科书。进入近代社会，随着新式学堂制度的建立，学校课程的明确化和系统化，相应的教材也逐步出现，中学政治课教材建设也进入了规范化、系统化的时期。分析思想政治学科的教材，当然要对教材进行历史考察，以把握教材演变发展的规律，总结以往的经验教训，更好地对现行的教材进行科学的分析。

## 4.1 思想政治学科教材界定

### 4.1.1 思想政治学科教材的含义

关于教材，一般有两种解释：①根据一定学科的任务，编选和组织具有一定范围和深度的知识技能体系。它一般以教科书的形式来具体反映；②教师指导学生学习的一切教学材料[①]。

---

① 中国大百科全书总编辑委员会《教育》编辑委员会，中国大百科全书出版社编辑部．中国大百科全书（教育）．北京：中国大百科全书出版社，1985：144.

显然，教材有广义和狭义之分。广义的教材是指课堂上和课堂外教师和学生使用的所有教学材料，比如，课本、练习册、活动册、补充练习、辅导资料、自学手册、录音带、录像带、广播电视节目、幻灯片、照片、卡片、教学实物等，凡是有利于学习者增长知识或发展技能的材料都可称为教材。狭义的教材就是教科书。教科书是根据各科课程标准（或教学大纲）系统编写的教学用书。在近代学校的发展过程中，基础教育阶段的教科书都是由国家控制，无论从教材编制的系统性上，还是从专家或行政机构审查的权威性来看，教科书都是课程教学的核心材料，是教材系列的主体部分。

我们这里讲的教材是指狭义的教材，即教科书。思想政治教材，即思想政治教科书。教科书即课本，是根据教学大纲（或课程标准）编定的系统地反映学科内容的教学用书，是教学内容的主要依据，是实现一定教育目的的重要工具，是师生教与学的主要材料，也是考核教学成绩的主要依据，是学生课外扩大知识领域的重要基础。通常按学年或年级分册、划分单元或章节，主要由课文、注释、插图、实验和习题等构成，其中课文是最基本的部分[①]。

### 4.1.2 思想政治学科教材与教学

**问题研讨**

有的教师认为，教师教教材，学生学教材。教学的任务就是教师把教材教好，把教材内容讲清；学生把教材学好，把教材内容学透。你怎么看待这种认识？教材内容与教学内容是什么样的关系？

长期以来，我们对课程标准（或教学大纲）与教材的定位不甚明确，视教材为教学的根本依据，教学以教材为中心展开，结果是教师教教材，学生学教材。就教师来说，在教学中“教教材”还是“用教材教”，已经成为基础教育课程与教学改革中每个教师必须面对的问题。

教教材，就是为完成一定的教学任务，忠实传授教材内容的教学行为，其特点是把教材当做“圣经”，对教材内容细致地梳理、到位地传授，教学过程中是以传授知识为中心，教材的观点就是“真理”、“权威”。虽然教师在教学中也注重启发、讨论，也讲究师生活动，但当学生的观点与教材的观点不一致时，只能以教材的观点为标准。“教教材”所反映的思想是“以本为本”。

用教材教，就是把教材作为一种教学资源，借助教材这一学习素材，使学生在获得知识的同时，在过程与方法、情感态度和价值观方面也能得到全面和谐的发展。在这种教学行为中，教材只是实现课程目标的手段和途径，教材内容只是帮助学生实现三维发展目标的一种载体，它所反映的理念是“以人为本”。

随着基础教育课程改革的发展，教材不再“神圣不可侵犯”，教师在教学过程中可以取舍和补充教学内容、变更教学顺序、更换呈现方式。“用”教材，而不是“教”教材，已成为广大教师的共识。教材对教学具有重要的作用，但这种作用应该仅仅是工具作用，教材是教学的工具和材料。

---

① 中国大百科全书总编辑委员会《教育》编辑委员会，中国大百科全书出版社编辑部．中国大百科全书（教育）．北京：中国大百科全书出版社，1985：145.

第一，教师用教材教，教材是教师教的材料。教材内容不等于教学内容，教师要在研究教材的基础上，对教材进行分析、综合、加工、创造，构建具体教学的内容结构和实施进程。在现实的教学过程中，教材设计的授课顺序可以变化，授课时间可以更改，教学实例可以选择，教材中的内容可以调整。不同的教师对同一教材可能会有不同的创造与加工，他们在分析教材、处理教材时也会存在差异，教材只是为教师教学提供基本的“脚本”，如何表演，还要靠教师的创造性发挥。

第二，学生用教材学，教材是学生学的材料。教材内容不等于学生的学习内容，学生的任务不仅仅是学教材。教材只是为学生学习提供了一个平台，在这个平台上，学生可以进行多种形式的演绎，不仅对教材内容可以根据自己的实际情况在学习上有所侧重，还可以将学习的触角延伸到课外，开阔自己视野，提升自己的素质。如果把教材作为学习的目的，必然是死记硬背，脱离生活实际，盲目崇尚书本，这与教材本来的目的背道而驰，也不利于学生综合素质的发展。

第三，教材承载着教学的主要内容，是实现教学目标的工具。课程标准明确规定了知识、能力、情感态度与价值观的三维目标和课程内容，这些目标和内容主要通过教材体现出来，也需要借助教材在教学中实现。教材不仅编选了学科的相关知识，而且以一定的知识为基础和载体，通过独立思考和生活体验，引导学生运用基本知识和观点去分析说明实际问题，培养学生的学科能力，并将一定的观点、思想转化为学生的认识、信念，成为他们言行的准则，促进学生情感态度与价值观的形成。

### 4.1.3　思想政治学科教材与课程标准

课程标准和教材有着密切的关系。一般来说，课程标准是教材编写的依据，教材是课程标准主要的载体和具体体现。课程标准明确规定了课程目标、课程内容，也提出了教材编写建议。例如，高中思想政治课程标准明确提出，教材编写要鲜明地体现思想政治教育的目标要求，把握内容标准的要求与编写教科书的关系，发掘教科书引领教学活动的功能，满足不同层次和类别的学生使用的需要，倡导联系生活实际、活泼生动的呈现方式。在教材编写中，必须深入研究课程标准，紧扣课程标准规定的课程目标和课程内容，保持与课程标准的协调性和一致性，绝不能抛开课程标准另搞一套。事实上，教材编写中以什么为指导思想、编写哪些内容、选用什么样的材料、采用什么样的编写体例等，都体现着课程标准的基本精神和要求。

教材编写要以课程标准为依据，绝不意味着教材编写时生搬硬套课程标准，而只是强调要贯彻课程标准的要求和精神。教材是对课程标准的一次再创造、再组织，教材编写在符合课程标准的前提下，可以多样化。

首先，适应不同学生的多样需求。课程标准只是一个最低限度的要求，是学生通过学习应该而且能够达到的最低标准。而学生在知识基础、能力水平等方面各不相同，在学习的目标和要求上也必然存在差异。因此，教材编写既要反映课程标准的最低要求，也要考虑学生的不同基础，在教材内容选择、学生发展要求等方面具有一定的弹性，为学生的多样化发展提供一定的空间。

其次，要适应不同地区的发展实际。我国地域辽阔，各地区经济发展、自然条件、文化传统有很大差异，教材的编写要努力体现不同地区经济发展和社会发展的特殊需求，要考虑不同地区教育发展水平和学生身心发展水平，充分利用不同地区具有特色的课程资源，开发出既符合课程标准又能体现地区实际的教材。例如，经济发达地区和欠发达地区、东部和西部、城市与农村，在经济条件、自然条件、文化传统方面都有差异，教育水平和学生需求也各不相同，教材的开发应充分考虑这些实际。在教材内容选择、难度及印制质量等方面要符合当地的水平。

## 4.2 思想政治学科教材建设的历史回顾

伴随着中学思想政治课程的变化，中学思想政治教材建设也同步进行。为了分析方便，我们也把思想政治学科教材的发展分为几个历史时期。

### 4.2.1 清朝末年的思想政治学科教材

清朝末年，中等学校设置修身科、读经讲经科。最初的教材主要是以经书为本，讲授人伦道理，还没有自己编写的对应教材。例如，《钦定学堂章程》中规定，中学堂要求本《伦语》、《孝经》之旨趣，授以人伦道德要领；《奏定学堂章程》规定，中学堂摘讲陈宏谋五种遗规：《养正遗规》、《训俗遗规》、《教女遗规》、《从政遗规》和《在官法戒录》。但也有一些学堂中开始使用新式的修身教科书，如 1903 年京师大学堂颁布暂定各学堂应用书目中，有教育改良会编、商务印书馆出版的《高等修身教科书》；［日］元良勇次郎著、广智书局本《中等教育伦理学》；［日］井上哲次郎著、樊炳清译、江楚编译局本《伦理教科书》等。值得关注的是，受"中体西用"思想的影响，我们对国外修身教材的学习和运用，是在承袭自己的传统的基础上，对我们的传统教材进行改造。因此，当时中国的修身教材更多地表现出与传统道德教育的关联与承续，而不是断裂或移植。

清朝末年的修身教材体现出三个方面的特点。

第一，从教材结构上看，注意由近及远、由小到大，遵循学生的认识规律。"对己、对家、对群三大纲"，就是晚清修身教科书中最通行的内容体例。"我国道德之书，莫备于经。特陈义过高，幼年骤难领解。本书采取群经中合于日常须知之道德，分对己、对家、对群三大纲，讲经义各按德目依类列入；另撰教授法，纯用通行官话。教员按书讲授，兴趣横生。"①

第二，从教材内容上看，仍然是以中国传统的"修身、齐家、治国、平天下"为主体。虽然其中有大量的维护封建统治的糟粕，但也有不少中华民族长期积累下来的道德精华。同时，随着国门的打开，西方的一些国民教育思想也开始进入中学政治课程中。清朝末年的修身科教材表现出浓厚的国民教育倾向，注重对社会、对国家的道德意识培养。例如，"国无事，谋保公众事业，不使权利为外人所夺。国有事，轻生以赴义，以救危亡"②。甚至有的教材还关注到了世界知识的教育，如晚清蔡振所编著的《中学修身教科书》第四卷，专门有一章讲"国际及人类"，叙述国际道德进步的历史，论述战争时期道德的特点，还涉及红十字会等知识。

第三，从教材来源看，经历了从"编译"到"自编"的发展过程。新式学堂建立之初，主要是对西方教材进行编译，以满足学习的需要。后来有的学校开始自编教材。1905 年 12 月，清政府设立学部，学部作为全国最高教育行政机构，于次年设立图书局正式编辑教科书，并在 1907 年春颁布了一系列教材，其中包括《修身教科书第一册》，这意味着"官本"教科书的诞生。

---

① 姚祖义．最新中国历史教科书．北京：商务印书馆，1904：封三．

② 李嘉榖．蒙学修身教科书．上海：文明书局，1903：16．

### 4.2.2　民国时期的思想政治学科教材

辛亥革命推翻了帝制，建立了中华民国，实现了中国社会的转型，也实现了中国教育的转型，之前 2000 年的中国传统教育从此开始了翻天覆地的变化，公民教育越来越成为国人关注的重点，修身教育开始逐步向公民教育转变。

建立中华民国后的若干年间，“修身”科仍然继续存在，但已经带有明显的公民教育特点。商务印书馆推出共和国教科书系列中的“新修身教科书”，明确表示“本书以养成共和国民之道德为目的，注重独立、自尊、爱国、乐群诸义”，这与过去的“修身”课已有很大不同。

1913 年，上海群益书社翻译出版《美国公民学》，这是中国最早引进的公民读本。

1916 年 10 月，教育部颁布的《修正国民学校令施行细则》中，提出修身科要“兼授公民须知”。

1917 年 1 月，商务印书馆推出了刘大绅编、教育部审定的教科书《公民须知》，供国民学校修身科学生用，这是最早以“公民”命名的初级教科书。《公民须知》分五章十五节，对公民、公民之资格、公民之权利（自由、平等、选举与从政）、公民之义务（纳税与公债、服兵、守法、教育）、地方自治、国家之组织（国体与政体、立法、司法与行政）等，作了简明扼要的介绍。

1922 年新学制推行后，改修身科为公民科，开设了“公民”、“人生哲学”、“社会问题”等科目，也编辑出版了相应的教材。以“公民”科为例，“新学制教科书”1924 年 5 月初版，初中的《新学制公民教科书》共三册，由法学家周鲠生编写。在公民教科书《编辑大意》中明确，“对于良好公民应具有的知识，习惯和精神，予以同等的注意，以期养成忠勇服务的明达公民”。由此，修身科完成了到公民科的全面转型，公民课成为基础教育阶段培育公民的基本课程。

**资料卡片**

**公民教育的目的**

1927 年，陈筑山概括了公民教育的三个目的①。

一、中国人口号称四万万占全世界四分之一，就文化程度而言，失学的成人与青年在三万万以上，在民智竞争的世界，面对教育普及的文明国家将何以立国？“故公民教育的第一个目的，实应今日国家的根本要求而立。”

二、中国人讲私情、谋私利、逞私见、好私斗，重私德，轻公德，“处今日公共生活很发达很复杂的社会，表现这样的社会性的弱点，非从根本上训练国民的公共精神、团体道德不可。故公民教育的第二个目的，实为对今日中国社会的病症而立。”

三、“中国人民向来对于国事极为冷淡，缺乏政治的常识，国自国，民自民，两者似乎全不相关，今日已入于共和政治的途径，非培养民众的政治道德知识和技能，则民国何以能保持存在图谋发达？故公民教育的第三个目的，特为巩固中华民国的根本而立。”

1928 年以后，国民党政府以党化教育替代公民教育，国民政府教育行政委员会在中小学课程标准起草委员会下设立三民主义教科书编审委员会，其职能便是编订或审定三民主义教

---

① 陈筑山．平民的公民教育之计划．教育杂志，1927，(9)．

科书。以“党义”取代“公民”，严重削弱了原来公民课所包含的法制、经济、政治、伦理知识的内容，受到教育界部分人士的批评。

1932 年，国民政府教育部颁布了《中学公民课程标准》。根据新的课程标准，1933～1934 年，商务印书馆出版了“复兴教科书”。其中复兴《公民课本》高中四册，第一册是社会问题政治概要，第二册是经济概要，第三册是法律大意，第四册是伦理大意，内容比较深，也有点抽象。“复兴初级中学教科书公民”共三册，一年一册，第一册道德，第二册政法，第三册经济。这一版的公民课本虽深受三民主义的影响，但还是保持了不少相对独立的公民教育内容。

**案例 4-1**

### 国民党政权下对公民的理解

公民的资格有下列五项：“一、年龄；二、户籍；三、财产，指动产和不动产的价格说的，就是必须有若干财产，才得做公民；四、学识，指学校毕业的程度说的，就是必须毕业于某等学校，才得做公民；五、经验，指曾任公职的等级说的，就是必须曾任某种公职，才得做公民。”①

◆上述对公民的理解有什么局限？试用历史的观点进行分析评述。

1936 年，国民政府教育部对课程标准进行了修订，依照修订的课程标准，商务印书馆又出版了新的一版公民教科书，“复兴初级中学教科书”《公民》第一册，李之鸥编著，韦悫校订，增加了公民道德与蒋介石倡导的“新生活运动”等内容，当时战争迫在眉睫，特别增加“童子军训练”一节。课本先从“群己”关系入手，再澄清公民与公民的关系，提出一个良好公民须具备的条件。

1940 年，国民政府教育部再次对中学公民课程标准进行了修正。1942 年出版的《初级中学公民》共三册。编辑要旨称，这是根据教育部 1940 年 7 月公布的《修订中学课程标准》编辑的，官方的正中书局与民营的商务、中华、开明、世界、大东等组成的“国定中小学教科书七家联合供应处”负责印刷。尽管公民教育的基本内容还在，教材中还有公民权利、地方自治、公民训练、国家公共生活和社会生活等方面内容，但是，因为三民主义意识形态的介入，公民教育带有了比较浓厚的党化色彩。

民国时期的中学思想政治教材体现出三个方面的特点。

第一，突出的公民教育内容。晚清以来中国社会的巨大变革颠覆了“修身、齐家、治国、平天下”的儒家理想，天下观念逐渐开始被近代意义上的民族国家观念所取代。面对这种尴尬的境遇，传统的修身教育不得不选择新的路径。民国初年，公民课正式成为一门功课，进入中小学课堂，并逐渐取代修身科。1912 年新任教育总长蔡元培提出“以公民道德为中坚”的教育方针，公民教育开始日益受到重视，公民教育内容成为中学思想政治教材的主体内容。

第二，浓厚的意识形态色彩。民国时期教材内容的选择、教材的编写出版等，都带有比较强的政府行为的色彩，政府对中学政治课，以及学生的政治思想道德教育都高度重视。尤其在国民党统治时期，教材体现的意识形态倾向明显，有浓烈的政治色彩和党化色彩。

---

① 朱文叔．新小学教科书公民课本（第四册）．北京：中华书局，1926.

第三，教材“国定”与“审定”并行。1912 年中华民国成立后，教育部在总务厅下设编纂、审查二处，实行教科书“审定制”，还颁布了《审定教科书暂行章程》、《各省图书审查会章程》，这些章程以规程形式确定了教科书的审定办法，也昭示着教科书“审定制”首次登上了历史舞台。袁世凯就任临时总统后，北洋政府强调使用国家统一的教科书，重返教材“国定制”。袁世凯复辟失败后，教育部又恢复教材审定制，但出于服从“党义”、符合“三民主义”教育宗旨的需要，国民政府同时强调要编写学校统一教科书。因此，其审定中有“国定”因素，实为“审定”与“国定”并行的制度。

### 4.2.3　民主革命时期革命根据地和解放区的思想政治学科教材

民主革命时期，中国共产党在革命根据地和解放区也开办了一些中学。由于当时处于战争环境中，各根据地和解放区的联系也比较困难，所以没有统一的中学思想政治课程设置，更不可能编写统一的思想政治学科教材。各抗日根据地和解放区根据自己的实际开设课程，编写和选用教材。

民主革命时期革命根据地和解放区的中学思想政治教材表现出三个方面的特点。

第一，各革命根据地和解放区没有统一的教材。由于革命根据地和解放区处于分割包围中，因此，不可能有全国统一的教材。各根据地都从当地斗争的形势与任务出发，编写政治课教材。

第二，教材有浓厚的政治化色彩。当时的政治课教学内容密切配合政治军事形势的发展，服务于革命斗争的需要。抗战时期教的是抗日战争的有关内容，国共和谈时，教材就有“和平谈判”的内容，到 1947 年又学习土地改革的政策，就连《论持久战》、《新民主主义论》等也成为中学政治课的教材。总的来看，这时的教材思想观点明确，密切联系革命战争、阶级斗争和生产劳动实际，革命性、思想性强。

第三，教材有比较浓厚的成人化色彩。虽然这时有的教材也讲究贴近生活，形象生动，呈现形式有故事、问答、对比、歌谣、韵文、顺口溜等，文字通俗易懂，符合学生的认知水平，但总的来看，反映学生社会生活的内容还是太少，对学生的期望和要求还是太高，更多体现的是对学生政治道德的要求，而对学生基本的思想品德和良好的文明行为习惯重视不够。

### 4.2.4　新中国成立以后的思想政治学科教材

新中国成立以来，除了“文化大革命”时期遭到严重破坏以外，中学政治课一直受到党和政府的高度关注，中学政治课教材建设也在不断深入地进行，逐步形成了一个相对系统完整的教材体系。从整个历史发展进程看，大体可以分为以下五个阶段。

1. 教材建设的摸索阶段（1949～1959 年）

新中国成立后，人民政府在实现对旧教育的接管与改造时，就十分重视对教材的建设。1950 年 7 月，教育部、出版总署联合发出《1950 年秋季中小学教科用书表》，统一各地使用教科书的版本。同年 9 月，组建人民教育出版社开始重编中小学课本，并实行中小学教材全国统一供应的方针。

就中学政治课来看，新中国成立后全国中学各年级均设置了政治课。先后开设了《青年修养》、《中国革命和中国共产党》、《中国革命读本》、《人生观》、《社会发展史》、《共同纲领》等课程。但由于国家没有统一编写的教材，因而基本上是采用代用教材，《毛泽东青少年时代》、

《中国革命读本》、《社会发展史》、《新民主主义论》、《社会科学基本知识讲座》、《共同纲领》、《宪法读本》等，都成为当时的教材。而且由于政治课具有较强的国家意志，加之这一时期我国开展了一系列的政治运动，政治课的内容常常是依据当时国内政治形势而定，随意性较大。

2. 教材的初步形成阶段（1959～1966 年）

1959 年，随着《中等学校政治课教学大纲》的制定和颁布，带动了中学政治课教材建设的发展。20 世纪 60 年代初，教育部开始重视中学政治课的教材建设。

在教材编写上，1961～1964 年，先后编写了《做革命接班人》、《社会发展史》、《辩证唯物主义常识》、《中国革命与中国共产党》、《道德品质教育》、《我国社会主义革命和建设》、《毛泽东著作选读》等教材，并在中学推广使用。

在教材管理上，这个时期开始实行统编教材，国家集中统一管理，但也有了扩大地方管理权限的思想。中共中央、国务院于 1958 年 8 月发布《关于教育事业管理权限下放问题的规定》，《规定》指出："今后教育部和中央各主管部门组织编写通用基本教材、教科书，各地方根据因地制宜、因校制宜的原则，可以对教育部和中央各主管部门颁发的各级各类学校的指导性教学计划、教学大纲和通用的教材、教科书，领导学校进行修订补充，也可以自编教材和教科书。"① 这无疑有利于教材建设的灵活性和科学化。

当然，这个时期中学政治课教材建设虽然取得了突出成效，积累了一定的经验，但由于课程本身受国内频繁的政治运动影响较大，教材变动过于频繁，因而难以形成相对比较系统、完整、稳定的学科教材体系，教材内容也过分关注了国内外形势的发展，过分关注了社会需要，忽视了学生自身发展的需求。

3. 教材遭受严重破坏阶段（1966～1976 年）

1966～1976 年，是"文化大革命"十年，60 年代初编写的中学政治课教材被废止。虽然中学都普遍开设了政治课，但内容极不稳定，大多是把毛主席语录、毛主席著作、中央文件和指示、"革命大批判"的文章、社论等作为教材，上课就是读语录、念报纸，进行大批判。

4. 教材的恢复和重建阶段（1977～1985 年）

"文化大革命"结束后，中学政治课开始拨乱反正，教材建设开始重新提上议事日程。1978 年，根据《全日制十年制中小学教学计划实施草案》规定的中学政治课课程设置方案，教育部组织编写了《科学社会主义》、《社会发展简史》、《政治经济学常识》、《辩证唯物主义常识》四本教材。

1980 年，教育部发出《改进和加强政治课的意见》，提出了新的中学政治课课程设置方案，随后组织编写了全国统编教材，包括《青少年修养》、《社会发展简史》、《法律常识》、《政治经济学常识》、《辩证唯物主义常识》五门课程的教材，并于 1982 年推出，在全国推广使用。

这个时期的中学政治课教材体现出三个方面的特点。

第一，形成了比较系统稳定的教材体系。新中国成立以来，我国中学政治课程和教材都不稳定、变动大，严重影响到政治课的声誉，影响到政治课教学正常进行。这个时期从政治课程本身的特点和学生的实际出发，在构建新的中学政治课程体系的基础上，编写了成套的相对比较系统的全国统编教材，这为中学政治课对学生系统进行马克思主义基础知识教育和

① 刘英杰．中国教育大事典 1949～1990（上）．杭州：浙江教育出版社，1996：13.

政治思想教育创造了条件。

第二，教材体系、结构和内容重学科本位。过分关注学科体系的系统性、规范化，过分强调学科知识的理论性、完整性，虽然教材分量不重，但内容涉及面广，且又深又难，可读性不强。正因如此，这时的中学政治教材被很多人形象地称为“压缩饼干”。

第三，教材管理高度集中，全国使用统编的教材。我国幅员辽阔，人口众多，各地区经济发展不平衡，文化教育水平存在差异，学生的理论基础和政治思想道德状况也不一样。统一的教材难以适应多样化的需求，难以适应不同地区经济、政治、文化发展的状况，难以适应不同学生个体发展的需要。

5. 教材的改革和完善阶段（1985 年至今）

1985 年以后，中学政治课进入了一个改革和发展的新时期。这一时期，随着改革的不断深入，中学政治课教材建设也不断有新的变化。

1986 年，国家教委制定了《中学思想政治课改革实验教学大纲（初稿）》。根据这个教学大纲，组织了北京、天津、上海、广东、吉林、贵州和北京师范大学（与人民教育出版社合作）等单位负责编写新教材，中学政治教材的编写实行“一纲多本”，编写出了多套供全国各地选用的中学政治课教材，每套教材都包括供初中使用的《公民》、《社会发展简史》、《中国社会主义建设常识》，以及供高中使用的《科学人生观》、《经济常识》、《政治常识》。

1992 年，国家教委制定和颁发了《全日制中学思想政治课教学大纲（试行）》。依据这一教学大纲，又组织编写了全套思想政治课教材。教材编写强调要突出基本事实的引入和可读性，强调课程的整体安排。

1996 年和 1997 年，国家教委颁布《全日制普通高级中学思想政治课课程标准（试行）》和《九年义务教育小学思想品德课和初中思想政治课课程标准》。为了加强对教材编写的领导，国家教委组织了中学思想政治课教材编写领导小组，并确定领导小组的任务是依据新编订的课程标准组织编写一整套高质量的新教材。根据课程标准改革调整后的思想政治课程和教材于 1997 年开始在天津、山西、江西三省市实验，并于 1998 年在全国实施。

2003 年和 2004 年，教育部颁发《全日制义务教育初中思想品德课程标准（实验稿）》和《普通高中思想政治课程标准（实验稿）》。根据新的课程标准，教育部组织编写了相应的教材，逐步在全国推广使用。初高中教材编写采取不同的模式和要求。初中各年级教材统称“思想品德”，仍然采用“一个标准，多套教材”，现在已经有山东人民版、人民版、人教版、粤教版、湘师版、陕教版、苏人版、北师大版、沪教版、教科版等多套教材供全国各地选用。高中思想政治教材不再实行“一纲（标）多本”，而是集中力量编写了一套教材在全国推广使用。在教材名称上，也不再统称“思想政治”，而是各个模块教材都有具体的名称。教材由必修和选修两部分教材组成，必修模块教材包括《经济生活》、《政治生活》、《文化生活》、《生活与哲学》；选修模块教材包括《科学社会主义常识》、《经济学常识》、《国家和国际组织常识》、《科学思维常识》、《生活中的法律常识》、《公民道德与伦理常识》。

这个时期中学政治课教材的改革与发展体现出五个方面的特点。

第一，进一步完善了中学思想政治课教材体系。经过不断改革，初步形成了必修教材与选修教材相结合、国家教材与地方教材相结合的中学思想政治课教材体系。

2016 年，教育部将初中“思想品德”课程名称改为“道德与法治”，并组织编写和推广使用了新的初中《道德与法治》教材。2018 年初，随着《普通高中思想政治课程标准》

（2017 年版）的颁布，教育部又组织编写并推广使用了普通高中思想政治统编教材，全套包括必修课程教材和选择性必修课程教材，共 7 本，其中必修课程教材为《中国特色社会主义》、《经济与社会》、《政治与法治》、《哲学与文化》，选择性必修课程教材为《当代国际政治与经济》、《法律与生活》、《逻辑与思维》。

第二，适应多样化的需求，实行了教材的“一纲（标）多本”。我国长期以来在教材管理上高度集中，千人一面，万人一书，难以适应不同地区、不同学生的多样化发展要求。针对这种情况，20 世纪 80 年代中期以后，我国在中学政治课教材建设上开始尝试“一纲（标）多本”，经过 20 多年的探索，取得了可喜的经验和成效。

第三，建立了教材审定制度。新中国成立以后很长时间，我国中小学教材实行“编审合一、高度统一”。1985 年，教育部颁发《全国中小学教材审定委员会工作条例（试行）》，改革“编审合一、高度统一”制度，实行“编审分开”制度，采取“统一基本要求、统一审定”，强调审定制度民主化。1987 年 10 月教育部颁发了《全国中小学教材审定委员会工作章程》。从组织机构、工作职责、审定原则、审定程序等方面，作出了明确的规定，并附有《中小学教材审定标准》。至此，教材审定制度逐步走向规范化和科学化。教材编审也开始实行国家、地方两级管理，教材从“一纲一本”到“一纲多本”。1996 年，国家教委又根据需要对《全国中小学教材审定委员会工作章程》进行了重新修订。1995 年国家教委颁发了《中小学教材编写、审查和选用的规定》。2001 年我国又颁布了《中小学教材编写审定管理暂行办法》，教材审定、管理制度等逐步走向完善。

**资料卡片**

### 国外中小学教材审定

一、多样的教材审定方式

世界教科书制度可以划分为五种类型：国定制、审定制、认定制、选定制和自由制。许多国家的教科书选用制度采用以上五个制度中的任意一种，属于单一制，如韩国采用国定制，德国、日本采用审定制，法国采用认定制，英国采用选定制；也有的国家同时采用两种或多种制度，属于混合制，如美国等。

二、权威的教材审定机构

世界许多国家都设立专门的国家级或州级的教科书评审机构，如美国州教育局下设立“州课程委员会”、德国的“州教育和文化事务部”、日本的文部省、韩国的教育部下设的“教材编纂审议会”和“韩国教科书协会”等机构，定期对各类出版社出版的教科书实行严格的审查或认定，具有很大的教科书管理权利，审查合格的教科书，在经过州或地方政府的批准方能编入教科书选用目录。

参与教科书审查人选基本由审查机构负责任命，大致包括政府专职人员、课程教材专家、学科教学专家、大、中、小学教学经验丰富的教师代表以及有学识的社会人士等，从不同角度，不同侧面评价、审查教科书质量。

三、严格的教材审定标准

教科书审定工作一般有专门的法规或条例，如德国的《州教科书许可条例》、日本的《教学用图书审查规则》等。此外，各国教科书审查标准和依据基本包括：是否符合本国教育法规；是否符合教学目标；教材内容、编排是否利于教学；是否符合使用者的年龄特点；教材内容的科学性等。

第四，扩大了地方、学校的教材选用权限。我国教材选用制度与教材审定制度是配套设立的。我国长期实行的是教材统编通用制，教材选用权由国家教育行政部门控制，在国家统一要求、统一审定的前提下，供各地区、各学校使用。对于地方、学校来说，实际上无教材可选。1986 年，我国对中小学教材管理制度进行调整，实行教材编审分离，采用了审定制，扩大了地方和学校的选用权。经全国中小学教材审定委员会审定的全国通用教材，列入教育部批准推荐的中小学教材目录；经地方中小学教材审查机构审查的教材，列入地方教育行政部门批准推荐的中小学教材目录，供学校选用。

第五，教材的编写强调基础性、综合性，关注学生、贴近生活。以往的中学思想政治课教材坚持学科本位，强调学科知识的系统性和完整性。经过这一阶段的改革，教材有了巨大的变化。在教材内容选择上，强调基础性，淡化学科体系，精选学科的基本常识和对学生发展具有奠基性作用的基本知识；在教材内容组织上，强调生活化，学科逻辑服从生活逻辑；在教材呈现方式上，不从概念原理出发，而从基本事实出发，基于案例、基于情境、基于问题来呈现教学内容，等等。

## 4.3　思想政治学科教材建设的经验教训

分析思想政治学科教材建设的发展历史，总结历史的经验，有以下问题值得我们思考。

### 4.3.1　思想政治教材的稳定性与变动性

中学思想政治教材变动频繁，缺乏相对稳定性，这是思想政治教材建设历史上一个不争的事实。以新中国成立以后的情况为例，据不完全统计，新中国成立以来的 60 多年里，中学思想政治课教材变动达 30 多次，仅 20 世纪 80 年代以来，教材大的变动就有 5 次：1982 年推出的《青少年修养》、《社会发展简史》、《法律常识》、《政治经济学常识》、《辩证唯物主义常识》教材；1986 年后京、津、沪、吉、黔、粤六省市和北京师大（与人教社合作）编写了七套试验教材，每套包括《公民》、《社会发展简史》、《社会主义建设常识》、《科学人生观》、《经济常识》、《政治常识》；1992 年秋推行的、根据《全日制中学思想政治课教学大纲（试行）》编写的思想政治教材；1997 年推行的、根据《全日制普通高级中学思想政治课课程标准（试行）》和《九年义务教育小学思想品德课和初中思想政治课课程标准》编写的思想政治教材；2003 年以后根据新课程改革中颁布的新课程标准编写的初中思想品德和高中思想政治教材。除了这几次大的变革之外，小的修订和调整的次数更多。

为了适应时代的发展、社会的进步，以及国家路线方针政策的变化，思想政治课教材不可避免要进行相应和适当的调整。但是，教材变动过于频繁，会导致学生对思想政治课教材内容缺乏信度，思想政治教师疲于应付甚至无所适从，既给思想政治课教学带来了一些困难和问题，也影响到思想政治课程的声誉。因此，寻求思想政治教材稳定性与变动性的结合点，既保持教材的相对稳定，又力求教材不过分滞后，是思想政治课教材建设面临的重要难题。

如何解决这一难题？可以考虑以下三点。①强调思想政治教材的学科性。思想政治学科作为一门独立的课程，有其特定的学科知识，教材应该是本学科知识的精选，不能把什么内容都随意地放入思想政治课教学内容之中。②教材内容粗线条化、简洁化。教材内容的选择力求反映学生需要，着眼大的社会背景，突出学科基础，对所选内容的分析论述也避免过于具体。事实上，往往内容分析越细越具体，越容易过时，越缺乏生命力。③增强教材的弹性。教材在呈现基本内容的基础上，可以给思想政治课教师留下一定的教学内容选择和组织的空间，使教师能够根据时代的发展、形势的变化对教材进行改造和再开发。

### 4.3.2 思想政治教材的学科性与生活化

**案例 4-2**

有人认为：新教材引入大量资料，插入了许多图片，让人耳目一新，有的教师反映“像卡通书一样，好看了，学生爱看了”，但是也有人认为联系生活过了头，零碎的学科知识淹没在图画和生活实例中，对学科知识的理解没有多大作用，反而整体上降低了学科水平。

你如何看待这种观点？你认为究竟应该如何处理教材内容的学科性与生活化的关系？

在确定教材内容的基础上，按照怎样的思路对选定内容进行编排，是教育史备受关注的问题之一。通常有两种基本的编排思路：一是按照学科逻辑编排，即按照学科知识本身的逻辑结构和内在联系来组织课程与教学内容，强调学科知识的系统性和完整性；二是按照生活逻辑来编排，即以社会生活和学生生活为基础，按照学生的生活经验和生活需求来组织课程与教学内容，强调课程与教学内容的生活化。

以往我国中学思想政治课教材主要是按照学科逻辑来组织和编排的，强调学科体系的完整和知识的系统，强调学生对系统学科知识的理解和运用。例如，过去我国的“经济常识”教材，基本采用马克思主义政治经济学的体系，从商品、货币、价值规律谈起；再如，我国过去的“哲学常识”教材，基本上沿用马克思主义哲学的理论体系，从物质谈起，按照唯物论、辩证法、认识论、唯物史观的顺序编排。

近年来，我国思想政治教材的编写对此进行的大幅度的调整，在关注学科逻辑的同时，更强调生活逻辑，强调从学生的生活出发，遵循学生的认识规律来编排教材内容。尤其在基础教育新课程改革中，初中思想品德教材注意以学生逐步扩展的生活为基础，高中思想政治教材以生活为基础、以学科知识为支撑，强调以生活逻辑为主线编排教材内容，学科逻辑服务、服从于生活逻辑。例如，高中《经济生活》模块教材，打破了传统的学科体系，从学生经济生活中最熟悉的货币入手，按照消费、交换、生产、分配的大思路展开，最后介绍我国从事这些经济活动的基本背景——面向全球开放的社会主义市场经济，再如，《政治生活》教材，不再按照传统的学科理论逻辑，从国家入手，按照国家—政府—公民—政党—国际社会的思路编排，而是从学生的政治生活实际入手，由小到大，由近及远，由具体到抽象，按照公民的政治生活—政府—国家—政党—国际社会的思路展开。

**理论拓展**

按学科逻辑组织还是按生活逻辑组织编排教材内容，是“传统教育”与“新教育”的重大分歧之一。查阅相关资料，了解这两种编排方式的依据，分析它们各自的合理性和弊病。

### 4.3.3 思想政治教材编审上的国定与审定

在教材管理上，有两种基本模式：国定和审定。国定制就是教材的编写、出版、发行等权利都集中于国家，教材实行国家统编，全国统一使用。审定制就是允许各相关机构、团体或个人编辑教材，但须经政府主事机构审查合格，再由学校选用。

从历史上看，我国中学教材既存在国家集中统一管理的国定制，也流行过教材管理权限相对分散的审定制，“国定”与“审定”之争自近代以来一直在延续。

就新中国成立以来的情况看，1986 年以前，思想政治教材基本上是国定制，教育部负责制定中学教学大纲，编写通用教材，地方只能作适当变动，编写补充教材和乡土教材。1986 年以后，随着基础教育改革的发展，中学教材实行审定制，思想政治教材开始出现“一纲多本”，实现了教材的多样化。但进入 21 世纪，思想政治新课程改革中又对思想政治教材编审进行了调整。初中思想品德仍然实行“一标多本”，高中思想政治课则回到“一标一本”，根据高中思想政治课程标准，全国集中力量编写一套教材，由人民教育出版社出版，供全国使用。高中思想政治课也成为基础教育阶段唯一只有一套统编教材的课程。

可以说，教材的“国定”与“审定”之争，历史上存在，今天也没有完全消除。尤其是思想政治课，其课程的特性决定了这种争论会更突出。

**问题探讨**

（1）查阅相关资料，了解我国中学思想政治教材国定制和审定制的发展历史，分析国定制和审定制各自的利弊。

（2）有人认为，20 世纪 80 年代以来，我国中学思想政治教材实现了从国家统编教材向“一纲多本”的转变，但在 21 世纪初的基础教育新课程改革中，高中思想政治教材又回到了“一标一本”，这是历史的倒退。你怎样看待这种观点？说明你的理由。

### 4.3.4 思想政治教材内容的范围与层次

思想政治课是典型的中学德育课程，我国的德育内容涵盖较广，包括政治教育、思想教育和道德教育诸方面。在道德教育中还有私德、公德之分。私德是涉及私人生活的道德规范，如个人品质、修养、作风，以及在处理私人生活中家庭伦理、朋友关系及邻里相处等方面的行为准则；公德则是国家及社会公共生活中的道德规范，如文明礼貌、爱护公物、保护环境、遵纪守法等。

中国古人强调私德，而公德却极少有人问津。受其影响，晚清学校德育课程开设的是“修身”科，内容以私德为主。随着晚清以来中国社会的巨大变革，建立民族国家、取得民族独立、实现民族强盛，成为备受关注的时代话题，民族国家意识和观念逐步提升。为了适应这种时代发展的要求，修身教育开始摆脱经学笼罩，转向公民教育。1912 年，首任教育总长蔡元培提出“以公民道德为中坚”的教育方针，并且将“公民道德教育”作为“五育”之首。在这个过程中，传统修身教材也逐渐剥离了经学教材，在学习日本和欧美修身教科书的过程中改变自身，表现出在内容上与传统道德不离不弃、掺杂了近代民族国家意识的特点。

应该说，这时还不是普遍意义上“公民教育”，而只是新的“修身教育”，但“国民”、“权利”、“义务”、“平等”、“自由”、“自治”等概念相继进入“修身”教材，表明公民教育在中国已经萌芽。

1922年新学制推行后，《新学制公民教科书》出版使用，从内容到名称，“修身”科完成了到“公民”科的全面转型，公民教育的地位正式确立。自此以后，虽然偶有变化，如蒋介石政府使其带上了政党色彩，甚至以“党义”科取代“公民”科，但公民教育始终是中学政治课程和教材的主体内容。即使到了今天也不例外。我国现在的初中思想品德课和高中思想政治课，就是社会主义公民素质教育课程，只不过前者侧重于公民的思想品德素质，后者侧重于公民的思想政治素质。

可见，从教材内容上来看，通过对思想政治学科教材的历史考察，我们可以得到的基本启示是：思想政治教材应该以公民基本素质的培养为根本目标，公民教育内容应该成为思想政治学科教材的主体内容。

从教材内容的层次来看，清末到中华民国初期，“修身”和“公民”教材都还比较注重基本的道德教育内容，尤其是私德内容。但到了国民政府时期，“公民”教材内容带有了浓烈的政治色彩和党化色彩。新中国成立后，我国中学政治课教材内容长期偏重政治思想教育，忽视道德教育，即使涉及道德内容，也多是指的政治道德（通常说的“大德”），而少有基本的思想品德教育内容。这样，难免导致教材内容过于理论化、概念化、理想化，远离学生生活和社会现实生活，给人以“假、大、空”的印象。

应该说，这个问题在我国已经引起了重视，并正在努力改变。特别是在21世纪开始的基础教育新课程改革中，改初中思想政治课为思想品德课，初中思想品德、高中思想政治教材的编写都强调以学生的生活为基础，以学生的终身发展为目的，学科逻辑服从生活逻辑，选择和整合相关内容等，都体现了我国对政治思想道德教育层次性的关注。当然，如何使这种层次定位更合理，如何在思想政治教材中确定不同层次德育内容的比重，调整好它们之间的结构，并恰当地加以呈现，仍然还值得我们进一步探索。

## 4.4 思想政治学科教材编写的基本要求

思想政治学科教材是教学的基本材料，在教学中有着重要的作用，因此，对它的要求是很高的。不仅要遵循教材编写的基本原则，而且要体现《基础教育课程改革纲要（试行）》、《普通高中课程方案（实验）》和《中小学教材编写审定管理暂行办法》的基本精神，反映思想政治学科课程标准的要求。

### 4.4.1 教材编写的基本原则

1. 坚持科学性

教材是学生学习的主要材料，因此教材编写要坚持科学性原则，主要体现在三个方面。

第一，向学生提供科学的基本知识和思想观点。知识体系中包含的基本事实、基本概念、基本原理以及与它们相应的技能训练材料、思想教育观点和材料都应是经过实践检验过的，具有科学根据。

第二，对基本知识和思想观点的表达要科学。思想政治教材以马克思主义基本常识和有关社会科学基本知识为主要内容，这些内容是经过实践检验了的科学真理，但这并不意味着科学性问题就不存在了。作为思想政治教材，绝不能只是这些真理性知识的照搬照抄，而需要经过选择、加工。在选择、加工过程中，对这些真理性知识的解释、阐明要实事求是，准确无误，防止片面性和错误。

第三，教材对一些照片、图画、表格等也要运用恰当、准确无误。

2. 突出思想性

思想政治学科教材要具有思想教育因素，能对学生起到思想教育的作用。

首先，教材要有明确的方向性。要旗帜鲜明地宣传马克思主义，坚决贯彻党的基本路线和方针政策，给学生以正确的立场、观点和方法，帮助学生树立科学的世界观和人生观。

其次，教材要突出思想教育的内容。对学生进行思想教育的内容是很多的，包括爱国主义教育、社会主义教育、革命传统教育、民主法制教育、道德品质教育等，思想政治学科教材要把这些内容恰当地融合和渗透于自身内容之中。

最后，教材要加强针对性。对那些学生思想上比较普遍存在的问题和一些重大的社会实际问题，教材应有的放矢地进行分析，以解除学生思想上的困惑，正确认识和看待各种社会现象和问题。

当然，思想性是任何学科教材都要具备的条件，但由于思想政治学科的性质和任务所决定，思想政治学科教材对思想性方面的要求更高、更直接。是否具有较强的思想性，是衡量思想政治学科教材质量的一个重要尺度，也是提高思想政治学科教材质量所必须高度重视的一个重要方面。

3. 确保基础性

长期以来，我们一直按照学科的知识体系构建课程内容，在编写教材时，力求内容的完整性、系统性、科学性，注重的是所编内容是否符合学科知识体系，逻辑是否严密等，而较少考虑学习内容对学生是否是基础的、必需的、恰当的，对学生认知能力的发展、基础知识的把握有着怎样的意义等。

基础教育是为学生终身学习打基础的教育，是面向全体学生的教育，因此，思想政治学科教材的编写要由此出发，确保基础性。首先，教材要注重学生基础知识的学习，保证学生获得扎实的基础知识和基本技能，在此基础上才能更有利于学生的发展，不能被任意扩大、拔高。其次，教材要给学生全面发展留有充分的时间和空间，应有利于学生自主、多样、持续地发展。

4. 注重可接受性

思想政治学科教材是供教学用的，因此，它必须符合教师教和学生学的要求，对师生双方都具有可接受性。

对于教师来说，教材要便于教，符合教的要求，如论点要明确，概念要清楚，内容结构要符合课时授课的要求等。

对于学生来说，教材要便于学，符合学的要求。这主要是指：教材内容的深浅、难易和分量要符合学生的年龄特征和知识水平；教材的体系安排要符合学生认识发展的过程和规律，坚持从具体到抽象，循序渐进，力求使抽象的问题具体化，深奥的道理通俗化；教材的文字表达上要条理清楚，语言简洁，叙述生动，通俗易懂；教材的重点难点要处理恰当，注意突出重点，分散难点；教材要有趣味性，用生动具体的材料来导出和说明观点，使学生喜闻乐见，防止干巴巴的理论说教等。

### 4.4.2 思想政治学科教材编写的时代要求

处于基础教育新课程改革背景下的思想政治学科教材的编写，必须体现基础教育新课程改革的基本精神，反映时代发展对思想政治学科教材的要求。

1. 体现三维目标的定位

基础教育新课程改革提出了知识与技能、过程与方法、情感态度与价值观的三维目标体系。思想政治学科课程标准从学科的特性出发，也提出了情感态度与价值观、能力、知识的三维目标发展要求，这是针对我国思想政治学科对学生知识、能力和情感态度培养相隔离的状况提出的。要达到这个目标，教材的编写应积极将知识学习、能力培养、情感态度与价值观发展三个目标有机结合，即在内容编排时，使学生通过学习既能获得知识，又能在能力方面得到提高，同时在情感态度与价值观方面也得到发展。

同时，在思想政治学科三维目标体系中，情感态度与价值观目标处于首要地位，其次是能力目标，知识目标仅仅是作为手段而存在。这也要求新的思想政治学科教材的编写必须突出情感态度与价值观教育，强调学生的社会责任感、健全人格、创新精神、实践能力、终身学习的愿望和能力、良好的信息素养及环境意识等的培养，尤其是要把学生良好的思想品德和思想政治素质的培养放在首位。

2. 展现生活化色彩

初中思想品德课和高中思想政治课都强调以学生的生活为基础，让思想品德和思想政治教育回归生活。因此，思想政治学科教材的编写要展现生活化色彩，贴近社会生活和学生生活。具体来说，这种生活化的要求主要体现在三个方面。

第一，教材框架设计围绕生活主题。思想政治学科虽然包括经济、政治、文化、法律、道德等多方面的内容，但不是这些方面内容的简单相加。课程标准强调要从学生的实际出发，以学生生活为基础，对相关内容进行有机整合。因此，在思想政治学科教材的设计和编写中，要淡化学科本身的知识体系，倡导以生活主题模块的方式统筹设计教材结构，围绕生活主题整合教材内容。

第二，教材内容分析联系生活实际。每一种理论都有其生活来源，也要用于指导生活实践。在思想政治学科教材设计和编写中，要避免课程内容远离生活实际的倾向，避免单纯、空洞的理论说教，避免把课程内容孤立为高高在上的理论和僵硬的教条。要围绕学生的生活来组织教材内容，对教材内容的分析要贴近社会生活实际和学生生活实际，使教材内容真正为学生所接受，成为学生发展的需要。

第三，教材素材选用贴近生活经验。教材编写要从学生的兴趣、能力和需要出发，结合学生的生活经验，遵循学生的生理、心理及认知发展规律，选取学生关心的具有教育意义的现实生活和社会问题，以及先进人物的感人事迹作为主要素材，尽可能提供多种活动设计，引导学生主动搜集资料、寻找答案，促进教学互动、合作探究。

3. 符合规律性要求

符合规律性要求，是指思想政治学科教材编写要符合学生的身心发展特点，遵循学生认识发展的规律和学生思想品德形成和发展的一般规律，能够为学生发展提供良好的条件。为此，思想政治学科教材的设计和编写要注意以下三个方面。

第一，教材内容的选择符合学生生活需要。既要反映当代社会进步和科技发展的新成果，又要贴近学生生活；既要有利于教师进行创造性的教学，又要有利于促进学生发挥各自的潜能；既要表达教学的基本要求和标准，又能够为学生提供自主思考、交流、感悟、活动的机会和空间，从而适应不同层次和类型学生发展的需求。

第二，教材内容编排符合学生认识规律。教材内容要有系统性，但这种系统性不是学科知识本身的系统性，而是从学生实际出发，根据认识发展的规律，对学科知识进行加工以后形成的教材内容的系统性。由此出发，思想政治学科教材的设计和编写，在坚持学科知识系统性的同时，要强调学科逻辑服从生活逻辑，根据学生的生活实际和生活需要，遵循由简单到复杂、由具体到抽象、由感性到理性的基本思路，编排教材内容。

第三，教材内容呈现符合学生认识特点。教材是学生学习的主要材料，承载着学生学习的主要内容，要有较强的可读性，对学生有较强的吸引力。为此，在教材呈现方式上，要力求生动活泼、丰富多样。教材基本内容的表述，要注重语言文字的规范性、可读性，板式设计的可视性，栏目设计的多样性等，提高学生的学习兴趣，激发学生学习的热情。

4. 体现开放性特点

基础教育新课程改革既强调学生创新精神和实践能力的培养，也强调教师教学方式和学生学习方式的转变，倡导开放互动的教学方式和自主合作探究的学习方式。为此，思想政治学科教材编写要体现出开放性，为教师的教和学生的学留下空间和余地。一方面，教材要给教师留下灵活处理的空间，让教师可以根据教学的实际需要，对教材内容适当调换、补充、删减、调整；另一方面，教材要给学生个性化、多样化的学习留有空间。在教材编写中，要力求选用现实生活中有意义、有价值的案例和问题，设计开放性的情境和能够启迪思维的活动，引导学生进行观察、体验、感悟、合作、交流等，激发学生学习的热情，促进教学互动，从而实现学习方式的多样化，拓展学习的时间和空间。

## 复习与思考

1. 如何理解教材的含义？比较分析教材、教科书、课本等相关概念之间的关系。

2. 结合自己的教学实践，探讨如何正确认识和处理好教材与教学的关系？

3. 如何正确认识课程标准与教材的关系？

4. 简要介绍我国各个不同时期的思想政治学科教材及其特点。

5. 在教材管理上，新中国成立以来的高中思想政治教材走了一条“全国统编——一纲（标）多本—全国统编”的道路。对这种变化你是如何认识的？

6. 什么是教材的国定制、审定制、认定制、选定制？查阅相关资料，谈谈这些制度各自的利弊。

7. 结合我国思想政治学科教材建设的实际和自己的教学经验，谈谈你对思想政治学科教材的稳定性与变动性、学科性与生活化、国定与审定、内容范围与层次等问题的认识。

8. 结合自己的教学实践，探讨思想政治学科教材编写要注意的问题。

# 第 5 章　思想政治学科教材的设计与编写

**学习目标**

1. 了解思想政治学科教材的构成，明确思想政治各册教材的地位。

2. 分析思想政治学科各册教材的编写体例、内容框架和呈现方式，比较必修课程和选择性必修课程教材在编写体例、内容框架和呈现方式上的不同特点。

3. 分析思想政治学科教材，把握教材编写是如何体现思想政治学科课程理念、学科核心素养和课程目标的。

**关键词**　思想政治教材；必修课程教材；选择性修课程教材；教材编写体例；教材内容框架；教材呈现方式

思想政治学科教材是思想政治课程与教学内容的重要载体，承载着思想政治课程与教学的主要内容。分析思想政治教材，把握高中教材的编写理念、编写依据、编写思路、编写体例、逻辑框架、典型特点等，是高中思想政治课教师的重要职责，也是高中思想政治课教师有效实施教学活动的重要保证。

随着普通高中思想政治课程标准和义务教育道德与法治课程标准的修订完成，教育部积极组织专家依据新修订的课程标准编写相应的教材。其中普通高中思想政治新教材已经在全国推广使用，义务教育道德与法治教材正在编写之中。因此，本章仅就普通高中思想政治教材的设计与编写进行介绍。

## 5.1　思想政治教材的设计与编写概述

普通高中思想政治课程由必修课程、选择性必修课程、选修课程三部分组成。其中必修课程和选择性必修课程作为国家课程，由国家统一管理；选修课程是学生自主选择修习的课程，涉及个人生活、职业体验、大学先修等方面的内容，可根据学生个性化发展的需求和当地经济、科技、文化发展的特点开设，纳入校本课程管理。基于此，国家对高中思想政治必修课程和选择性必修课程的教材进行统编、统审、统用。普通高中《思想政治》全套教材共7册，其中必修课程教材包括《中国特色社会主义》《经济与社会》《政治与法治》《哲学与文化》4册，选择性必修课程教材包括《当代国际政治与经济》《法律与生活》《逻辑与思维》3册。

### 5.1.1　教材的编写依据

新编高中思想政治教材的编写依据，主要包括落实立德树人的根本任务、普通高中思想政治课程标准、党和国家的重要精神和习近平新时代中国特色社会主义思想等。

1. 落实立德树人的根本任务

培养什么人、怎样培养人、为谁培养人，历来是我们党和国家教育的根本问题。党的十八大报告首次把“立德树人”明确为教育的根本任务。立德树人，就是要培养一代又一代拥护中国共产党领导、能够服务改革开放和社会主义现代化建设、与民族复兴同向同行、立志为巩固和发展中国特色社会主义奋斗终身的有用人才。落实立德树人的根本任务，培养德智体美劳全面发展的社会主义建设者和接班人，是我国各级各类学校和每一个教育工作者的共同使命，也是我国各级各类学校每一门课程与教学的共同目标。

思想政治课是落实立德树人根本任务的关键课程，是学校思想政治教育的主要渠道，其作用不可替代。要充分发挥思想政治课在立德树人中的关键作用，加强教材建设、编写出高质量的教材是重要基础。高中思想政治教材的编写，正是着眼于落实立德树人的根本任务和培养德智体美劳全面发展的社会主义建设者和接班人，力求教材充分体现马克思主义中国化要求、充分体现中国和中华民族风格、充分体现党和国家对教育的基本要求、充分体现国家和民族基本价值观、充分体现人类文化知识积累和创新成果，发挥教材在课程与教学、人才培养中的基础性作用。

2. 普通高中思想政治课程标准

为了规范课程建设，加强课程管理，提高课程建设质量，国家教育行政部门出台了一系列有关学校课程与教学工作的指导性文件，包括课程方案、课程标准、中小学教材编写审定管理暂行办法等。中小学教材的编写必须依据这些相关的课程文件，体现这些文件的基本要求和基本精神。

普通高中思想政治教材就是依据《普通高中课程方案》(2017 年版 2020 年修订)、《普通高中思想政治课程标准》(2017 年版 2020 年修订)、《中小学教材编写审定管理暂行办法》等进行编写并不断完善的。尤其是普通高中思想政治课程标准，更是高中思想政治教材编写的直接依据。

高中思想政治课程标准是国家教育行政部门颁布的规范高中思想政治课程与教学的指导性文件，体现了国家对高中思想政治课程的基本规范和质量要求。高中思想政治教材作为学生学习的基本材料和内容载体，在编写中注意与课程标准全面对接。一方面，注意充分体现课程标准阐述的基本理念，表达课程改革的基本追求，体现思想政治课程的本质，以习近平新时代中国特色社会主义思想铸魂育人，引导学生把握正确的政治方向，坚定中国特色社会主义道路自信、理论自信、制度自信和文化自信，做德智体美劳全面发展的社会主义建设者和接班人。另一方面，教材在结构体系与内容选择、课时安排与呈现方式、教学流程与学习评价等方面，注意全面落实课程标准的要求。例如，教材编写中按照单元、课、框、目的层次结构展开，“单元”是按照课程标准设计的主题展开，并用单元导语表达主题内容的学习旨要和重点；“课”是基于课程标准规定的专题编写，并以课导语表达专题内容的学习旨要和重点；“框”和“目”展现具体化的内容目标和教学要点，是教学活动实施的基本单位，展现教学进度控制的基本要求。

3. 党和国家的重要精神和习近平新时代中国特色社会主义思想

教材建设是国家事权，体现国家意志。尤其是思想政治课，具有很强的时代性和实践性，具有突出的政治方向引领和正确价值导向的功能，教材编写必须适应时代发展的需要，紧跟党和国家重大理论和实践创新的步伐，及时融入马克思主义中国化的最新成果、坚持和发展中国特色社会主义的最新经验、马克思主义理论学科的最新研究进展，强化意识形态属性，集中体现国家意志和社会主义核心价值观。

目前，中国特色社会主义已经进入新时代，我国已经发生最为广泛而深刻的社会变革、最为宏大而独特的实践创新，也还要继续为实现“两个一百年”的奋斗目标和中华民族伟大复兴的中国梦而继续努力。新时代和新形势，对人才培养和学生未来发展有了新的期待和新的要求。高中思想政治教材编写注意跟进这种时代的变化和发展要求，重点依据党的十八大以来中央历次全会决定和习近平同志系列重要讲话精神，特别是党的二十大精神和习近平新时代中国特色社会主义思想，用这些铸魂育人，引导学生践行社会主义核心价值观，增强中国特色社会主义道路自信、理论自信、制度自信、文化自信，厚植爱国主义情怀，把爱国情、强国志、报国行自觉融入坚持和发展中国特色社会主义事业、建成社会主义现代化强国、实现中华民族伟大复兴的奋斗之中。

### 5.1.2 教材的编写原则

高中思想政治教材的编写，除了有科学的依据以外，还注意从学段和学科的实际出发，坚持一些基本的编写原则。就高中思想政治课教材的编写，北京师范大学韩震教授提出必须坚持六个方面的基本原则：一是要立场坚定、观点鲜明、以立为本，坚持以中国特色社会主义这把尺子衡量教材中涉及意识形态素材的是非曲直；二是坚持思政课在课程体系中的政治引领和价值引领作用，统筹大中小学思想政治课一体化建设，推动各类课程与思想政治课建设形成协同效应；三是要根据中国特色社会主义事业发展进程，不断适应新形势新条件新任务，坚持思想政治课建设与党的创新理论武装同步推进，全面推动习近平新时代中国特色社会主义思想进教材进课堂进学生头脑，把社会主义核心价值观贯穿国民教育全过程；四是坚持守正和创新相统一，落实新时代思政课改革创新要求，不断推进加强内容素材创新、话语方式创新、方法手段创新，讲好中国共产党的故事，讲好改革开放的故事，讲好中国特色社会主义的故事，做到润物无声，不断增强思政课的思想性、理论性和亲和力、针对性；五是坚持问题导向和目标导向相结合，注重推动思政课建设内涵式发展，全面提升学生思想政治理论素养，实现知、情、意、行的统一；六是要做到大中小各学段的上下衔接、各学科的横向互补与配合。①

一般而言，高中思想政治教材的编写要坚持一些基本原则。

1. 坚持科学性

教材是学生学习的主要材料，教材编写要坚持科学性原则。这种科学性主要体现在：

第一，向学生提供科学的基本知识和思想观点。知识体系中包含的基本事实、基本概念、基本原理、基本观点以及与它们相应的各种材料都应是经过实践检验过的，具有科学根据。

第二，对基本知识和思想观点的表述要科学。高中思想政治课以马克思主义基本常识和有关社会科学基本知识为主要内容，这些内容是经过实践检验了的科学真理，但这并不意味着科学性问题就不存在了。作为教材，绝不能只是这些真理性知识的照搬照抄，而需要经过

---

① 韩震．新编普通高中思想政治教材的理念与特点［J］．课程·教材·教法，2020（1）：33.

选择、加工。在选择、加工过程中，对这些真理性知识的解释、阐述要实事求是，准确无误，防止片面性和错误。

第三，教材中对各种照片、图画、表格等要运用恰当、准确无误。

2. 突出思想性

任何学科的教材都应该具有思想性，能对学生起到思想政治教育的作用。但由于思想政治课程的特有性质，思想政治教材对思想性方面的要求更高、更直接。是否具有强烈的思想性，是衡量思想政治教材质量的最根本尺度，也是提高思想政治教材质量所必须高度重视的方面。

首先，教材要坚持正确的思想政治方向。要旗帜鲜明地讲政治，强化政治属性，大力宣传马克思主义，坚决贯彻党的基本路线和方针政策，引导学生培育和践行社会主义核心价值观，增强中国特色社会主义道路自信、理论自信、制度自信、文化自信，坚定正确的政治方向，树立科学的世界观、人生观和价值观。

其次，教材要突出思想政治教育的内容。对学生进行思想政治教育的内容是很多的，要坚持用习近平新时代中国特色社会主义思想铸魂育人，以学科核心素养培育为重点，以爱党、爱国、爱社会主义、爱人民、爱集体为主线，坚持爱国和爱党爱社会主义相统一，系统开展马克思主义理论教育，系统进行中国特色社会主义和中国梦教育、社会主义核心价值观教育、法治教育、劳动教育、心理健康教育、中华优秀传统文化和革命传统教育、总体国家安全观教育。

再次，教材要注重思想政治教育的针对性要求。对于那些学生思想上比较普遍存在的问题和一些重大的社会实际问题，教材应有的放矢地进行分析，引导学生解除思想和认识上的困惑，作出正确的价值判断和行为选择。

3. 强调基础性

普通高中教育是在义务教育基础上进一步提高国民素质、面向大众的基础教育，任务是促进学生全面而有个性的发展，为学生适应社会生活、高等教育和职业发展作准备，为学生的终身发展奠定基础。普通高中的培养目标是进一步提升学生综合素质，着力发展核心素养，使学生具有理想信念和社会责任感，具有科学文化素养和终身学习能力，具有自主发展能力和沟通合作能力。

基础教育是为学生终身学习打基础的教育，是面向全体学生的教育。基于普通高中教育属于基础教育的定位，教材的编写要确保基础性。首先，教材要面向全体学生，依据学科核心素养，精选学生终身发展必备的基础知识和基本技能，打牢学生成长的共同基础。其次，教材要给学生全面发展留有充分的时间和空间，注重培养学生的学习兴趣、学习能力和探索精神，注重培养学生分析问题、解决问题的能力，有利于学生自主、多样、持续地发展。

4. 注重可接受性

高中思想政治教材是供教学用的，它必须符合教师教和学生学的要求，对师生双方都具有可接受性。

对教师来说，教材要便于教，符合教的要求，如观点要明确，概念要清楚，内容结构要符合课时授课的要求等。

从学生来说，教材要便于学，符合学的要求。例如，教材内容的深浅、难易和份量要符合学生的年龄特征和知识水平；教材的体系安排要符合学生认知发展的过程和规律，坚持从具体到抽象、从简单到复杂，循序渐进，力求使抽象的问题具体化、深奥的道理通俗化；教材的文字表达要条理清楚，语言简洁，叙述生动，通俗易懂；教材的重点难点要处理恰当，注意突出重点，分散难点；教材要有趣味性，用生动具体的材料来导出和说明观点，使学生喜闻乐见，防止干巴巴的理论说教等。

5. 加强关联性

高中思想政治课程不是孤立的存在，与方方面面存在着各种各样纵向、横向的密切联系。高中思想政治教材编写要关注这些联系，体现关联性。

从纵向联系来说，要特别关注两方面的联系。一是关注教材建设的历史延续，处理好继承与创新的关系。新中国成立以来，我国高中思想政治教材建设有几十年的历史，在编写理念 框架建构、内容选择、呈现方式、板式设计等方面都有很多的实践探索，积累了丰富的实践经验，为教材的编写提供了良好的基础。但是，思想政治教育必须伴随着时代的变化而变化，思想政治教材也必须适应时代的发展而不断完善。因此，在教材编写中，要处理好继承与创新的关系，沿用好办法、改进老办法、探索新办法，因事而化、因时而进、因势而新，不断提升教材的质量，充分发挥教材的育人功能。二是关注大中小学思想政治课的一体化建设，处理好与相邻学段思想政治课的逐层递进、螺旋上升的关系。初中道德与法治、高中思想政治、高校思想政治理论课都是学校德育课程，但属于相邻的不同学段，高中思想政治教材的编写，要考虑与相邻学段思想政治课程与教材的关系，在目标定位、内容选择、活动设计等方面，既坚持整体方向的一致性，又注意不同学段的层次性，体现出不同学段相互衔接、螺旋上升的关系。

从横向联系来说，也要特别关注两方面的联系。一是学科内容选择、活动设计与学生学科核心素养培育之间的关系。以学科核心素养为纲，是思想政治课程改革的新导向和新亮点，思想政治课程内容综合性很强、涉及面很广，思想政治学科活动设计也形式多样、丰富多彩，教材编写中究竟选择哪些内容、设计什么样的活动，要以学生学科核心素养的培育为基本标准进行确定，重点考虑对学生学科核心素养的培育有没有价值、有多大价值。二是国内教材建设与国际相关经验之间的关系。根据博采众长、为我所用的原则，在坚守本色、保持特色的同时，吸收、借鉴国际教材建设的经验，通过国际相关教材的比较研究，从中寻找对我们有借鉴意义的资源和方式。

### 5.1.3 教材的编写思路

从总体上说，高中思想政治课教材的编写坚持以马克思列宁主义、毛泽东思想、邓小平理论、“三个代表”重要思想、科学发展观、习近平新时代中国特色社会主义思想为指导，全面贯彻党的教育方针，突出思想政治课程在落实立德树人根本任务中的关键作用，有机融入社会主义核心价值观，充分体现马克思主义中国化最新成果，紧密结合中国特色社会主义伟大实践，引导学生爱党爱国爱社会主义，坚定中国特色社会主义道路自信、理论自信、制度自信、文化自信，形成正确的世界观、人生观、价值观。

具体来说，在编写思路上特别强调以下三点：

第一，在教材的主线上，坚持以习近平新时代中国特色社会主义思想铸魂育人。习近平新时代中国特色社会主义思想是马克思主义中国化的最新成果，是党和人民实践经验和集体智慧的结晶，是中国特色社会主义理论体系的重要组成部分，是全党全国人民为实现中华民族伟大复兴而奋斗的行动指南。教材的编写立足历史视角、国际视野，从理论和实践两个维度，坚持政治性和学理性相统一、价值性和知识性相统一，从经济、政治、法治、文化、民族、宗教、社会、生态文明、国家安全、国防和军队、外交、党的建设等方面系统讲述习近平新时代中国特色社会主义思想，引导学生深入理解习近平新时代中国特色社会主义思想的核心要义和精神实质，深刻认识中国共产党为什么能、马克思主义为什么行、中国特色社会主义为什么好。

第二，在教材结构上，坚持整体构建、分块安排课程内容。高中思想政治课程标准既对课程结构进行了总体设计，也对课程内容提出了明确要求。教材编写遵循课程标准的结构设计和内容要求，整体构建教材结构，分块安排课程内容。必修课程的教材以发展中国特色社会主义为主线，采取总分方式进行设计和编写。《中国特色社会主义》是总览和基础，让学生对中国特色社会主义的形成和发展有总体了解，明确为什么要坚持和发展中国特色社会主义；《经济与社会》《政治与法治》《哲学与文化》分领域进行深入阐释，让学生具体理解如何坚持和发展中国特色社会主义。选修课程的教材各册相对独立，内容相对集中。《当代国际政治与经济》重在培养学生用全球视野认识人类社会发展大势，拓展学生的国际视野；《法律与生活》重在培养学生用法律手段处理日常生活中的问题，增强法治意识；《逻辑与思维》重在培养学生用科学思维探索认识世界，掌握马克思主义的方法论。

第三，在呈现方式上，力求增强教材的针对性和可读性。一方面，教材编写坚持理论性和实践性相统一，兼顾学科逻辑和生活逻辑。以学科逻辑为基础，注重学科知识的系统性；同时，兼顾学生的身心特点和认知规律，注重学生的已有基础和生活经验，选取与学生生活相关的案例和材料分析和论证学科道理，便于学生结合实践理解理论问题、利用理论解决实际困惑，将爱国情、强国志、报国行有机统一起来。另一方面，教材编写力求体现教学方式的转变和学生主体的意识，通过活动与正文相互嵌套、问题情境创设、综合探究活动设计等，给教学留下空间，包括思维和想象的空间、探究和创造的空间、实践和求证的空间、知识与技能迁移的空间、思想和行为升华的空间等，激发学生学习兴趣，促进学生合作学习、探究学习，培养学生的创新精神和实践能力。

### 5.1.4　教材的编写体例

高中思想政治必修课程教材和选择性必修课程教材在编写体例上虽然各有特色，但总的来看大同小异。除了必修 1《中国特色社会主义》没有设置“单元”这一层次以外，其他各册教材均是按照单元、课、框、目等几个层次展开。

1. 单元

单元是教材内容展开的第一层次，展现的是以主题为单位的内容要求，每一单元由单元导语、若干课、综合探究等构成。

“单元导语”主要是引入话题，提示单元的主要内容、学生进行单元内容学习的意义。每个模块教材各单元的导语连排，可以构成整个教材的内容提要。我们可以通过以下两个单元导语，分析和感受单元导语的基本构成及其作用。

## 案例 5-1

**例 1** 必修 2《经济与社会》第一单元导语

实行什么样的经济制度，决定着一个国家的性质和发展方向，同人民的命运密切相关。公有制为主体、多种所有制经济共同发展是我国社会主义初级阶段的基本经济制度。为什么要坚持这一基本经济制度？如何巩固和发展公有制经济，鼓励、支持、引导非公有制经济发展？我国实行社会主义市场经济体制。这一经济体制有哪些基本特征？为什么要使市场在资源配置中起决定性作用，更好发挥政府作用？如何构建市场机制有效、微观主体有活力、宏观调控有度的经济体制？探究这些问题，有助于我们增强中国特色社会主义道路自信、理论自信、制度自信、文化自信，树立中国特色社会主义共同理想，提升参与新时代中国特色社会主义建设的自觉性和能力。

**例 2** 必修 4《哲学与文化》第一单元导语

世界的本原是什么？我们应该如何看待世界？人的生命的意义和价值是什么？不同时代的哲学家对这些问题有不同的回答。哲学是人们通过对一系列关乎宇宙和人生的一般本质和普遍规律问题的思考而形成的一门科学。马克思主义哲学是辩证唯物主义和历史唯物主义，是科学的世界观和方法论，是美好生活的向导。学习马克思主义哲学，可以帮助我们树立正确的世界观、人生观、价值观，使我们在探索世界、追求真理的过程中形成科学精神。学好哲学，终身受用。

◆比较上述两段单元导语，分析它们之间的共同点和区别。

◆结合上述单元导语，分析单元导语的作用。

“综合探究”是体现思想政治课思想性、综合性、实践性和开放性的有效方式。高中思想政治各模块教材均设置了“综合探究”。必修 1《中国特色社会主义》在教材最后设置了两个“综合探究”，其他各模块教材在每个单元后面设置了一个“综合探究”。

“综合探究”的形式多种多样，但都是通过创设丰富多样的情境，让学生围绕议题，综合运用相关学科知识和技能，分析和解决情境中展现的问题，巩固拓展单元教学的基本结论。在具体结构上，各模块教材对“综合探究”的设计虽然不完全相同，但基本一致，都由探究活动标题、探究活动目标、探究活动建议、探究路径参考、结语（理论评析）等部分构成。

“探究活动标题”是对综合探究活动主题的概括，能一目了然地反映出活动内容的实质。

“探究活动目标”是试图通过组织实施探究活动所要达到的预期结果和标准，是学生通过探究活动要达到的目标，也是衡量和评价探究活动成效的依据。“探究活动目标”都基于学科知识，指向学科核心素养，突出政治导向和价值引领，准确清晰，具体明确。

“探究活动建议”主要为综合探究活动的组织实施提出建议，每一个综合探究中都提出了若干条活动建议。探究活动建议体现出对议题式教学的积极倡导，每一条建议都围绕一个议题展开，内含着议题、活动、目标三方面的基本要素，呈现出以什么为议题、通过什么样的活动、达成什么样的目标这种议题式教学的基本思路。

“探究路径参考”主要是针对综合探究中具体探究活动的组织实施提供可选择、供参照的思路，每一个综合探究中都提出了若干可供参考的探究路径。每一条探究路径都围绕一个点展开，首先提供若干相关的背景材料，然后提出几个需要探究的问题，要求学生运用学科知识、结合材料进行分析探讨，完成探究任务。

在每一个“综合探究”的最后，教材还设计了一个总结性的部分。有的教材称之为“结语”，如《中国特色社会主义》《政治与法治》；有的称之为“理论评析”，如《经济与社会》《哲学与文化》。不论名称如何确定，都是综合探究活动的落脚点，体现的是综合探究活动的回归所在。一般来看，综合探究最后的总结性部分基本围绕以下几方面内容和要求展开：一是知识整理，将探究活动中积累的经验、领悟的知识加以系统化、理论化的总结与概括，形成系统的知识体系；二是情感升华，着力于学生情感态度价值观方面的培养和提升，让学生有强烈的情感体验，得到情感上的满足、思想上的提升；三是价值引领，着力于引导学生在探究活动的基础上，以马克思主义理论为指导，作出正确的价值判断和行为选择，在人生道路上把握正确的政治方向；四是行为要求，基于探究活动对学生提出具体的践行性要求，引导学生理论与实践的有机结合，学以致用，知以导行。

**案例 5-2**

**综合探究“回看走过的路 比较别人的路 远眺前行的路”**

一、探究活动目标

· 认识和比较各种社会形态，了解人类社会发展的进程，阐明人类社会发展的一般规律，理解人类社会发展的历史进程取决于社会基本矛盾的运动。

· 了解世界各地历史发展的不同轨迹，阐明人类社会发展历史进程的统一性和多样性，明确类社会发展的一般进程是由各国、各地区、各民族历史的多样性反映出来的。

· 梳理近代中国探索复兴之路的历程，理解走社会主义道路是近代中国历史发展的必然，阐明中国特色社会主义是根植于中国大地、反映中国人民意愿、适应中国和时代发展进步要求的科学社会主义。

二、探究活动建议

· 以“如何理解人类社会发展的一般进程”为议题，探究人类社会发展的基本规律和趋势，明确科学社会主义的科学性。

可通过网络或实地参观博物馆等，搜集并展示人类社会发展不同阶段生产工具的资料，比较不同阶段的生产力发展水平。可借助绘图、表演等方式，展示不同社会形态的一些标志性场景，理解不同社会形态的特征。

可列举人类社会历史实例，反映不同社会形态的更替，证实生产关系是否适应生产力发展是衡量社会进步与否的标准。例如，搜集资料并讨论“为什么存在剥削的奴隶社会代替原始社会是历史的进步”；通过报纸、网络等渠道了解当代资本主义世界面临的挑战，评析资本主义基本矛盾的表现，明确社会主义终将代替资本主义的历史趋势。

可朗读、摘抄马克思主义经典著作，如《资本论》《共产党宣言》《社会主义从空想到科学的发展》等，采用绘制图示的方式，阐释生产力与生产关系、经济基础与上层建筑相互作用的原理，揭示生产力与生产关系的矛盾运动是社会发展的根本动力。

· 以“如何看待世界各地历史发展的不同轨迹”为议题，探究人类社会历史进程的统一性和多样性。

……

·以“如何看待中国特色社会主义的科学真理性和历史必然性”为议题，探究中国特色社会主义是科学社会主义理论逻辑和中国社会发展历史逻辑的辩证统一。

……

三、探究路径参考

**探究一 如何理解人类社会发展的一般进程**

马克思在《〈政治经济学批判〉序言》中指出：“无论哪一种社会形态，在它所能容纳的全部生产力发挥出来之前，是绝不会灭亡的；而新的更高的生产关系，在它存在的物质条件在旧社会的胞胎里成熟以前，是绝不会出现的。所以人类始终只提出自己能够解决的任务，因为只要仔细考察就可以发现，任务本身，只有在解决它的物质条件已经存在或者至少是在生成过程中的时候，才会产生……在资产阶级社会的胎胞里发展的生产力，同时又创造着解决这种对抗的物质条件。因此，人类社会的史前时期就以这种社会形态而告终。”

邓小平指出：“封建社会代替奴隶社会，资本主义代替封建主义，社会主义经历一个长过程发展后必然代替资本主义。这是社会历史不可逆转的总趋势，但道路是曲折的。”

◎查阅文献，搜集素材，通过绘画、表演等方式再现原始社会、奴隶社会、封建社会、资本主义社会生产活动的场景，比较这些场景，交流各自的感受。

◎结合材料，运用社会基本矛盾运动的原理，说明社会形态更替的一般进程。

**探究二 如何看待世界各地历史发展的不同轨迹**

……

**探究三 如何看待中国特色社会主义的科学真理性和历史必然性**

……

四、结语

综观人类社会发展的进程和趋势，生产力是最活跃、最革命的因素，总是处在不断进步的变化中，是社会发展的最终决定力量。有什么样的生产力，就要求有什么样的生产关系与之相适应；生产力发展了，生产关系就要相应地发生变化。生产关系的总和构成了社会的经济基础。建立在经济基础之上的政治、法律、哲学、艺术、宗教以及与之相应的政治法律机构、制度等，构成了社会的上层建筑。生产力与生产关系、经济基础与上层建筑相互作用、相互影响，构成了社会基本矛盾。生产关系一定要适应生产力的状况、上层建筑一定要适应经济基础的状况，这一规律决定着社会形态的依次形成和更替，推动着人类社会向前发展。

一种社会形态代替另一种社会形态，究竟是历史的进步还是倒退，判断的主要标准，是看生产关系是否适应生产力的发展要求，是否适应人类社会发展的总趋势。同时，受到地理环境、文化传统、外部影响等因素的影响，各国、各地区、各民族的发展道路有着不同的表现，人类社会发展的一般进程是由各国、各地区、各民族历史的多样性反映出来的。

2018年，习近平在学习贯彻党的十九大精神研讨班开班式上的讲话中指出，中国特色社会主义不是从天上掉下来的而是在改革开放40年的伟大实践中得来的，是在中华人民共和国成立近70年的持续探索中得来的，是在我们党领导人民进行伟大社会革命97年的实践中得来的，是在近代以来中华民族由衰到盛170多年的历史进程中得来的，是对中华文明5000多年的传承发展中得来的，是党和人民历经千辛万苦、付出各种代价取得的宝贵成果。得到这个成果极不容易。

我们要把命运掌握在自己手里，就要有志不改、道不变的坚定。在中国这样一个有着五千多年文明史、十四亿多人口的大国推进改革发展，没有可以奉为金科玉律的教科书，也没有可以对中国人民颐指气使的教师爷。鲁迅说过“什么是路？就是从没路的地方践踏出来的，从只有荆棘的地方开辟出来的。”中国特色社会主义道路是当代中国大踏步赶上时代、引领时代发展的康庄大道，必须毫不动摇走下去。

2. 课

课是教材内容展开的第二层次，展现的是以专题为单位的内容要求，每一课由课导语、若干框等组成。

课导语的形式多种多样，但主要涉及到三方面内容或功能：一是引入课题，二是提示或概述本课的内容，三是说明学生学习本课内容的意义。同样，把各课导言连排，也会体现全书内容的概述。

一般说来，课的“导言”具有这样几个特点：一是源于学生生活，切合学生的心理体验和认知发展特点，加强了课本与学生生活的联系，学生感到可亲可信；二是体现了参与性，有利于激发学生的参与意识；三是与教学内容密切关联，有利于联系有关教学知识，激发学生的学习兴趣。

我们可以通过以下两个课导语，分析和感受课导语的基本构成及其作用。

**案例 5-3**

**例 1**　必修 1《中国特色社会主义》第一课导语

从根本上讲，我们坚信科学社会主义，是因为这有助于我们弄清楚我们从哪儿来，我们现在在哪儿，我们将往哪儿去，人类社会发展的总趋势是什么。阶级和国家是怎样产生的？原始社会、奴隶社会、封建社会和资本主义社会是如何形成和发展的？为什么说资本主义必然灭亡、社会主义必然胜利？通过学习本课，我们将深化对人类社会发展规律的认识，坚定社会主义必胜的信念。

**例 2**　必修 3《政治与法治》第一课导语

近代以来，在中国人民反抗压迫、抵御侵略的斗争中，无数仁人志士前赴后继，进行了各种各样的尝试，但终究未能改变旧中国半殖民地半封建的社会性质和中国人民的悲惨命运。中国共产党一经成立，就团结带领人民进行艰苦卓绝的斗争，推进革命、建设、改革事业，使中国大踏步赶上时代。中国共产党领导是历史的选择、人民的选择。

◆比较上述两段导语，体会两本教材在每课导语设计上的不同特点。

◆比较单元导语和课的导语，分析它们在设计上的之间的共性和差别。

3. 框

框是教材展开的第三层次，展现的是专题教学的内容目标和教学要点，是量化教学内容的基本单位，一般每框大体按 1 课时内容进行安排。每一框由若干目组成，在每个目题下，包括正文和辅助文。

正文是对学科的基本概念、基本原理、基本观点、基本事实、基本结论等进行规范性阐述，构成教材的逻辑主干，承载着课程和教材的基本内容，也是教师教和学生学的主体内容；辅助文主要是穿插于正文中的各种栏目，对正文起补充、例示、说明、解释作用，使教材内容更加丰富多彩。

从栏目设计看，高中思想政治必修课程和选择性必修课程的教材都在正文中穿插设计了各种栏目，这些栏目和正文相互配合，形成一个整体，从不同角度展开内容。综合高中思想政治各模块教材，其中设计的典型栏目主要有探究与分享、相关链接、专家点评、名词点击、名人名言等。

“探究与分享”一般由背景材料和探究问题两部分构成，主要是引导学生积极思考、合作探究，运用正文中的学科知识和方法，分析解决情境问题。在具体设计上主要有两种情况：一种是安排在每个目题之下，结合这个目题所涵盖的内容，提供相关事例、数据、资料，提出具有指向性、引导性的问题，引导学生展开学习活动；另一种是穿插在正文之间，结合正文中的疑难问题引导学生阅读材料、深入思考、交流分享。

“相关链接”主要是提供与正文相关的事例、资料、数据等拓展性资料，意在进一步说明、阐释正文的观点，帮助学生开拓视野，扩展学生思考和理解的范围，培养学生的思维力和想象力。

“专家点评”主要是引用专家的有关论述，对正文中重要的理论观点和疑难问题进行阐释和拓展性的说明，引导学生对问题进行纵深思考，多方面、多角度理解教材。

“名词点击”主要是对正文中的关键概念给出规范性的解释，帮助学生加深理解。

“名人名言”主要是结合正文的相关理论和观点，引用名人的相关阐述，吸引学生的注意力，起到画龙点睛的作用。

此外，在部分教材中还设计了一些更体现各自特色的栏目。例如，必修 4《哲学与文化》教材设计了“阅读与思考”，主要是引导学生在阅读经典文本和情境材料中，展开思维活动，培养思维能力和品质；选择性必修 3《逻辑与思维》设计了“示例评析”，主要是针对教材内容中的难点和疑点，提供典型性、生活化的实例，引导学生在直观体验中学会观察和思考，进行判断和推理，达到知识迁移、举一反三的效果。

### 5.1.5 教材的典型特点

新编的高中思想政治教材，呼应党和国家对思想政治课程及教材建设提出的新要求，体现思想政治课程的特点和思想政治学科核心素养培育的需要，遵循思想政治教育规律和学生的认知规律，体现出多方面的典型特点。

1. 强化思想政治方向引领，体现鲜明的育人价值

落实立德树人的根本任务，对学生进行马克思主义基本观点教育，用习近平新时代中国特色社会主义思想铸魂育人，是思想政治课的核心价值所在。新编的高中思想政治教材以习近平新时代中国特色社会主义思想为主线，系统讲授习近平新时代中国特色社会主义思想的核心要义和精神实质，有机融入社会主义核心价值观的基本内容和要求，加强马克思主义理论教育、中国特色社会主义教育、中华优秀传统文化和革命传统教育、法治意识教育、国家安全教育等，引导学生增强中国特色社会主义道路自信、理论自信、制度自信、文化自信，厚植爱国主义情怀，把爱国情、强国志、报国行自觉融入坚持和发展中国特色社会主义事业、建成社会主义现代化强国、实现中华民族伟大复兴的奋斗之中，具有鲜明的政治引领性

和价值导向性，很好地回应了立什么德、树什么人的根本问题。

例如，教材突出中华优秀传统文化教育。中华传统文化源远流长、博大精深、绵延不断，是我们思想政治教育取之不尽、用之不竭的有效资源。教材注意以中华优秀传统文化资源为基础，引导学生从中汲取养分，促进政治认同，增强砥砺奋进的动力。例如，《哲学与文化》教材在阐述“用发展的观点看问题”时，通过两个“阅读与思考”栏目渗透中华传统文化教育。第一个“阅读与思考”栏目列出我国古代哲人留下的一些富有哲理的名言警句，包括“合抱之木，生于毫末；九层之台，起于垒土；千里之行，始于足下”“不积跬步，无以至千里；不积小流，无以成江海”“善不积，不足以成名；恶不积，不足以灭身”等，引导学生理解量变和质变的哲学道理，并懂得做任何事情都要从一点一滴的小事做起，脚踏实地，埋头苦干。第二个“阅读与思考”栏目列出几位我国古代的几句诗词，包括孟浩然的“人事有代谢，往来成古今”、刘禹锡的“沉舟侧畔千帆过，病树前头万木春”、刘斧的“长江后浪推前浪，浮事新人换旧人”等，引导学生明确辩证否定的哲学道理，懂得事物发展的前途是光明的，道路是曲折的，要对未来充满信心，热心支持和悉心保护新事物，不断克服前进道路上的困难，勇于面对挫折与考验。

再如，教材注重革命传统教育。例如，《中国特色社会主义》教材在讲到“只有社会主义才能救中国”时，以图片的形式呈现上海中共一大会址、浙江嘉兴南湖红船，以图文并茂的形式介绍毛泽东《中国社会各阶级的分析》《湖南农民运动考察报告》《星星之火，可以燎原》《新民主主义论》《论联合政府》《目前形势和我们的任务》等新民主主义革命理论的主要著作，引导学生讲红色故事，读红色经典，深刻理解只有中国共产党才能救中国的道理。

2. 贯彻党的教育方针，呼应党和国家对人才培养的新要求

构建德智体美劳全面培养的教育体系是我国教育一直以来的努力方向，培养德智体美劳全面发展的社会主义建设者和接班人是新时代我们党的教育方针。加强德育，要在加强品德修养上下功夫，教育引导学生培育和践行社会主义核心价值观，踏踏实实修好品德，成为有大爱大德大情怀的人；加强智育，要在增长知识见识上下功夫，教育引导学生珍惜学习时光，心无旁骛求知问学，增长见识，丰富学识，求真理、悟道理、明事理；加强体育，要树立健康第一的教育理念，帮助学生在体育锻炼中享受乐趣、增强体质、健全人格、锤炼意志；加强美育，要全面加强和改进学校美育，坚持以美育人、以文化人，提高学生审美和人文素养；加强劳育，要引导学生弘扬劳动精神，崇尚劳动，尊重劳动，懂得劳动最光荣、劳动最崇高、劳动最伟大、劳动最美丽的道理，长大后能够辛勤劳动、诚实劳动、创造性劳动。

新编的高中思想政治教材积极呼应党和国家对人才培养的新要求，全面贯彻新时代党的教育方针，注重“五育”并举。以劳动教育为例，教材结合学科内容的阐述，加强了劳动教育的渗透，突出了劳动教育的要求。例如，《经济与社会》结合“社会发展和社会进步”这一单元的内容，设计了“践行社会责任 促进社会进步”的综合探究，引导学生围绕“怎样弘扬劳动精神与投身创新创业”“如何推动家乡实现精准脱贫和共同富裕”等议题进行探讨，准确认识岗位劳动、创新发展的价值，弘扬劳动精神、劳模精神和工匠精神，养成尊重劳动、热爱劳动、艰苦奋斗、勇于创新的品质。再如，《法律与生活》第三单元“就业与创业”的单元导语中就强调：“劳动是财富的源泉，也是幸福的源泉。我们可以用劳动实现价值，用创业点燃理想，为自己和国家书写美好的明天。劳动既是公民的权利，也是公民的义务。”

3. 瞄准思想政治课程定位，凸显活动型学科课程特性

构建学科逻辑与实践逻辑、理论知识与生活关切相结合的活动型学科课程，是高中思想政治课程标准的明确要求，也是高中思想政治课程特点的典型体现。构建活动型学科课程，基本的思路就是“课程内容活动化”，即学科课程的内容采取思维活动和社会实践活动等方式呈现；或者说“活动设计内容化”，即学科内容的课程方式就是一系列活动及其结构化设计。

基于高中思想政治课程的这种特性和要求，高中思想政治教材从各个不同的方面进行了活动型学科课程构建的尝试，主要表现在以下几方面：

第一，着眼学科课程，突出学科内容。高中思想政治课在课程类型上仍然归属学科课程，这种学科课程归属决定了其本质的东西还是学科内容，而不是活动经验。教材编写基于这种课程类型的归属，强调学科知识的支撑和学理分析，引导学生具有以学科内容为基础的理念追求，提升学科观念、学科思维模式和结构化的学科知识与技能。

第二，着眼活动型课程，加强活动设计。高中思想政治课程具有突出的活动型特点，教材编写体现了活动型课程的要求，设计了教学功能不同的探究性活动序列。一方面，在教材的每一课每个框题均穿插有一定数量的“探究与分享”栏目，依托真实的生活情境设置各种真实的活动，让学生在思辨、辨析、探究、研讨中理解和运用学科知识、发展关键能力、养成正确态度。另一方面，在单元后面设置了“综合探究”板块，通过创设源于真实社会生活的典型情境，要求学生运用单元所学的知识，借助课堂内外的探究活动，引导学生开展活动探究，实现学科内容与活动设计的融合、课堂教学与社会实践活动的对接。穿插于每一课每一框的“探究与分享”活动侧重于课堂内进行，基本功能在于让学生理解和运用某一知识；单元后面的“综合探究”活动侧重于课堂外进行，或者说是以课堂外活动为主，主要功能在于知识的综合运用。

第三，着眼课程的实施方式，注重学生参与。教材是教学的基本材料，是课程实施的基本资源。教材的编写注意秉持“活动型课程”突出学生主体地位的理念，关注学生的已有经验和发展关切，尊重学生自主选择的权利和自行建构知识的过程。尤其是教材中对议题式教学的建议和倡导，能够有效地引导学生围绕议题开展探究活动，将课堂内的学习与课堂外的社会实践活动结合起来，为教学提供了更广阔的空间、更丰富的资源、更真实的情境，发展学生的自主学习能力，让学生获得正确的价值观、政治判断力及其社会参与能力。

4. 体现课程改革的追求，落实学科核心素养的培养

发展学生的核心素养，是当今教育的主旋律，也是当今课程与教学改革最核心的追求。中国学生发展核心素养是党的教育方针的具体化，是连接宏观教育理念、培养目标与具体教育教学实践的中间环节。通过核心素养这一桥梁，我们可以转化为课程教学实践可用的、易于理解的具体要求，从中观层面深入回答“立什么德、树什么人”的根本问题，引领课程改革实践。

近年来高中思想政治课程改革的最大变化，就是凝练了学科核心素养，并聚焦学生学科核心素养的培育，推进课程与教学改革的进程，包括重构课程结构、重组课程内容、明确内容要求、研制学业质量标准、提出考试评价建议和要求等，这在新修订的高中思想政治课程标准中得到了充分的体现。

思想政治学科的学科核心素养涉及到三个方面四个要素。三个方面，即正确的价值取

向、必备的品格、关键的学科能力；四个要素，即政治认同、科学精神、法治意识、公共参与。这些素养是党的教育方针在思想政治学科领域的具体化，是思想政治课程铸魂育人追求的核心目标。有了这些学科核心素养，我们就有了贯彻党的教育方针、落实立德树人根本任务的抓手和工具。但学科核心素养还必须借助具体的课程与教学进一步落实，学生学科核心素养的培育必须通过一定的学科知识与技能的训练才能形成。教材正是学科核心素养进一步落实的重要载体，是学生学科知识与技能训练的重要资源。新编的高中思想政治教材很好地适应了课程与教学改革的基本趋势，以学科核心素养为纲进行设计和编写，把学科核心素养培育的理念和要求贯彻到教材的目标、结构、内容等各个方面。

5. 遵循学生认知规律，提高教材的可读性和趣味性

新编高中思想政治教材坚持以学生为本，贴近学生学习、生活和思想实际，精选学习内容，既关注学生全面发展，又关注学生个性发展，着力培育学科核心素养，提升学生综合素质。例如，在革命传统教育方面，教材采取“春风化雨”的方式，讲述毛泽东、周恩来等革命领袖，李大钊等革命先烈，董存瑞等革命英雄；集中阐述革命文化，讲述中国共产党团结带领中国人民创造的红船精神、长征精神、延安精神等革命精神，引导学生坚定理想信念，厚植爱国主义情怀。

在教材内容呈现上，遵循学生的认知规律，采取由表及里、由浅入深、由具体到抽象的方式。就内容的呈现顺序而言，教材坚持先通过事实性内容的铺陈，再到“综合探究”中的感悟，归纳出最重要的理论观点；就内容的呈现方式而言，教材设置了单元导语、课导语、正文、穿插于正文中的各种栏目、综合探究等，这些板块相互配合，形成一个整体，从不同角度展开教材内容，形式上多种多样、生动活泼；就内容的具体展开而言，教材坚持正文与辅文、文字与图表相结合，并保持恰当的比例关系，既力求文字优美、简明、朴实、活泼，又配以精美的图片、表格、漫画等烘托主题，将重要的知识点尽可能以直观明了的形式展现出来，便于学生观赏、阅读、理解和把握。

## 5.2　思想政治必修课程教材的设计与编写

必修课程是培育全体学生学科核心素养的基本载体，是全体学生必须完成的学业。根据课程标准的设计，高中思想政治必修课程包括中国特色社会主义、经济与社会、政治与法治、哲学与文化四个课程模块。因此，高中思想政治必修课程的教材也由《中国特色社会主义》《经济与社会》《政治与法治》《哲学与文化》四册构成。

依照课程设计的系统安排，四册教材各有其特定的使命。《中国特色社会主义》教材采取历时性叙述、全领域覆盖的方式，基于科学社会主义基本原理，讲述为何开创和发展中国特色社会主义，重点在于明确中国特色社会主义的精神实质；《经济与社会》《政治与法治》《哲学与文化》教材采取共时性叙述、分领域展开的方式，基于习近平新时代中国特色社会主义思想，讲述如何坚持和发展中国特色社会主义，重点在于明确中国特色社会主义的丰富内涵。

### 5.2.1 《中国特色社会主义》教材

《中国特色社会主义》教材以马克思主义和习近平新时代中国特色社会主义思想为指导，通过回顾人类社会发展的历史进程，讲述人类社会发展规律、社会主义终将代替资本主义是

不可抗拒的历史趋势，阐明只有社会主义才能救中国、只有中国特色社会主义才能发展中国、只有坚持和发展中国特色社会主义才能实现中华民族伟大复兴的道理，引导学生树立中国特色社会主义道路自信、理论自信、制度自信、文化自信，坚定中国特色社会主义共同理想，树立共产主义远大理想。

在教材总体设计上，体现三种基本思路的结合。第一，基于从一般过程到具体特色的逻辑思路，阐述科学社会主义的真理性与中国特色社会主义的必然性。从一般过程到具体特色的逻辑思路，即从人类社会发展的一般过程到社会主义发展阶段、从社会主义基本理论到中国特色社会主义的特色思想的逻辑思路。第二，基于社会发展的三个源流，展开教材内容的逻辑线索。社会发展的三个源流，即人类社会发展历史的源流、世界社会主义发展历史的源流、中国社会发展历史的源流。第三，基于中国特色社会主义发展中三个伟大飞跃的时段，解析中国特色社会主义创立、发展和完善过程的逻辑顺序。中国特色社会主义发展中三个伟大飞跃的时段，即中华民族从站起来、富起来到强起来的时段。

在教材内容的具体展开方面，没有对照课程标准设计“单元”这个层次，而是并列安排了四课内容，其中第一课通过回顾人类社会发展史和世界社会主义发展史，阐释人类社会发展规律，阐释科学社会主义的真理性和基本原则；第二、三、四课基于近代以来中华民族探寻复兴之路的奋斗历程，按照中华民族从站起来、富起来、强起来三个时段的顺序展开，阐述为什么要坚持和发展中国特色社会主义。在编写体例上，教材按照课、框、目的层次展开，共设置四课、九框，最后安排了两个综合探究。教材的整体结构及其与课标点的对应关系如表 5-1 所示。

**表 5-1 《中国特色社会主义》教材的整体结构及其与课标点的对应关系**

| 课题 | 框题 | 与课标的对应点 |
|---|---|---|
| 社会主义从空想到科学、从理论到实践的发展 | 原始社会的解体和阶级社会的演进 | 1.1 描述不同社会形态的本质特征；解释人类社会发展的一般过程，阐明社会发展的历史进程取决于社会基本矛盾的运动。<br>1.2 分析资本主义社会的历史地位，概述社会主义从空想到科学、从理论到现实的历史轨迹，阐明人类社会发展的趋势。 |
| | 科学社会主义的理论与实践 | |
| 只有社会主义才能救中国 | 新民主主义革命的胜利 | 2.1 阐述新民主主义革命的性质和特点，理解新中国确立社会主义制度的历史必然性。<br>2.2 阐明中国特色社会主义道路、理论、制度、文化是党和人民长期奋斗、创造、积累的根本成就。 |
| | 社会主义制度在中国的确立 | |
| 只有中国特色社会主义才能发展中国 | 伟大的改革开放 | |
| | 中国特色社会主义的创立、发展和完善 | |
| 只有坚持和发展中国特色社会主义才能实现中华民族伟大复兴 | 中国特色社会主义进入新时代 | 2.3 论证中国特色社会主义是当代中国发展的根本方向，坚定坚持和发展中国特色社会主义的自信。<br>2.4 阐明中国特色社会主义进入新时代，我们比历史上任何时期都更接近、更有信心和能力实现中华民族伟大复兴的目标，明确把爱国情、强国志、报国行自觉融入坚持和发展中国特色社会主义事业、建成社会主义现代化强国、实现中华民族伟大复兴的奋斗之中。 |
| | 实现中华民族伟大复兴的中国梦 | |
| | 习近平新时代中国特色社会主义思想 | |
| 综合探究一　回看走过的路 比较别人的路 远眺前行的路 | | |
| 综合探究二　方向决定道路 道路决定命运 | | |

1. 第一课 社会主义从空想到科学、从理论到实践的发展

本课属于社会发展简史的内容，通过讲述从原始社会到奴隶社会、从封建社会到资本主义社会，最后到社会主义社会依次更替的发展历程，使学生了解人类社会发展规律，把握人类社会发展的总趋势，坚定社会主义必然战胜资本主义的信念。

本课包括两框。第一框“原始社会的解体和阶级社会的演进”，通过对社会发展的历史回顾，引导学生了解不同社会形态的本质特征，明确社会发展的历史进程取决于社会基本矛盾运动和人类社会发展的规律。第二框“科学社会主义的理论与实践”，通过对科学社会主义产生和发展的历史回顾，引导学生了解社会主义从空想到科学、从理论到实践、从一国实践到多国实践的发展历程，明确科学社会主义的真理性，坚信社会主义终将代替资本主义、共产主义一定能够实现。本课具体的内容结构如图 5-1 所示。

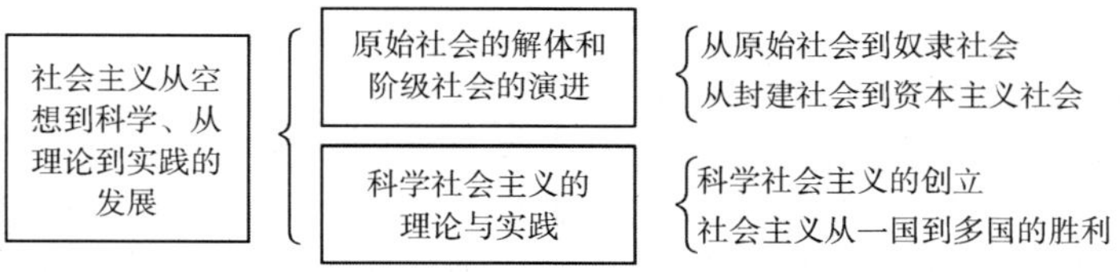


图 5-1 《中国特色社会主义》第一课内容结构图

2. 第二课 只有中国特色社会主义才能救中国

本课着眼于近代以来久经磨难的中华民族“站起来”的历史，阐述中国人民为什么选择马克思主义、选择中国共产党、选择社会主义，讲述新民主主义革命的胜利以及社会主义制度在中国的建立给国家、人民、中华民族带来的深刻变化，引导学生初步理解和感悟马克思主义为什么行、中国共产党为什么能、社会主义为什么好的道理，坚信只有社会主义才能救中国。

本课包括两框。第一框“新民主主义革命的胜利”，通过对近代中国探索复兴之路和新民主主义革命的历史回顾，引导学生了解新民主主义革命的性质和特点，理解中国建立社会主义制度的历史必然性，认识到中国革命的胜利是中国共产党把马克思主义基本原理同中国革命具体实践相结合，团结带领全国各族人民长期浴血奋斗的结果。第二框“社会主义制度在中国的确立”，通过对新中国成立后我国社会主义建设探索过程以及所带来的巨大变化的历史回顾，引导学生了解中华民族“站起来”的伟大飞跃，明确只有社会主义才能救中国的道理。本课具体的内容结构如图 5-2 所示。

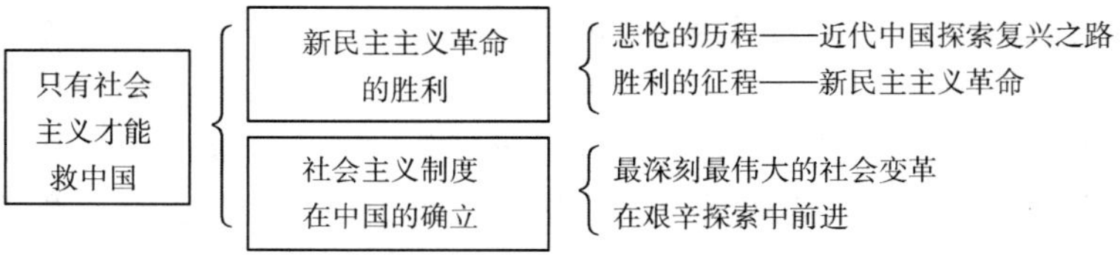


图 5-2 《中国特色社会主义》第二课内容结构图

3. 第三课 只有中国特色社会主义才能发展中国

本课着眼于我国改革开放使中华民族“富起来”的历史，讲述中国特色社会主义的形成和发展过程，阐述中国特色社会主义的丰富内涵，引导学生明确开创中国特色社会主义是党和人民长期奋斗、创造、积累的根本成就，懂得只有中国特色社会主义才能发展中国的道理。

本课包括两框。第一框“伟大的改革开放”，通过对我国改革开放进程的历史回顾，引导学生了解改革开放的重要意义，明确改革开放是坚持和发展中国特色社会主义的必由之路，也是实现“两个一百年”奋斗目标、实现中华民族伟大复兴的关键一招。第二框“中国特色社会主义的创立、发展和完善”，通过改革开放以来党的全部理论与实践探索过程的历史回顾，讲述中国特色社会主义的形成和发展过程，阐述中国特色社会主义道路、理论、制度、文化的基本内涵和特点，以及它们之间的相互关系，引导学生坚定中国特色社会主义道路自信、理论自信、制度自信、文化自信。本课具体的内容结构如图 5-3 所示。

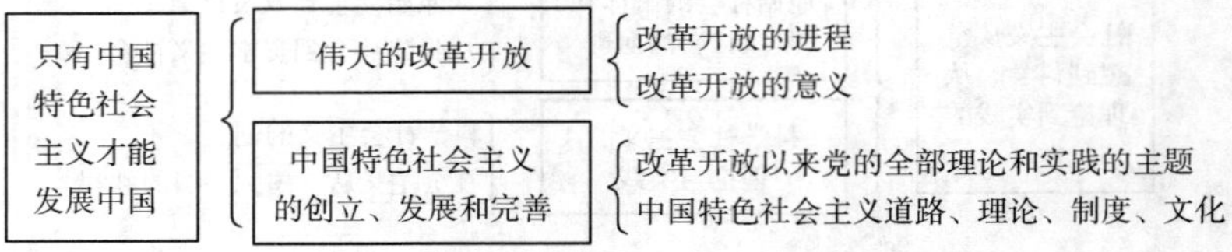


图 5-3 《中国特色社会主义》第三课内容结构图

4. 第四课 只有坚持和发展中国特色社会主义才能实现中华民族伟大复兴

本课着眼于中国特色社会主义进入新时代、中华民族迎来了从站起来富起来到强起来伟大飞跃的历史背景，集中阐述习近平新时代中国特色社会主义思想这一马克思主义中国化的最新成果，引导学生认识新时代、学习新思想、承担新使命，明确只有坚持和发展中国特色社会主义才能实现中华民族伟大复兴的道理，把爱国情、强国志、报国行自觉融入坚持和发展中国特色社会主义事业、建成社会主义现代化强国、实现中华民族伟大复兴的奋斗之中。

本课包括三框。第一框“中国特色社会主义进入新时代”，结合中国特色社会主义进入新时代的历史背景，讲述新时代的科学内涵、新时代我国社会的主要矛盾，引导学生明确我国仍然处于社会主义初级阶段，必须一以贯之地坚持和发展中国特色社会主义。第二框“实现中华民族伟大复兴的中国梦”，结合近代以来中华民族、中国人民持续奋斗的历史，讲述中国梦的本质，阐述新时代中国共产党的历史使命和新时代中国特色社会主义发展的战略安排，引导学生坚定中国特色社会主义理想信念，不负时代要求和历史使命，为实现中华民族伟大复兴的中国梦不懈奋斗。第三框“习近平新时代中国特色社会主义思想”，基于当今世界正经历百年未有之大变局的历史背景，以及新时代坚持和发展什么样的中国特色社会主义、怎样坚持和发展中国特色社会主义的重大时代课题，讲述习近平新时代中国特色社会主义思想是回答时代之问的科学理论，系统阐述习近平新时代中国特色社会主义思想的理论体系和核心内容，引导学生明确习近平新时代中国特色社会主义思想是马克思主义中国化的最新成果，是党和国家必须长期坚持的指导思想。本课具体的内容结构如图 5-4 所示。

5. 综合探究一 回看走过的路 比较别人的路 远眺前行的路

该综合探究回应“中国特色社会主义为什么行”的世纪之问，以“如何理解人类社会发展的一般进程”“如何看待世界各地历史发展的不同轨迹”“如何看待中国特色社会主义的科

- 只有坚持和发展中国特色社会主义才能实现中华民族伟大复兴
  - 中国特色社会主义进入新时代
    - 新时代的科学内涵
    - 新时代我国社会主要矛盾
    - 新时代坚持和发展中国特色社会主义要一以贯之
  - 实现中华民族伟大复兴的中国梦
    - 中国梦的本质是国家富强、民族振兴、人民富裕
    - 新时代中国共产党的历史使命
    - 分两步走建成社会主义现代化强国
  - 习近平新时代中国特色社会主义思想
    - 回答时代之问的科学理论
    - 具有开创意义的新理念新思想新战略
    - 党和国家必须长期坚持的指导思想

图 5-4 《中国特色社会主义》第四课内容结构图

学真理性和历史必然性”为议题，引导学生开展探究活动，总结和梳理本册教材的相关知识，进一步认识人类社会发展的基本规律和趋势、人类社会历史进程的统一性和多样性，明确中国特色社会主义是科学社会主义理论逻辑和中国社会发展历史逻辑的辩证统一，必须毫不动摇地走中国特色社会主义道路。

就科学社会主义理论逻辑而言：生产力是最活跃、最革命的因素，总是处在不断进步的变化中，是社会发展的最终决定力量。有什么样的生产力，就要求有什么样的生产关系与之相适应；生产力发展了，生产关系就要相应地发生变化。生产关系的总和构成了社会的经济基础。建立在经济基础之上的政治、法律、哲学、艺术、宗教以及与之相适应的政治法律机构、制度等，构成了社会的上层建筑。生产力与生产关系，经济基础与上层建筑相互作用、相互影响，构成社会基本矛盾。生产关系一定要适应生产力的状况、上层建筑一定要适合经济基础的状况，这一规律决定着社会形态的依次形成和更替，推动着人类社会向前发展。判断一种社会形态代替另一种社会形态究竟是历史的进步还是倒退的主要标准，是看生产关系是否适应生产力发展的要求，是否符合人类社会发展的总趋势。同时，受到地理环境、文化传统等因素的影响，各国、各地区、各民族的发展道路有着不同的表现。

就历史逻辑而言：中国特色社会主义不是从天上掉下来的，而是在改革开放四十多年的伟大实践中得来的，是在中华人民共和国成立近 70 年的持续探索中得来的，是在我们党领导人民进行伟大社会革命的实践中得来的，是在近代以来中华民族由衰到盛的历史进程中得来的，是在中华文明五千多年的传承发展中得来的，是党和人民历经千辛万苦、付出各种代价取得的宝贵成果。

6. 综合探究二 方向决定道路 道路决定命运

该综合探究回应“中国特色社会主义为什么能”的时代之问，以“中国为什么能”“坚定自信，实现中国梦”为议题，引导学生探究中华民族从站起来、富起来到强起来的奋斗历程，总结中国特色社会主义“四个自信”的理由，明确中国特色社会主义进入新时代在中华人民共和国发展史、中华民族发展史、世界社会主义发展史、人类社会发展史上都具有重大意义，积极承担实现中华民族伟大复兴中历史征程中的责任，坚定中国特色社会主义共同理想，树立共产主义远大理想。

该综合探究是整个《中国特色社会主义》教材的最终落脚点，也是教材逻辑框架和目标设置的点睛之处。通过该综合探究，让学生知道信仰、信念、信心的重要性，明确无论过

去、现在还是将来，对马克思主义的信仰、对中国特色社会主义的信念、对实现中华民族伟大复兴中国梦的信心，都是指引和支撑中国人民站起来、富起来、强起来的强大精神力量；引导学生坚定马克思主义信仰、中国特色社会主义信念、实现中华民族伟大复兴中国梦信心，增强建成富强民主文明和谐美丽的社会主义现代化强国、实现中华民族伟大复兴的中国梦的历史责任感和使命感。

### 5.2.2《经济与社会》教材

《经济与社会》教材依据习近平新时代中国特色社会主义经济思想的基本原理，讲述我国社会主义基本经济制度、社会主义市场经济体制的基本特征、指导我国经济社会发展的新思想新理念、收入公平分配与社会保障等方面内容，引导学生运用中国特色社会主义政治经济学的基本观点观察和分析社会经济现象，提升新时代参与社会主义建设的能力。

在教材总体设计上，体现出两种基本思路。一是基于帮助学生全面认识我国经济建设与社会建设的基本问题，静态观察与动态分析相结合。教材第一单元“经济制度与经济体制”主要讲述我国社会经济活动的基本制度环境与经济体制背景，偏重于静态观察；第二单元主要讲述在这种基本制度和经济体制背景下的社会经济活动，包括坚持新发展理念、建设现代化经济体系、完善收入分配和社会保障制度等，偏重于动态分析。二是基于中国特色社会主义政治经济学的核心内容，围绕“社会主义国家财富的生产”这个主题，重点讲述社会主义国家物质财富在什么样的背景下生产、怎样生产、为谁生产三方面的问题。通过讲述我国的基本经济制度和经济体制，明确我国的物质财富“在什么样的背景下生产”；通过讲述我国经济社会发展的新思想新理念，明确我国物质财富“怎样生产”；通过讲述个人收入分配与社会保障，明确我国物质财富“为谁生产”。

在教材的编写体例上，按照单元、课、框、目的层次展开，共设置两个单元，每个单元包括两课、四框，每个单元后面安排了一个综合探究。教材的整体结构及其与课标点的对应关系如表 5-2 所示。

**表 5-2 《经济与社会》教材整体结构及其与课标点的对应关系**

| 单元 | 课题 | 框题 | 与课标的对应点 |
|---|---|---|---|
| 基本经济制度与经济体制 | 我国的基本经济制度 | 公有制为主体 多种所有制经济共同发展 | 1.1 理解公有制为主体、多种所有制经济共同发展，按劳分配为主体、多种分配方式并存等社会主义基本经济制度，既体现了社会主义制度优越性，又同我国社会主义初级阶段社会生产力发展水平相适应，是党和人民的伟大创造。<br>1.2 了解各种所有制经济的地位与作用，阐释公有制经济与非公有制经济相互促进、共同发展，明确坚持毫不动摇巩固和发展公有制经济，毫不动摇鼓励、支持、引导非公有制经济发展。 |
| | | 坚持两个毫不动摇 | |
| | 我国的社会主义市场经济体制 | 使市场在资源配置中起决定性作用 | 1.1 理解社会主义市场经济体制，既体现了社会主义制度优越性，又同我国社会主义初级阶段社会生产力发展水平相适应，是党和人民的伟大创造。<br>1.3 阐述建设高标准市场体系的意义，辨析经济运行中政府与市场的关系，解析宏观调控的目标与手段。 |
| | | 更好发挥政府作用 | |
| | 综合探究 完善社会主义市场经济体制 | | |

续表

| 单元 | 课题 | 框题 | 与课标的对应点 |
| --- | --- | --- | --- |
| 经济发展与社会进步 | 我国的经济发展 | 坚持新发展理念 | 2.1 阐释以人民为中心的发展思想和创新、协调、绿色、开放、共享的新发展理念，解释经济发展方式的转变和供给侧结构性改革，评析经济发展中践行社会责任的实例。 |
| | | 建设现代化经济体系 | |
| | 我国的个人收入分配与社会保障 | 我国的个人收入分配 | 2.2 了解我国个人收入的方式与合法途径，解释个人收入分配政策的完善；评析实现共同富裕、促进社会公平正义的收入分配与社会保障政策，列举完善社会保障体系的措施。<br>2.3 阐明劳动对社会发展和进步的意义，弘扬劳动精神，树立崇尚劳动、热爱劳动的观念。 |
| | | 我国的社会保障 | |
| | 综合探究　践行社会责任 促进社会进步 | | |

1. 第一单元 基本经济制度与经济体制

随着商品经济的产生，生产、交换、分配、消费等成为社会基本的经济活动，但在不同的社会，这些经济活动的经济制度和经济体制背景不一样。本单元的“基本经济制度与经济体制”有着特定的、清晰的内涵和外延。这里所说的“基本经济制度”是指社会主义基本经济制度，“经济体制”是指社会主义市场经济体制。

在我国社会主义初级阶段，社会经济活动是在什么背景下进行的呢？本单元重点讲述中国特色社会主义经济建设中最基本的原理，引导学生了解我国社会经济活动的基本制度环境和经济体制背景，增强中国特色社会主义道路自信、理论自信、制度自信、文化自信，做好适应和参与社会经济生活的准备，提升参与新时代中国特色社会主义建设的自觉性和能力。

本单元教材包括两课、四框、一个综合探究。

第一课“我国的基本经济制度”，讲述我国公有制为主体、多种所有制经济共同发展的基本经济制度，以及对待公有制经济和非公有制经济的政策和态度，引导学生明确我们的经济活动是在什么样的基本经济制度背景下进行的，坚持和完善这一基本经济制度必须做到“两个毫不动摇”，即毫不动摇巩固和发展公有制经济，毫不动摇鼓励、支持、引导非公有制经济发展。

第二课“我国的社会主义市场经济体制”，讲述市场在资源配置中的决定性作用，以及我国社会主义市场经济体制的基本特征、政府的经济职能与宏观调控等问题，引导学生明确现代市场经济中的资源配置，离不开市场和政府这“两只手”的作用；完善社会主义市场经济体制，既要充分发挥市场在资源配置中的决定性作用，又要更好地发挥政府的宏观调控作用。

综合探究“完善社会主义市场经济体制”，围绕“如何使市场机制有效”“微观主体如何才能有活力”“宏观调控如何有度”等议题，引导学生梳理总结本单元的学科知识，进一步明确市场经济的一般规律，把握我国社会主义市场经济体制的内涵和特点，领会社会主义市场经济的优越性，增强中国特色社会主义的道路自信、理论自信、制度自信、文化自信。

本单元具体的内容结构如图 5-5 所示。

2. 第二单元 经济发展与社会进步

“经济发展与社会进步”包含的内容很多，涉及的范围很广。本单元教材依据习近平新时代中国特色社会主义经济思想的基本原理，重点讲述指导我国经济与社会建设的新思想新理念，以及经济与社会建设中的收入公平分配、社会保障与共同富裕等问题。同时，在经济

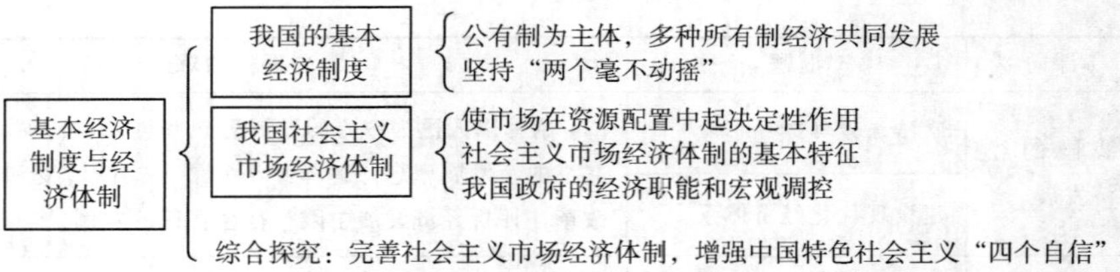


图 5-5 《经济与社会》第一单元内容结构图

发展与社会进步二者的关系上，本单元教材突出社会进步与发展，在阐述经济发展理论时，尽量凸显其与社会进步的关系，经济发展本身不是发展的终极目标，不是为了经济发展而发展，而是为了民生福祉而发展，经济发展是为了实现社会进步。

本单元教材包括两课、四框、一个综合探究。

第三课“我国的经济发展”，讲述我国基于社会发展新思想、新理念、现代化经济体系等。引导学生知道人民美好生活的满足和幸福感的增强，离不开经济的高质量发展；明确要推动经济高质量发展，必须坚持新发展理念，建设现代化经济体系。

第四课“我国的个人收入分配与社会保障”，讲述我国个人收入分配、社会保障等方面的制度等。引导学生明确要使人民有更多的更直接的更实在的获得感、幸福感、安全感，必须完善个人收入分配和社会保障。

综合探究“践行社会责任　促进社会进步”，围绕“怎样弘扬劳动精神与投身创新创业”“如何推动绿色生产和绿色消费”“如何推动家乡实现精准脱贫和共同富裕”等议题，通过合作探究，引导学生在梳理总结本单元的学科知识的基础上，树立劳动光荣、创造伟大的思想，增强人与自然和谐共生、绿色消费的理念，明确大力发展生产力、实现全体人民共同富裕的目标，积极承担社会责任，促进社会进步。

本单元具体的内容结构如图 5-6 所示。

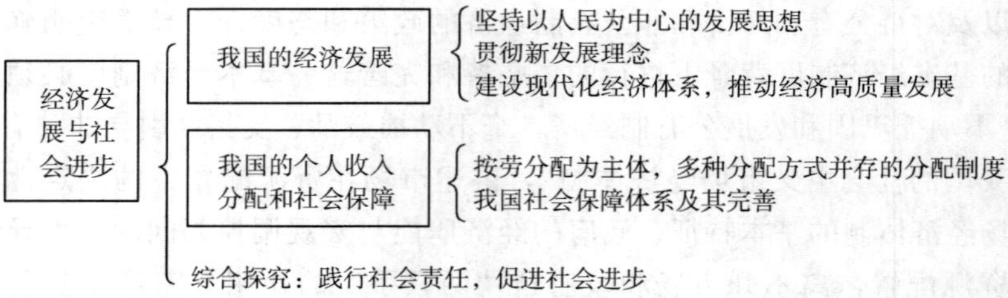


图 5-6 《经济与社会》第二单元内容结构图

### 5.2.3 《政治与法治》教材

《政治与法治》教材以习近平新时代中国特色社会主义思想为指导，集中讲述党的领导是人民当家作主和全面依法治国的根本保证，人民当家作主是社会主义民主政治的本质特征，全面依法治国是党领导人民治理国家的基本方略。使学生懂得走中国特色社会主义政治发展道路，关键是要坚持党的领导、人民当家作主、依法治国有机统一，引导学生坚定正确的政治立场，把握正确的政治方向，增强有序参与国家政治生活和社会公共生活的能力。

在教材的结构设计上，将坚持党的领导、人民当家作主、依法治国的有机统一作为全书的主线和落脚点，系统阐述新时代中国特色社会主义政治文明的丰富内容。教材共设置三个单元，每个单元设置三课，每一课设置两至四框，每一框设置两至三目，每个单元后面设置一个综合探究。教材整体结构及其与课标点的对应关系如表 5-3 所示。

**表 5-3 《政治与法治》教材整体结构及其与课标点的对应关系**

<table>
<tr><th>单元</th><th>课题</th><th>框题</th><th>与课标的对应点</th></tr>
<tr><td rowspan="7">中国共产党的领导</td><td rowspan="2">历史和人民的选择</td><td>中华人民共和国成立前各种政治力量</td><td rowspan="2">1.1 引述宪法序言，说明没有中国共产党就没有新中国，阐明中国共产党成为执政党的必然性。</td></tr>
<tr><td>中国共产党领导人民站起来、富起来、强起来</td></tr>
<tr><td rowspan="2">中国共产党的先进性</td><td>始终坚持以人民为中心</td><td rowspan="2">1.2 引述党章规定，明确党的性质、宗旨和指导思想。</td></tr>
<tr><td>始终走在时代前列</td></tr>
<tr><td rowspan="2">坚持和加强党的全面领导</td><td>坚持党的领导</td><td rowspan="2">1.3 理解坚持党对一切工作领导的意义，阐述中国共产党依宪执政、依法执政的道理、方式和表现</td></tr>
<tr><td>巩固党的执政地位</td></tr>
<tr><td colspan="3">综合探究　始终走在时代前列的中国共产党</td></tr>
<tr><td rowspan="8">人民当家作主</td><td rowspan="2">人民民主专政的社会主义国家</td><td>人民民主专政的本质：人民当家作主</td><td rowspan="2">2.1 列举宪法有关人民主体地位的规定，说明我国是人民民主专政的社会主义国家。</td></tr>
<tr><td>坚持人民民主专政</td></tr>
<tr><td rowspan="2">我国的根本政治制度</td><td>人民代表大会：我国的国家权力机关</td><td rowspan="2">2.1 说明人民代表大会制度是我国的根本政治制度。</td></tr>
<tr><td>人民代表大会制度：我国的根本政治制度</td></tr>
<tr><td rowspan="3">我国的基本政治制度</td><td>中国共产党领导的多党合作和政治协商制度</td><td rowspan="3">2.2 阐明中国共产党领导的多党合作和政治协商制度是具有中国特色的基本政治制度。<br>2.3 阐述民族区域自治制度是符合我国国情的基本政治制度，铸牢中华民族共同体意识；解释公民享有宗教信仰自由的含义。<br>2.4 领悟基层群众自治制度是我国人民依法直接行使民主权利的基本政治制度</td></tr>
<tr><td>民族区域自治制度</td></tr>
<tr><td>基层群众自治制度</td></tr>
<tr><td colspan="3">综合探究　在党的领导下实现人民当家作主</td></tr>
<tr><td rowspan="10">全面依法治国</td><td rowspan="2">治国理政的基本方式</td><td>我国法治建设的历程</td><td rowspan="2">3.1 简述我国法治建设的成就；明确全面推进依法治国的总目标是建设中国特色社会主义法治体系，建设社会主义法治国家。</td></tr>
<tr><td>全面依法治国的总目标与原则</td></tr>
<tr><td rowspan="3">法治中国建设</td><td>法治国家</td><td rowspan="3">3.3 列举事例，阐明建设法治国家、法治政府、法治社会的意义。</td></tr>
<tr><td>法治政府</td></tr>
<tr><td>法治社会</td></tr>
<tr><td rowspan="4">全面依法治国的基本要求</td><td>科学立法</td><td rowspan="4">3.2 搜集材料，阐述科学立法、严格执法、公正司法、全民守法的基本要求</td></tr>
<tr><td>严格执法</td></tr>
<tr><td>公正司法</td></tr>
<tr><td>全民守法</td></tr>
<tr><td colspan="3">综合探究　坚持党的领导、人民当家作主、依法治国有机统一</td></tr>
</table>

1. 第一单元 中国共产党的领导

中国共产党的诞生，是中国开天辟地的大事变，深刻改变了近代以来中华民族法治的方向和进程，深刻改变了中国人民的前途和命运。本单元讲述中国共产党的领导是历史和人民的选择，是由党的先进性决定的，使学生明确中国特色社会主义最本质的特征是中国共产党的领导，中国特色社会主义制度的最大优势是中国共产党的领导，中国共产党是中国特色社会主义事业的领导核心，必须坚定不移地坚持党对一切工作的领导。

本单元教材包括三课、六框、一个综合探究。

第一课“历史和人民的选择”，讲述近代以来中国共产党领导中国人民革命、建设和改革的奋斗历程。引导学生懂得没有共产党就没有新中国，没有共产党就没有中国人民从站起来、富起来到强起来的伟大飞跃，使学生深刻认识到中国共产党的领导是历史的选择、人民的选择、正确的选择。

第二课“中国共产党的先进性”，讲述中国共产党的性质、宗旨、执政理念、指导思想等。引导学生明确中国共产党是始终坚持以人民为中心、始终站在时代前列的具有先进性的政党，深刻认识到中国共产党的领导是由党的先进性决定的。

第三课“坚持和加强党的全面领导”，讲述党的领导是全面的、系统的、整体的，包括政治领导、思想领导、组织领导等；中国共产党加强自身建设，坚持全面从严治党，坚持科学执政、民主执政、依法执政。让学生懂得中国共产党是我国最高政治领导力量，中国共产党的领导是中国特色社会主义最本质的特征、是中国特色社会主义制度的最大优势；使学生深刻认识到在新时代，必须坚持和加强党的全面领导，进一步巩固党的执政地位。

综合探究“始终走在时代前列的中国共产党”，围绕“为什么中国共产党执政是历史和人民的选择”“怎样高扬永不褪色的旗帜”“如何理解依法执政”等议题，引导学生系统了解中国共产党带领人民革命、建设和改革的历程，深入探究中国共产党永远保持先进性、纯洁性的重要意义，探究党领导人民制定法律、在宪法和法律范围内活动的方式，进一步深化对于坚持党的领导的政治认同。

本单元具体的内容结构如图 5-7 所示。

2. 第二单元 人民当家作主

本单元围绕人民当家作主，系统讲述我国的政治制度。讲述我国是人民民主专政的社会主义国家，人民代表大会制度是我国的根本政治制度；阐明中国共产党领导的多党合作和政治协商制度是具有中国特色的基本政治制度、民族区域自治制度是符合我国国情的基本政治制度、基层群众自治制度是我国人民依法直接行使民主权利的基本政治制度。通过本单元内容，使学生懂得实现人民当家作主，是人民民主专政国家的本质要求；始终代表最广大人民的根本利益，保障人民当家作主，体现人民共同意志，维护人民合法权益，是我国国家制度和国家治理体系的本质属性，也是我国国家制度和国家治理体系有效运行、充满活力的根本所在；中国共产党领导中国人民建立并完善一系列政治制度、探索发展富有中国特色和优势的民主形式，使人民当家作主落实到制度安排上，显现于国家政治生活和社会生活的丰富实践中；推进国家治理体系和整理能力现代化，是新时期中国特色社会主义建设的必然要求和重要保障。

本单元教材包括三课、七框、一个综合探究。

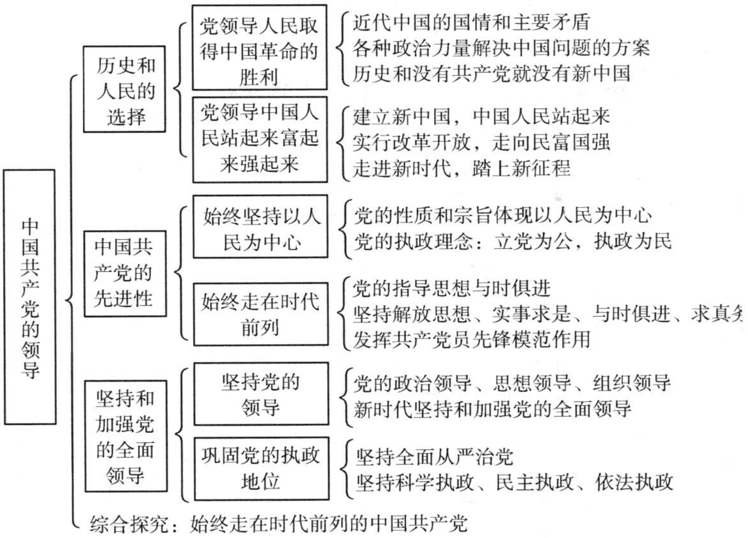


图 5-7《政治与法治》第一单元内容结构图

第四课“人民民主专政的社会主义国家”，主要讲述我国的国家性质和职能。使学生明确我国是人民民主专政的社会主义国家，人民民主专政是我国的国体；社会主义民主是一种新型的民主，是最广泛、最真实、最管用的民主；人民民主专政包括对广大人民实行民主和对少数敌人实行专政两个方面；我国国家的职能与人民民主专政的国体相适应，包括对内和对外两个方面，为社会主义现代化建设提供可靠保障；实行人民当家作主，是社会主义民主政治的本质特征。

第五课“我国的根本政治制度”，主要讲述我国的人民代表大会制度。使学生明确人民代表大会是我国的权力机关，人大代表是人民代表大会的组成人员，肩负人民的重托，参加行使国家权力；人民代表大会制度是我国的根本政治制度，是我国的政体，是与我国人民民主专政的国体相适应的政权组织形式，是坚持党的领导、人民当家作主、依法治国有机统一的制度安排，是中国特色社会主义政治制度优越性的重要体现；坚持和完善人民代表大会制度，是发展社会主义民主政治的重要内容。

第六课“我国的基本政治制度”，主要讲述中国共产党领导的多党合作和政治协商制度、民族区域自治制度、基层群众自治制度。使学生明确这些基本政治制度与我国根本政治制度相适应，是中国特色社会主义民主政治的重要组成部分，是中国特色社会主义政治制度优越性的重要体现。

综合探究“在党的领导下实现人民当家作主”，围绕“如何理解人大代表的作用”“我国各族人民如何和睦相处”“我们怎样当家作主”等议题，引导学生探究我国人民代表大会与其他国家机关的关系、我国政党制度的特色、我国民族政策及其意义、人民行使权力的内容和方式等，进一步理解中国特色社会主义政治制度的基本内容、鲜明特点和主要优势，深化对我们民主政治的认识，提高有序参与政治生活和社会生活的能力。

本单元具体的内容结构如图 5-8 所示。

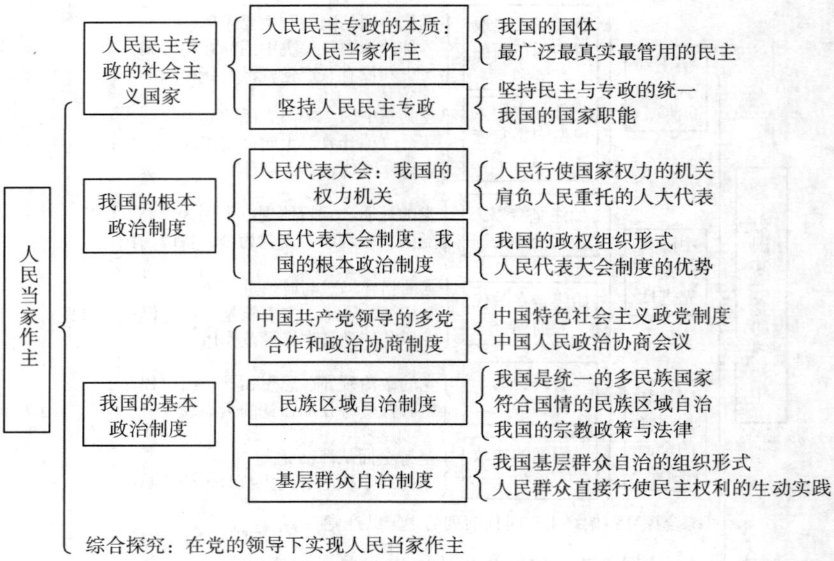

图 5-8《政治与法治》第二单元内容结构图

3. 第三单元 全面依法治国

党的领导、人民当家作主、依法治国是有机统一的。本单元集中讲述我国全面依法治国的基本方略。介绍我国法治建设的成就和全面推进依法治国的总目标；阐述科学立法、严格执法、公正司法、全民守法的基本要求；阐明建设法治中国、法治政府、法治社会的意义。通过本单元内容，使学生懂得法治是国家治理体系和治理能力的重要依托，是国家长治久安和繁荣发展的重要保障，是社会文明进步的重要标志，是以理性方式解决社会矛盾的最佳途径；明确在实现中华民族伟大复兴中国梦的历史进程中，必须全面推进依法治国，建设社会主义法治国家。

本单元教材包括三课、九框、一个综合探究。

第七课“治国理政的基本方式”，讲述马克思主义法律思想、我国法治建设的历程以及新中国法治建设的成就，说明我国全面依法治国的总目标和原则。引导学生认识到我国社会主义法律是工人阶级领导的广大人民群众根本利益和共同意志的体现，依法治国是我国治国理政的基本方式；推动我国社会经济持续健康发展，不断开拓中国特色社会主义事业更加广阔的发展前景，必须全面推进社会主义法治国家建设；要通过实行法治，保障人权，维护社会和谐，实现长治久安，推进国家治理体系和治理能力现代化。

第八课“法治中国建设”，系统讲述我国社会主义法治国家、法治政府、法治社会的建设，阐明法治国家、法治政府、法治社会建设的内涵、意义和基本要求。使学生认识到建设法治中国是一项系统工程，既需要党和国家的统筹和规划，更需要公民和全社会的参与和推动；明确法治国家是法治建设的目标，法治政府是法治建设的主体，法治社会是法治建设的基础；懂得全面推进依法治国，要坚持依法治国、依法执政、依法行政共同推进，坚持法治国家、法治政府、法治社会一体化建设。

第九课“全面依法治国的基本要求”，系统阐述科学立法、严格执法、公正司法、全民守法的内涵和要求。引导学生明确实现全面依法治国的目标，必须做到科学立法、严格执法、公正司法、全民守法；在推进法治中国建设的进程中，这四个方面密切联系，相辅相成，缺一不可。

综合探究“坚持党的领导、人民当家作主、依法治国的有机统一”，围绕“公民参与立法有什么意义”“如何增强政府的公信力和执行力”“为什么说公正司法是社会公正的最后防线”“法治如何让社会更美好”等议题，引导学生进行综合探究，理解依法治国是党领导人民治理国家的基本方式，体会党的领导、人民当家作主、依法治国的有机统一，增强法治意识，做社会主义法治的忠实崇尚者、自觉遵守者、坚定捍卫者。该综合探究是本单元的落脚点，也是《政治与法治》教材的落脚点，党的领导是人民当家作主和依法治国的根本保证，人民当家作主是社会主义民主政治的本质特征，依法治国是党领导人民治理国家的基本方式，三者统一于我国社会主义民主政治的伟大实践。

本单元具体的内容结构如图 5-9 所示。

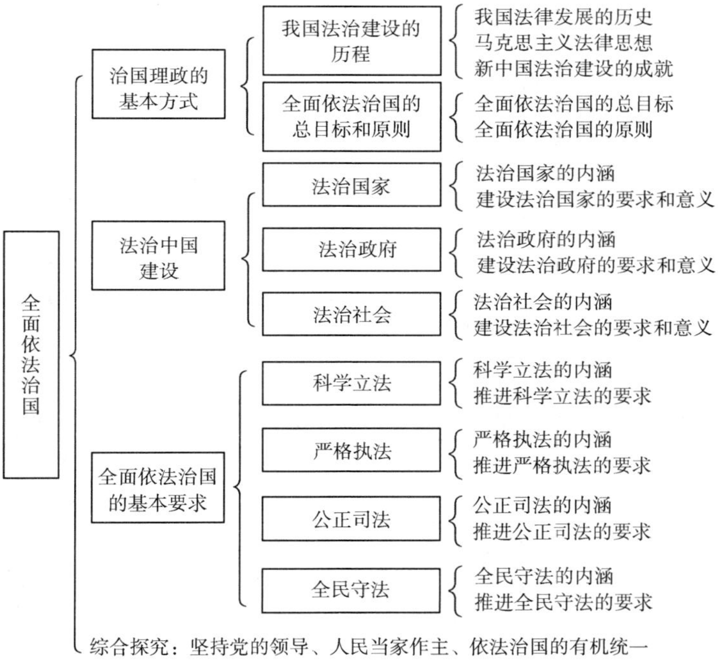


图 5-9 《政治与法治》第三单元内容结构图

### 5.2.4 《哲学与文化》教材

《哲学与文化》教材以马克思列宁主义、毛泽东思想、邓小平理论、“三个代表”重要思想、科学发展观、习近平新时代中国特色社会主义思想为指导，集中讲述马克思主义哲学与文化的基本内容。使学生懂得马克思主义哲学是科学的世界观和方法论，学会运用辩证唯物主义和历史唯物主义的基本观点与方法观察和分析社会生活、个人成长中的各种现象和问题，作出科学的价值判断和行为选择；继承中华优秀传统文化和革命文化，发展社会主义先进文化，尊重世界文化多样性，增强中国特色社会主义文化的自觉和自信；基本形成正确的世界观、人生观、价值观。

在教材的结构设计上，围绕着三个核心问题展开：如何正确看待自然、社会（人生）和思维、如何看待中国文化和世界文化、如何形成科学的世界观、人生观和价值观。每个核心问题包括若干大的问题，每个大的问题又涉及到若干小的问题，如此层层递进，大问题套小问题，整个教材形成一个“树”形的问题串。在教材的具体编写中，三个核心问题架构起教材的三个单元，每个单元设置三课，每课设置两至三框，每一框设置两至三目，每个单元后面设置一个综合探究。教材的整体结构及其与课标点的对应关系如表 5-4 所示。

**表 5-4 《哲学与文化》教材的整体结构及其与课标点的对应关系**

| 单元 | 课题 | 框题 | 与课标的对应点 |
|---|---|---|---|
| 探索世界与把握规律 | 时代精神的精华 | 追求智慧的学问 | 1.1 比较哲学思维与日常思维的异同；理解哲学是时代精神的精华，阐明马克思主义哲学是科学的世界观和方法论。 |
| | | 哲学的基本问题 | |
| | | 科学的世界观和方法论 | |
| | 探究世界的本质 | 世界的物质性 | 1.3 说明思维和存在的关系问题，阐释世界的统一性在于它的物质性；表达无神论立场；表明坚持一切从实际出发、实事求是的态度。 |
| | | 运动的规律性 | |
| | 把握世界的规律 | 世界是普遍联系的 | 1.4 描述世界是普遍联系、永恒运动的，领会全面地、发展地看问题的意义，学会运用矛盾分析法观察和处理问题。综合探究　坚持唯物辩证法　反对形而上学 |
| | | 世界是永恒发展的 | |
| | | 唯物辩证法的实质与核心 | |
| 认识社会与价值选择 | 探索认识的奥秘 | 人的认识从何而来 | 1.2 了解人的实践活动的特性和作用，理解社会生活的实践本质；阐明实践是认识的基础，是检验真理的唯一标准；阐述认识运动的辩证发展过程。 |
| | | 在实践中追求和发展真理 | |
| | 寻觅社会的真谛 | 社会历史的本质 | 2.1 领悟社会存在决定社会意识，理解价值观的形成与时代和环境密切相关；解析价值观差异与冲突产生的社会根源，能够进行合理的价值判断和行为选择。 |
| | | 社会历史的发展 | |
| | | 社会历史的主体 | |
| | 实现人生的价值 | 价值与价值观 | 2.2 理解价值观对人们行为的导向作用，探寻实现人生价值的条件和途径，践行社会主义核心价值观。综合探究　坚持历史唯物主义　反对历史虚无主义 |
| | | 价值判断与价值选择 | |
| | | 价值的创造和实现 | |
| 文化传承与文化创新 | 继承发展中华优秀传统文化 | 文化的内涵与功能 | 3.1 辩证地看待传统文化，领会对中华优秀传统文化进行创造性转化、创新性发展的重要意义，弘扬民族精神。 |
| | | 正确认识中华传统文化 | |
| | | 弘扬中华优秀传统文化与民族精神 | |
| | 学习借鉴外来文化的有益成果 | 文化的民族性与多样性 | 3.2 感悟世界文化的多样性，理解文化多样性的价值，明确文化交流互鉴的途径和意义。 |
| | | 文化交流与文化交融 | |
| | | 正确对待外来文化 | |
| | 发展中国特色社会主义文化 | 文化发展的必然选择 | 3.3 辨识各种文化现象，领悟优秀文化作品的影响力和感召力；展示中国特色社会主义文化自信。综合探究　坚持以马克思主义为指导 发展中国特色社会主义文化 |
| | | 文化发展的基本路径 | |
| | | 文化强国与文化自信 | |

1. 第一单元 探索世界与把握规律

我们生活的世界是怎样的？我们应该如何看待世界？本单元基于这样的问题，讲述哲学是人们通过对一系列关乎宇宙和人生的一般本质和普遍规律问题进行思考而形成的一门科学，马克思主义哲学是辩证唯物主义和历史唯物主义；阐释世界的物质统一性和物质运动的规律性、世界的普遍联系和永恒发展等。通过本单元内容，使学生了解哲学的功能；充分认识到马克思主义哲学是科学的世界观和方法论，想问题办事情要坚持一切从实际出发、实事求是；注意运用全面的、发展的观点看问题，学会运用矛盾分析法观察和处理问题。

本单元教材包括三课、八框、一个综合探究。

第一课“时代精神的精华”，作为《哲学与文化》教材的开篇，从生活实际入手，从整体上介绍哲学和马克思主义哲学的一般知识。讲述哲学是系统化理论化的世界观，是对自然、社会和思维知识的概括和总结；哲学的基本问题是思维和存在的关系问题，唯物主义和唯心主义是哲学史上对立和斗争的两大基本派别；马克思主义哲学是无产阶级的科学世界观和方法论，毛泽东思想、邓小平理论、“三个代表”重要思想、科学发展观、习近平新时代中国特色社会主义思想是马克思主义中国化的重大理论成果。引导学生认识到哲学与生活密切相关，学习马克思主义哲学，有利于形成科学的世界观、人生观、价值观，有利于在探索世界、追求真理的过程中形成科学精神。

第二课“探究世界的本质”，分析我们周围的世界是怎样的，讲述辩证唯物主义关于世界的统一性在于它的物质性、物质运动具有规律性的基本原理，阐释物质、意识、运动、规律等的基本内涵，以及物质与意识、物质与运动、尊重客观规律与发挥主观能动性之间的关系。引导学生正确认识我们生活的世界，坚定唯物主义和无神论立场，在探讨客观世界中坚持一切从实际出发、实事求是的态度，把发挥主观能动性和尊重客观规律结合起来。

第三课“把握世界的规律”，在第二课的基础上进一步讲述世界是怎样的、世界以怎样的状态存在和发展、发展的动力和源泉是什么、发展的方向和道路是什么等。阐述世界是普遍联系和永恒发展的，联系的观点和发展的观点的唯物辩证法的总特征，事物的联系具有普遍性、客观性、多样性，事物发展的实质是新事物的产生和旧事物的灭亡、发展的形式或状态是量变和质变、发展的方向是前进和上升的、发展的道路是曲折和迂回的；阐明矛盾的观点是唯物辩证法的根本观点，对立统一规律是唯物辩证法的实质和核心，矛盾双方的对立统一推动事物的运动、变化和发展，构成事物发展的源泉和动力，矛盾的普遍性和特殊性的关系问题是关于事物矛盾问题的精髓。通过这些内容，引导学生学会用联系、发展、全面的观点看问题，反对用静止、孤立、片面的观点看问题；学会用对立统一的观点看问题，坚持具体问题具体分析。

综合探究“坚持唯物辩证法　反对形而上学”，分几个主题设计探究活动，引导学生通过小组合作探究，深刻认识到辩证法和形而上学是两种基本的发展观，辩证法主张用联系的、发展的、全面的观点看问题，形而上学用静止、孤立、片面的观点看问题；掌握唯物辩证法的基本观点，了解形而上学认识方法的局限，明确唯物辩证法和形而上学对立的焦点和根本分歧在于是否承认矛盾，是否承认矛盾是事物发展的源泉和动力；知道矛盾分析法是认识事物的根本方法，具体问题具体分析是马克思主义活的灵魂，是正确认识事物的基础和正确解决矛盾的关键。坚持唯物辩证法的联系、发展、全面的观点和对立统一规律，要求我们统筹推进经济建设、政治建设、文化建设、社会建设、生态文明建设“五位一体”总体布局，协同推进全面建成小康社会、全面深化改革、全面依法治国、全面从严治党“四个全面”战略布局。

本单元具体的内容结构如图 5-10 所示。

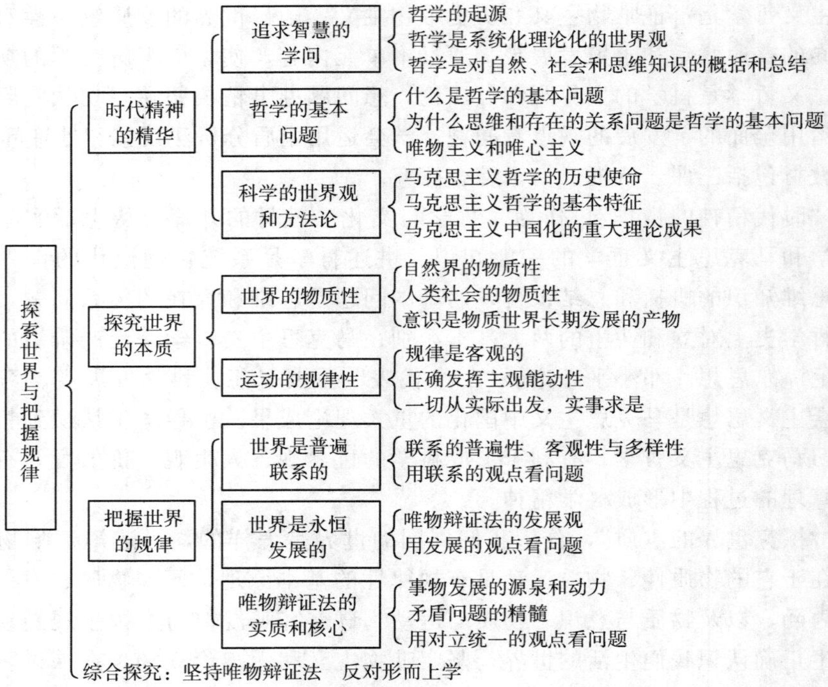


图 5-10《哲学与文化》第一单元内容结构图

2. 第二单元　认识社会与价值选择

寻觅社会发展的真谛和规律，探寻人类认识的奥秘，是实现人的自由全面发展的前提。本单元基于辩证唯物主义认识论和历史唯物主义的基本原理，讲述人的认识从何而来、社会历史的发展遵循什么规律、如何实现人生价值等问题。通过本单元内容，使学生理解社会生活的实践本质，把握认识运动的辩证发展过程；领悟社会存在决定社会意识的道理，正确分析和对待各种社会现象和问题，在生活中能够作出正确的价值判断和行为选择；理解价值观的导向作用，了解实现人生价值的条件和途径，积极践行社会主义核心价值观。

本单元教材包括三课、八框、一个综合探究。

第四课“探索认识的奥秘”，讲述辩证唯物主义关于感性认识与理性认识的关系、实践与认识的关系、真理的客观性与具体性和条件性、人类认识的反复性和无限性等。重点引导学生明确两方面的问题：一是明确实践活动的特性和作用，实践是人们改造客观世界的物质性活动，具有客观物质性、主观能动性和社会历史性；实践在人们探索世界、追求真理过程中具有决定作用，实践是认识的基础，要在实践中认识和发现真理，在实践中检验和发展真理。二是明确认识运动是一个发展的过程，具有反复性、无限性和上升性，是一个从实践到认识、从认识到实践循环往复的波浪式前进或螺旋式上升的过程。

第五课“寻觅社会的真谛”，集中讲述历史唯物主义关于社会生活的本质、社会存在与社会意识的关系、社会历史发展规律和总趋势、社会历史的主体等方面内容，使学生明确生产劳动是社会存在和发展的基础、社会基本矛盾是社会发展的根本动力、人民群众是历史创造者，从而坚定社会主义必然战胜资本主义、共产主义必然实现的信念，正确认识并坚定拥护党的群众观点和群众路线。

第六课“实现人生价值”，集中讲述人生价值及其评判标准、价值观及其导向作用、社会主义核心价值观及其培育和践行要求；阐明作出价值判断和价值选择的标准，那就是要遵循社会发展的客观规律、自觉站在最广大人民的立场上；阐述价值实现的正确途径，就是要在劳动中、在个人与社会的统一中、在砥砺自我中创造和实现人生价值；引导学生对照标准，不懈努力，树立正确的人生观和价值观。

综合探究“坚持历史唯物主义　反对历史虚无主义”，分几个主题设计探究活动，引导学生通过小组合作探究，进一步正确理解历史唯物主义的基本观点，特别是人民是历史的创造者的观点。通过综合探究，不仅明确生产方式是社会历史发展的决定力量，不是社会意识决定社会存在，而是社会存在决定社会意识，生产力与生产关系、经济基础与上层建筑的矛盾构成社会基本矛盾，是社会发展的根本动力；而且深刻认识到社会历史是人民群众活动的历史，人民群众是社会历史的主体。坚持历史唯物主义，要坚持群众观点和群众路线，辩证理解普通个人和历史人物的关系，科学、客观、实事求是地评价历史人物；坚持历史唯物主义，要充分认识历史虚无主义的本质和危害，旗帜鲜明地反对历史虚无主义。

本单元具体的内容结构如图 5-11 所示。

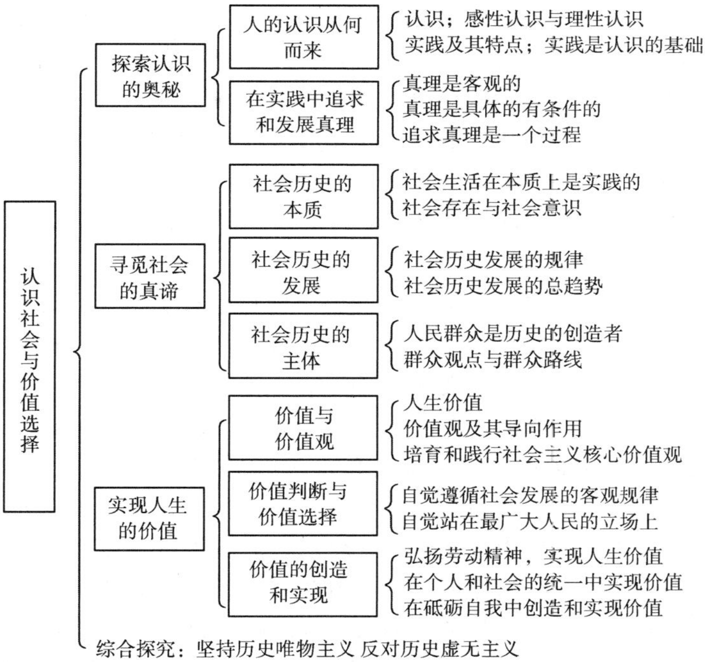


图 5-11《哲学与文化》第二单元内容结构图

3. 第三单元 文化传承与文化创新

文化是民族的血脉，是人民的精神家园，与每个人息息相关。不同的国家和民族有不同的文化，同一国家和民族在不同的时代也会有不同的文化。本单元围绕文化这一主题，集中讲述如何认识文化及其功能、如何认识中华传统文化、如何认识外来文化及其在中国的发展、如何正确运用中华优秀传统文化和国外优秀文化资源建设和发展当代中国文化等一系列问题，引导学生继承中华优秀传统文化和革命文化，发展社会主义先进文化，尊重世界文化的多样性，增强文化自信，促进文化发展。

本单元教材包括三课、九框、一个综合探究。

第七课“继承发展中华优秀传统文化”，在分析文化的内涵和功能的基础上，重点讲述中华优秀传统文化的主要内容、特点和当代价值，阐释中华优秀传统文化的创造性转化和创新性发展，阐述中华民族精神及其在不同时期的表现。引导学生正确认识和批判地继承中华传统文化，大力弘扬中华优秀传统文化和中华民族精神。

第八课“学习借鉴外来文化的有益成果”，在分析文化的民族性和多样性及其重要价值的基础上，重点讲述文化交流和文化交融对文化发展的重要意义、我们对待外来文化的正确态度等。引导学生懂得文化交流是文化发展的动力，文化交融推动文化的发展，面向世界、博采众长、立足国情、交流互鉴是中国特色社会主义文化发展的重要路径；尊重文化的多样性，正确对待外来文化，争做文化交流的友好使者和文化交融的有力促进者。

第九课“发展中国特色社会主义文化”，在分析我国革命文化和社会主义先进文化的基础上，重点讲述中国特色社会主义文化发展道路的历史必然性、文化发展的基本路径、建设文化强国和坚定文化自信的基本要求等。通过本课内容，使学生明确中国特色社会主义文化源自中华民族五千多年文明历史中所孕育的中华优秀传统文化，熔铸于党领导人民在革命、建设、改革中创造的革命文化和社会主义先进文化，植根于中国特色社会主义伟大实践；发展中国特色社会主义文化，必须坚持以马克思主义为指导，坚守中华文化立场，立足中国实际，结合当今时代条件，发展面向现代化、面向世界、面向未来的，民族的科学的大众的社会主义文化，建设文化强国，增强文化自信。

综合探究“坚持以马克思主义为指导　发展中国特色社会主义文化”，分几个主题设计探究活动，引导学生通过小组合作探究，进一步深刻认识到：发展中国特色社会主义，必须坚持以马克思主义为指导，坚守中华文化立场，立足当代中国实际，发展面向现代化、面向世界、面向未来的，民族的科学的大众的社会主义文化；必须坚定文化自信，正确对待中华传统文化和西方文化，牢牢把握社会主义文化前进方向，坚持为人民服务、为社会主义服务，坚持百花齐放、百家争鸣，坚持创造性转化、创新性发展，坚持面向世界、博采众长、立足国情、交流互鉴，不断铸就中华文化新辉煌；必须坚持和完善社会主义文化的制度，坚持马克思主义在意识形态领域的指导地位，巩固全体人民团结奋斗的共同思想基础，激发全民族文化创造活力，更好构筑中国精神、中国价值、中国力量；必须加强党对文化工作的领导，积极培育和践行社会主义核心价值观，加强全社会思想道德建设，繁荣发展社会主义文艺，推动文化事业和文化产业发展，为人民群众提供丰富的精神食粮。

本单元具体的内容结构如图 5-12 所示。

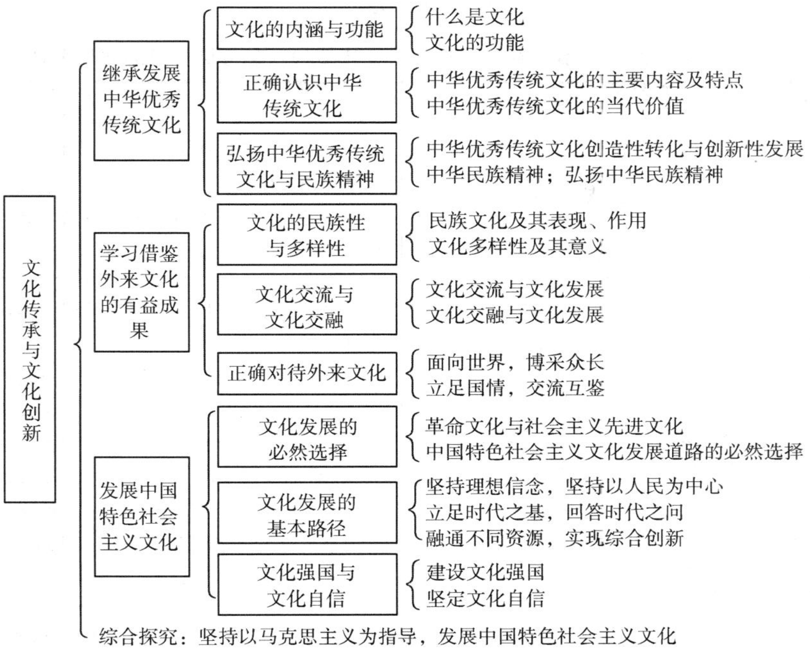


图 5-12 《哲学与文化》第三单元内容结构图

## 5.3　思想政治选择性必修课程教材的设计与编写

选择性必修课程是必修课程的延伸，满足学生多样化的学习兴趣和升学需要，是选择本课程作为学业水平等级性考试的学生应完成的学业。根据课程标准的设计，高中思想政治选择性必修课程包括当代国际政治与经济、法律与生活、逻辑与思维三个课程模块。因此，高中思想政治选择性必修课程的教材也由《当代国际政治与经济》《法律与生活》《逻辑与思维》三册构成。

### 5.3.1 《当代国际政治与经济》教材

《当代国际政治与经济》教材以习近平新时代中国特色社会主义思想为指导，根据课程标准的总体要求，围绕当今世界多极化与经济全球化趋势，解析不同的国家性质和国家形式，说明国际关系的主要影响因素和世界经济发展的基本特点，介绍国际组织的主要类型及其作用，引导学生在拓展国际视野的过程中，坚持总体国家安全观，坚定不移地走中国特色社会主义道路，积极贡献中国智慧和力量，推动构建人类命运共同体。

在整体结构上，教材按照单元、课、框、目的编排思路展开，共设置“各具特色的国家”“世界多极化”“经济全球化”“国际组织”四个单元。第一单元从理论上介绍参与国际政治与经济的主体，第二单元和第三单元分别从政治和经济两个维度讲述当今世界局势的舞台背景，第四单元介绍国家这个参与主体在世界多极化和经济全球化背景下进行的活动、世界性和区域性国际组织的产生和发展。这样，四个单元构成了动与静、抽象与具体、宏观与微观有机结合的立体知识体系，为学生展示了一幅全方位的当今国际政治与经济图景。教材的整体结构及其与课标点的对应关系如表5-5所示。

表5-5 《当代国际政治与经济》教材的整体结构及其与课标点的对应关系

| 单元 | 课题 | 框题 | 与课标的对应点 |
| --- | --- | --- | --- |
| 各具特色的国家 | 国体与政体 | 国家是什么<br>国家的政权组织形式<br>政党和利益集团 | 1.1 了解国体和政体的关系，揭示国家的本质，理解国家管理形式的多样性。<br>1.3 引用实例，比较不同国家的特点及其发展状况，阐明我国的总体国家安全观。 |
| | 国家的结构形式 | 主权统一与政权分层<br>单一制与复合制 | 1.2 解析国家的结构形式，理解维护国家统一、捍卫国家主权的意义。<br>1.3 引用实例，比较不同国家的特点及其发展状况，阐明我国的总体国家安全观。 |
| | 综合探究　国家安全与核心利益 | | |
| 世界多极化 | 多极化趋势 | 世界多极化的发展<br>国际关系 | 2.1 引用国家之间合作、竞争、冲突的实例，印证国家利益和国家实力是决定国际关系的主要因素。<br>2.2 引述有关资料，描述世界多极化趋势。 |
| | 和平与发展 | 时代的主题<br>挑战与应对 | 2.2 引述有关资料，全面阐述和平与发展是当今时代的主题。<br>2.3 阐明霸权主义、强权政治的危害，了解共商共建共享的全球治理观，理解国际关系民主化的意义。 |
| | 中国的外交 | 中国外交政策的形成与发展<br>构建人类命运共同体 | 2.2 解释我国独立自主的和平外交政策，阐述合作共赢的理念，认识构建人类命运共同体的意义。 |
| | 综合探究　贡献中国智慧 | | |
| 经济全球化 | 走进经济全球化 | 认识经济全球化<br>日益开放的世界经济 | 3.1 辨识国际经济中的比较优势，描述当代国际经济发展的基本特点和趋势。<br>3.2 分析经济全球化的机遇和挑战，坚持正确义利观，阐释推动建设开放型世界经济的意义。 |
| | 经济全球化与中国 | 开放是当代中国的鲜明标识<br>做全球发展的贡献者 | 3.3 引用实例，说明中国如何推动经济全球化朝着更加开放、包容、普惠、平衡、共赢的方向发展。 |
| | 综合探究　发展更高层次开放型经济　完善全球治理 | | |
| 国际组织 | 主要的国际组织 | 日益重要的国际组织<br>联合国<br>区域性国际组织 | 4.1 阐释联合国宪章倡导的国际关系基本准则，评析联合国在国际事务中发挥的作用；分析世界贸易组织、世界银行、国际货币基金组织在国际经济事务中发挥的作用。<br>4.2 识别主要的区域性国际组织，评价区域性国际组织在国际事务中发挥的作用。 |
| | 中国与国际组织 | 中国与联合国<br>中国与新兴国际组织 | 4.2 识别主要的区域性国际组织，评价区域性国际组织在国际事务中发挥的作用。 |
| | 综合探究　国际视野及国际人才 | | |

1. 第一单元 各具特色的国家

本单元根据现存国家的基本状况，围绕着国家是什么、国家是怎样分类的、国家的政权组织形式和结构形式有哪些等问题，讲述马克思主义国家观中国家的本质及分类、国体与政体及其关系、不同国家的政权组织形式、国家主权和国家管理的结构形式等内容。引导学生进一步树立马克思主义国家观，明确由于国家的历史传统、现实国情等不同，其发展道路也必然各具特色。

本单元教材包括两课、五框、一个综合探究。

第一课“国体与政体”，主要从马克思主义国家理论出发，讲述国家的产生、基本要素、性质、本质、当今世界主要的两类性质根本不同的国家；分析国体与政体及其关系；介绍人民代表大会制、民主共和制和君主立宪制、议会制和总统制等政权组织形式；阐述政党和利益集团的区别及它们在不同国家中的目标与实现路径。通过本课内容，使学生懂得国家是人类社会发展到一定历史阶段的产物，一个国家的国体和政体在一定的历史时期内是相对稳定的，但不是一成不变的，一个国家采取什么样的政权组织形式和国家结构形式，是多种要素共同作用的结果；让学生深刻认识到我国是人民民主专政的社会主义国家，人民代表大会制度是我国的根本政治制度，中国共产党领导的多党合作和政治协商制度是我国的一项基本政治制度，比资本主义国家及其政权组织形式、政党制度具有无比的优越性，增强政治认同。

第二课“国家的结构形式”，重点讲述国家政权与现代国家之间的关系，强调国家主权是一种自主自决的最高权威，是现代国家得以存在的法理依据；阐明一个统一的国家只能有一个中央政府；介绍单一制和复合制的国家结构形式。通过本课内容，使学生明确一个国家采取什么样的国家结构形式，主要基于维护国家主权和领土的统一完整、保障国家管理的有效与便利等方面的考虑，独立自主地决定国家的结构形式，是国家主权的重要体现；让学生认识到国家的结构形式，决定着中央与地方的关系；在我国，中国共产党领导是中国特色社会主义最本质的特征，是中国特色社会主义制度的最大优势，中央和地方各级国家机构按民主集中制的原则划分职权。

综合探究“国家安全与核心利益”，设计“坚定中国特色社会主义制度自信”“政治制度不能照搬”“国家安全，人人有责”等议题，引导学生学会用马克思主义立场、观点、方法评析各国的政治制度，用唯物史观思考社会转型的复杂变化和原因；明确人民当家作主是社会主义民主政治的本质、中国的民主政治制度绝不能照搬西方政治制度模式，坚定中国特色社会主义的信念和信心；了解我国的总体国家安全观，知道坚持总体国家安全观要以政治安全为根本，认同国家安全利益是国家的最高利益；懂得我国是一个主权国家，主权和领土不容分割，坚决防范和遏制外部势力干预我国港澳事务和进行分裂、颠覆、渗透、破坏活动，坚决反对台湾和国际上某些势力旨在制造“台湾独立”的任何图谋，坚决维护国家主权和领土完整，具有维护国家安全的责任担当。

本单元具体的内容结构如图 5-13 所示。

2. 第二单元 世界多极化

当今世界正处在大发展大变革大调整时期，世界多极化不断发展，国家间相互依赖更加密切。本单元聚焦世界多极化，围绕着推动世界多极化不断发展的因素有哪些、影响国际关系的决定性因素是什么、世界各国如何应对人类社会面临的共同挑战、中国为世界和平与发

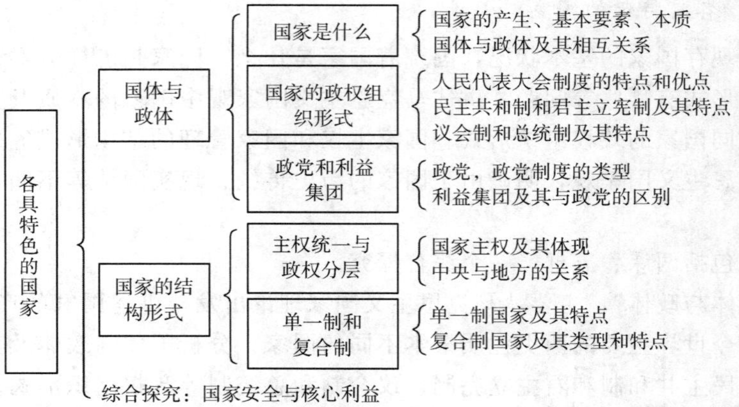


图 5-13《当代国际政治与经济》第一单元内容结构图

展贡献了哪些智慧和方案、如何构建人类命运共同体等问题，以实现民族复兴、促进人类进步为主线，讲述当今世界多极化趋势、和平与发展的时代主题、中国外交政策的形成与发展、习近平的外交思想等内容，引导学生全面理解和深刻把握中国与世界发展大势和中国的外交政策，拓展国际视野。

本单元教材包括三课、六框、一个综合探究。

第三课“多极化趋势”，主要讲述世界多极化的形成与发展和当今世界的主要力量，阐述国际关系的内容、形式及影响国际关系的主要因素。通过本课内容，使学生了解国家与国家之间既相互联系又相互制约，随着主权国家之间综合国力对比的变化，世界多极化成为当代国际政治发展的趋势；知道中国日益走进世界舞台的中央，承担越来越多的国际责任，发挥越来越重要的作用，国际影响力日益增强；懂得国家利益和国家实力是影响国际关系的决定性因素，要坚决维护国家利益、提升国家实力。

第四课“和平与发展”，主要讲述和平与发展是当今时代的主题，和平是发展的前提，发展是和平的基础；阐述促进和平与发展的因素和影响和平与发展的主要障碍；阐明国际关系民主化的重要意义。通过本课内容，使学生全面了解和平与发展这一当今时代的主题，深刻认识到和平与发展仍然面临着严峻的挑战，为了维护世界和平、促进共同发展，必须建立公正合理的国际政治经济新秩序、推动国际关系民主化。

第五课“中国的外交”，结合新中国成立以后我国独立自主和平外交政策的发展历程，讲述我国外交政策的基本立场、宗旨、基本目标、基石，以及新时代中国特色的大国外交和习近平外交思想；阐述人类命运共同体的内涵、构建人类命运共同体的意义，以及我国在构建人类命运共同体中的实际行动。通过本课内容，使学生认识到我国奉行独立自主的和平外交政策，面对深刻变化的国际形势，我国开创性地推进中国特色的大国外交，为人类应对共同挑战贡献了中国智慧，为推动世界和平与发展提供的中国方案；我们必须坚持以习近平新时代中国特色社会主义外交思想为指导，以实现中华民族伟大复兴为使命推进中国特色大国外交，以维护世界和平、促进共同发展为宗旨推动构建人类命运共同体，充分展示大国形象。

综合探究“贡献中国智慧”，设计“合作共赢是最大公约数”“全球治理的中国方案”“携手共建‘一带一路’”等议题，引导学生通过合作探究，了解我国以合作共赢为核心的新型国际关系的进程和取得的成就，明确坚持合作共赢、走和平发展道路是我国从历史、现实、未来的客观判断中得出的结论，认同我国推动构建新型国际关系的中国方案；了解我国开展全球治理的理念、方案和实际行动，明确全球治理的中国方案对世界和平与发展的价值，提升参与构建人类命运共同体的意识和责任感；了解共建“一带一路”的意义，明确世界各国唯有坚持相向而行才能走出一条共同发展之路，为“一带一路”的建设和发展贡献自己的智慧和力量。

本单元具体的内容结构如图 5-14 所示。

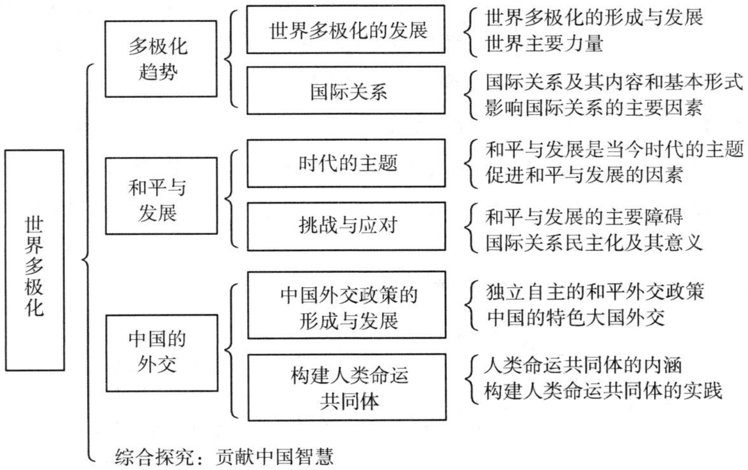


图 5-14 《当代国际政治与经济》第二单元内容结构图

3. 第三单元 经济全球化

当今世界是开放的世界，经济全球化是不可逆转的历史大势。本单元聚焦经济全球化，围绕着哪些力量在推动着经济全球化的深入发展、经济全球化有哪些利弊、如何适应和引导经济全球化以使其更好地惠及每个国家与民族及个人、中国面对经济全球化的形势如何发展更高层次的开放型经济、中国怎样推动经济全球化的发展等问题，重点讲述经济全球化的趋势以及中国怎样推动经济全球化朝着开放、包容、普惠、平衡、共赢的方向发展，引导学生开阔国际视野，培养开放包容的精神，树立合作共赢意识，提高维护国家利益和国家安全的自觉性。

本单元教材包括两课、四框、一个综合探究。

第六课“走进经济全球化”，讲述经济全球化的主要表现、影响因素和重要载体；阐明经济全球化给世界各国既带来机遇也带来挑战，要把握好经济全球化方向，推动经济全球化发展，让经济全球化更有活力。通过本课内容，使学生了解经济全球化在当代的表现与发展趋势，全面认识经济全球化的利与弊、带来的机遇与风险，懂得我们既要抓住机遇，积极参与，又要勇敢迎接挑战，合作共赢，形成对待经济全球化的正确态度。

第七课“经济全球化与中国”，讲述我国已经形成全方位、宽领域、多层次的全面对外开放的格局，新时代我国继续坚持对外开放的国策和继续对外开放的基本路径，以及我国对外开放中坚持的独立自主、自力更生原则；阐明中国是经济全球化的受益者和贡献者，我国坚持对外开放，积极参与经济全球化，一方面推动了我国经济长期持续健康发展，另一方面中国的发展也为世界各国的发展提供了机遇，为其他发展中国家提供了有益的启示。通过本课内容，使学生认识到对外开放是我国的基本国策；作为负责任的大国，中国是世界发展的积极贡献者和有力推动者；站在新的历史方位，中国将继续扩大对外开放，推动经济全球化发展。

综合探究“发展更高层次开放型经济　完善全球治理”，设计“建设贸易强国，培育国际竞争新优势”“防范国际金融风险，维护国家经济安全”“维护多边贸易体系，坚持正确义利观”等议题，引导学生通过合作探究，了解我国对外贸易领域的标志性开放政策，知道对外贸易的新业态新模式，探寻促进出口、发挥我国比较优势、培育和提高国际竞争新优势的有效措施，增强自主创新意识，提高诚信守法的品质；了解经济全球化时代的国际经济风险及其对我国和世界经济发展所产生的影响，探寻应对和防范国际金融风险、贸易摩擦的途径和方式，树立风险意识，积极维护国家经济安全，进一步增强总体国家安全观；了解维护多边贸易体制与坚持正确义利观的重要性，探寻促进贸易投资自由化便利化、反对贸易保护主义的有效措施，培育包容开放、合作共赢意识和规则意识，增强对中国是负责任的大国的认同。

本单元具体的内容结构如图 5-15 所示。

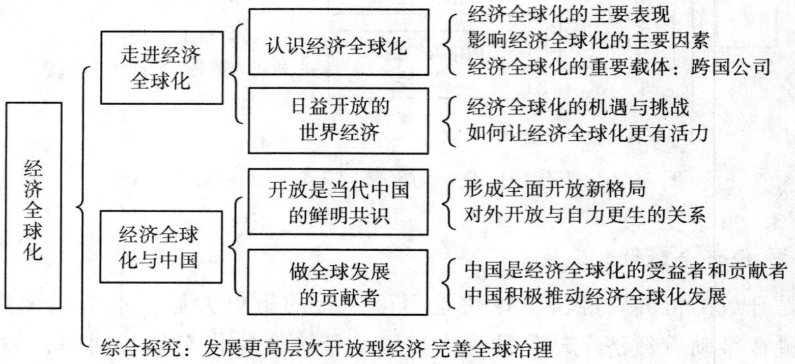


图 5-15 《当代国际政治与经济》第三单元内容结构图

4. 第四单元 国际组织

在国际社会中，国际组织特别是政府间国际组织充当着日益重要的角色，联合国、欧洲联盟、亚太经合组织、非洲联盟等格外引人注目。本单元聚焦国际组织，围绕着这些国际组织是如何建立的、各自经历了怎样的发展历程、遵循什么宗旨、发挥什么作用、面临什么问题、中国与它们的关系如何、中国参与或倡议建立的新兴国际组织及机制有哪些等问题，讲述日益重要的国际组织和中国与国际组织关系的发展变化，使学生懂得中国是世界和平的建设者、全球发展的贡献者、国际秩序的维护者，认识到中国在国际舞台上坚持高举和平、发展、合作、共赢旗帜的重大意义。

本单元教材包括两课、五框、一个综合探究。

第八课“主要的国际组织”，在讲述国际组织的分类和机构、国际组织的产生及作用的基础上，重点介绍联合国，以及欧洲联盟、亚太经合组织、东南亚国家联盟、非洲联盟等区域性国际组织。通过本课内容，使学生懂得国际组织是国际关系发展到一定历史阶段的产物，在处理国际性问题、促进世界和平与发展上发挥重要作用，是当今国际社会日益重要的行为主体、全球治理的重要载体、多边外交的重要舞台；认识到活跃在国际舞台上的国际组织多种多样，其中有一些国际组织格外重要，这些国际组织不仅影响着各国的政策，而且影响着各国民众的日常生活。

第九课“中国与国际组织”，主要讲述中国与联合国关系的历史演变、中国在联合国的地位和作用；阐述二十国集团、金砖国家、上海合作组织、亚洲基础设施投资银行等新兴国际组织成立的背景、成立的时间，以及中国在其中的角色与作用。通过本课内容，使学生懂得国际组织的重要性日益增强，中国日益走向对外开放，国际组织越来越成为中国外交的重要舞台；中国不仅加强与主要国际组织的联系，而且积极推进新兴国际组织的发展，并倡议建立了一些重要的国际组织；中国在走向世界、融入世界的同时，也积极影响世界，推动国际秩序朝着更加公正合理的方向发展。

综合探究“国际视野及国际人才”，设计“开创中国与国际组织深化合作新局面”“主场外交彰显中国魅力”“走向世界的中国使者”等议题，引导学生通过合作探究，进一步了解我国与国际组织的关系以及中国在国际组织中的作用，明确我国与国际组织良性互动有助于实现和维护我国国家利益以及世界和平与发展，认同我国合作共赢的外交发展道路；了解中国参与国际组织活动的主要方式和特点、中国开展主场外交活动的意义和挑战，懂得中国在国际事务中的责任和担当；了解国际人才需要具备的基本素养，不断开拓国际视野，用欣赏、互鉴、共享的观点看待世界，勇于担当实现中华民族伟大复兴的历史使命，积极为构建人类命运共同体添砖加瓦。

本单元具体的内容结构如图 5-16 所示。

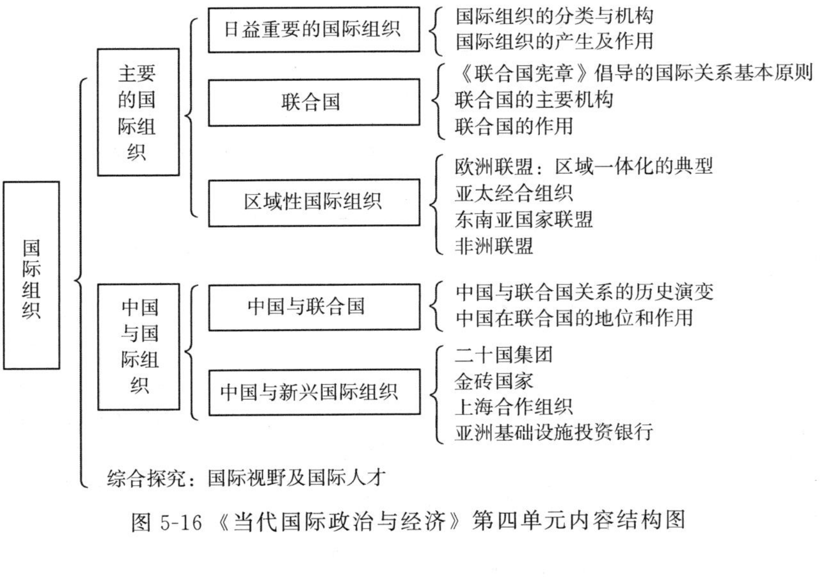


图 5-16 《当代国际政治与经济》第四单元内容结构图

## 5.3.2 《法律与生活》教材

《法律与生活》教材以习近平新时代中国特色社会主义法治思想为指导，结合民法典的颁布实施，聚焦公民依法维护合法权益的法律行为，讲述人身权、物权、债权、知识产权等民事权利与义务，解析婚姻家庭中的法律关系和法律责任，阐释与就业、创业相关的法律制度，阐述社会纠纷的解决机制和法律程序。通过学习本教材内容，使学生进一步了解新时代中国特色社会主义法治体系，掌握日常生活中的法律知识，提高主动学法的意愿和自觉用法的能力，增强法治意识。

在整体结构上，教材按照单元、课、框、目的编排思路展开。全书共设置四个单元，第一单元设置四课，其余单元设置两课；每一课设置两框或三框，每一框设置两目或三目；每一单元最后设置一个综合探究。教材的整体结构及其与课标点的对应关系如表 5-6 所示。

**表 5-6 《法律与生活》教材的整体结构及其与课标点的对应关系**

<table>
<tr><th>单元</th><th>课题</th><th>框题</th><th>与课标的对应点</th></tr>
<tr><td rowspan="9">民事权利与义务</td><td rowspan="2">在生活中学民法用民法</td><td>认真对待民事权利与义务</td><td rowspan="2">1.1 了解我国民法的基本原则，识别我国公民的民事权利和民事责任。</td></tr>
<tr><td>积极维护人身权利</td></tr>
<tr><td rowspan="2">依法有效保护财产权</td><td>保障各类物权</td><td rowspan="2">1.2 列举物权法的基本原则和物权的主要类型，懂得维护物权的途径。</td></tr>
<tr><td>尊重知识产权</td></tr>
<tr><td rowspan="2">订约履约　诚信为本</td><td>订立合同学问大</td><td rowspan="2">1.3 简述合同的含义和价值，理解合同的主要内容和违约责任，了解合同订立的程序，熟悉解决合同纠纷的途径。</td></tr>
<tr><td>有约必守　违约有责</td></tr>
<tr><td rowspan="2">侵权责任的权利界限</td><td>权利保障　于法有据</td><td rowspan="2">1.4 理解侵权责任的内容，树立依法承担责任的观念。</td></tr>
<tr><td>权力行使　注意界限</td></tr>
<tr><td colspan="3">综合探究　财产制度助力经济社会发展</td></tr>
<tr><td rowspan="5">家庭与婚姻</td><td rowspan="2">在和睦家庭中成长</td><td>家和万事兴</td><td rowspan="2">2.1 熟知监护、抚养、扶养、赡养、继承等民事关系，培育家庭责任意识。</td></tr>
<tr><td>薪火相传有继承</td></tr>
<tr><td rowspan="2">珍惜婚姻关系</td><td>法律保护下的婚姻</td><td rowspan="2">2.2 理解婚姻法律关系，阐释正确的婚姻家庭观念。</td></tr>
<tr><td>夫妻地位平等</td></tr>
<tr><td colspan="3">综合探究　家庭生活　法律守护</td></tr>
<tr><td rowspan="5">就业与创业</td><td rowspan="2">做个明白的劳动者</td><td>立足职场有法宝</td><td rowspan="2">3.1 了解劳动法的基本原则，理解劳动者的权利和义务，解释劳动合同的主要内容，熟悉劳动者依法维权的途径和方式。</td></tr>
<tr><td>心中有数上职场</td></tr>
<tr><td rowspan="2">自主创业与诚信经营</td><td>自主创业　公平竞争</td><td rowspan="2">3.2 列举与创业有关的企业登记、企业信息公示、税收和知识产权保护等基本法律制度，评述市场竞争的基本规则，说明依法经营的必要性。</td></tr>
<tr><td>诚信经营　依法纳税</td></tr>
<tr><td colspan="3">综合探究　企业创办之旅</td></tr>
<tr><td rowspan="6">社会争议解决</td><td rowspan="2">纠纷的多元解决方式</td><td>认识调解与仲裁</td><td rowspan="5">4.1 识别人民调解、行政调解等不同的调解方式，明确调解制度的特点和程序。<br>4.2 列举劳动人事争议仲裁、经济仲裁等仲裁形式，明确仲裁制度的特点和程序。<br>4.3 解析民事诉讼、刑事诉讼、行政诉讼的特点和程序，说明不同诉讼中的举证规则，树立证据意识。<br>4.4 概述公民的诉讼权利，熟悉公民获得法律援助的渠道。</td></tr>
<tr><td>解析三大诉讼</td></tr>
<tr><td rowspan="3">诉讼实现公平正义</td><td>正确行使诉讼权利</td></tr>
<tr><td>严格遵守诉讼程序</td></tr>
<tr><td>依法收集运用证据</td></tr>
<tr><td colspan="3">综合探究　感受司法公正</td></tr>
</table>

1. 第一单元 民事权利与义务

在我国法律体系中，民法是一个重要组成部分。本单元围绕民事权利与义务这一民法中最基本、最显著问题，讲述民法规定了哪些民事权利和义务、权利人应当如何运用法律武器来维护自己的权利、义务人没有履行义务可能承担什么样的法律责任等内容。通过本单元学习，使学生明确民法与我们每个人的生活密切相关，应当从生活的各个方面尊法学法守法用法，进一步增强法治意识。

本单元教材包括四课、八框、一个综合探究。

第一课“在生活中学民法用民法”，从生活实际出发，讲述民法与民事法律关系的含义、民事权利体系、民法基本原则；阐释民法中规定的生命权、身体权、健康权、姓名权、肖像权、名誉权、荣誉权、隐私权等人身权利，这类人身权利是民法优先保护的民事权利，尤其是生命权、身体权、健康权是一个人最基础的权利，侵犯他人生命权、身体权、健康权，应当承担法律责任。通过本课内容，使学生懂得民法与我们的生活密切相关，为我们的一生提供了坚实的法律保障，要在生活中学民法用民法；知道民法调整民事主体之间的人身关系和财产关系，优先保护人身自由和人格尊严，要积极维护人身权利。

第二课“依法有效保护财产权”，聚焦我国相关法律规定的财产权，重点讲述各类物权和知识产权，物权包括所有权和他物权，知识产权包括著作权、专利权、商标权等；阐述所有权的类型、取得的方式和平等保护的原则；阐释各种类型的他物权，尤其是土地承包经营权、宅基地使用权、建设用地使用权、抵押权、质权的取得方式和法律保护；阐述著作权、专利权、商标权的含义、取得方式，以及著作、专利、商标的类型及法律保护的期限等。通过本课内容，使学生认识到我国积极健全财产保护制度，加强对各种所有制经济组织和自然人的财产权的保护；让学生明确物权是最基本的财产权，我国对物权实行物权法定、平等保护的原则；知识产权是财产权的重要组成部分，保护知识产权就是为创新驱动发展战略保驾护航。

第三课“订约履约　诚信为本”，聚焦合同法，讲述合同的含义、种类，以及合同订立要建立在各方当事人自愿的基础上；解析合同订立的过程和合同生效的条件，分析口头合同和书面合同各自的特点，尤其是书面合同的优势；阐述履行合同的要求和履行合同的关键，当事人要按照合同约定全面履行自己的义务，违反合同约定要承担相应的法律责任。通过本课内容，使学生认识到我们的生活离不开合同，重合同、守信用是全社会的共识，也有相应的合同法律制度的保护，法律通过规范市场主体的交易行为，维护市场秩序，保证社会生活正常进行；引导学生在生活中树立合同意识，养成诚信品质。

第四课“侵权责任与权利界限”，聚焦侵权责任问题，讲述侵权责任的一般规定和构成要件、过错推定与无过错侵权责任、侵权责任承担的方式、法律保护民事权利的诉讼时效，以及法律规定侵权责任的重要意义；阐明民法为不同的民事权利设定了界限，民事主体行使民事权利不能超过正当的界限；介绍民法典规定的不动产相邻关系的处理规则。通过本课内容，使学生认识到法律针对侵权行为规定了相应的法律责任，行为人侵犯他人的民事权利，应当依法承担侵权责任；权利人行使民事权利时，也不能逾越权利的边界，更不得滥用权利损害国家利益、社会公共利益或者他人的合法权益。

综合探究“财产制度助力经济社会发展”，设计“财产制度的价值”“老旧小区加装电梯的难与易”等议题，让学生结合改革开放以来我国财产权法律制度的完善过程，了解财产制度在社会经济发展中的作用，运用历史唯物主义的基本观点分析财产制度改革对法治中国建设的意义，运用法治思维评价相邻关系的合理性和合法性，从而引导学生深化对民事权利与义务的认识，增强对法治国家建设的认同。

本单元具体的内容结构如图 5-17 所示。

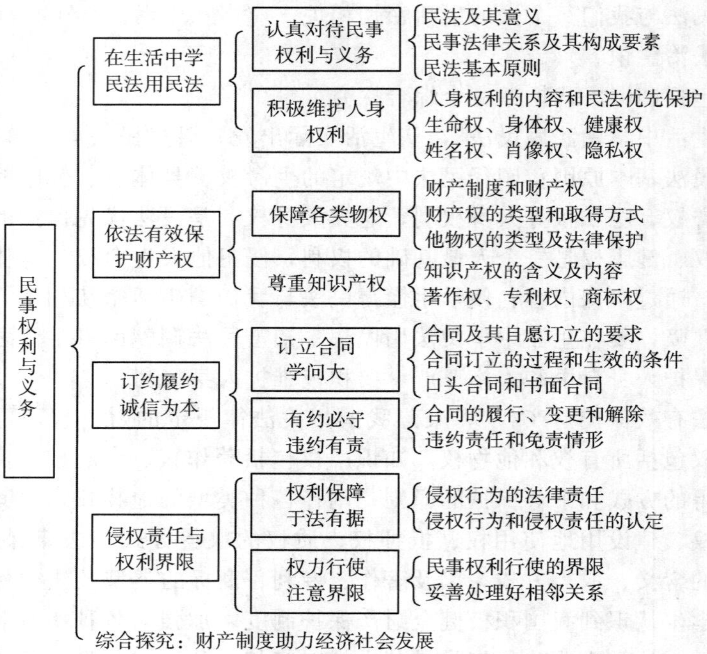


图 5-17 《法律与生活》第一单元内容结构图

2. 第二单元 家庭与婚姻

家庭是社会的细胞，是人们基于婚姻、血缘等关系，由一定范围的亲属组成的共同生活的单位；婚姻是由法律确认的男女两性的结合以及由此产生的夫妻关系。本单元围绕婚姻与家庭这一主题，讲述婚姻家庭中的法律关系和法律责任。通过本课内容，使学生了解父母子女之间有哪些权利和义务、法定继承与遗嘱继承分别有什么要求、结婚要具备哪些条件和履行哪些程序、夫妻之间有哪些权利和义务等；引导学生懂得婚姻与家庭需要亲情与爱情的精心维护，也离不开法律的有力保障，严格遵循法律规定，追求婚姻幸福和家庭美满，弘扬和践行社会主义核心价值观。

本单元教材包括两课、四框、一个综合探究。

第五课“在和睦家庭中成长”，聚焦家庭关系中的法律问题，讲述父母对子女有教育和保护的权利和义务、成年子女对父母有赡养义务、监护制度，以及家庭暴力、虐待和遗弃等的法律责任；阐释继承关系和继承权、继承人的权利与义务、继承权取得的方式、法定继承的顺序；介绍遗嘱的类型及具有法律效力的条件，阐明遗嘱继承与遗赠的区别、遗嘱继承的法律效力优于法定继承等。通过本课内容，使学生明确幼有所教、老有所养、夫妻之间和睦相处、家庭成员之间敬老爱幼，是婚姻家庭法律立法宗旨的集中反映，引导学生了解婚姻家庭制度和自己在家庭中的权利与义务，共同建设和睦家庭。

第六课“珍惜婚姻关系”，聚焦婚姻关系中的法律问题，讲述婚姻制度的基本原则、结婚的法定条件和法律程序、离婚的方式和程序、重婚的情形等；阐明在婚姻关系中，夫妻具有平等的人身关系和财产关系，在生活中平等行使权利、平等履行义务、平等处理夫妻共同财产；介绍夫妻共同财产的范围，以及夫妻可以在平等自愿的基础上采用书面形式约定财产的各自所有或共同所有。通过本课内容，使学生了解婚姻关系中男女平等、财产共有、救助义务等方面的法律规定，明确婚姻关系中的权利与义务，遵守法律规定，追求幸福的婚姻生活。

综合探究“家庭生活　法律守护”，要求学生开展基于文献研究的小课题研究活动和到婚姻登记机关开展社会实践活动，引导学生运用科学方法分析婚姻家庭现象，加深对婚姻家庭关系的认识，增强家庭责任意识和法治意识，树立正确的婚姻家庭观念，积极维护自身的权利，认真履行作为家庭成员的义务，实现家庭的和谐和幸福。

本单元具体的内容结构如图 5-18 所示。

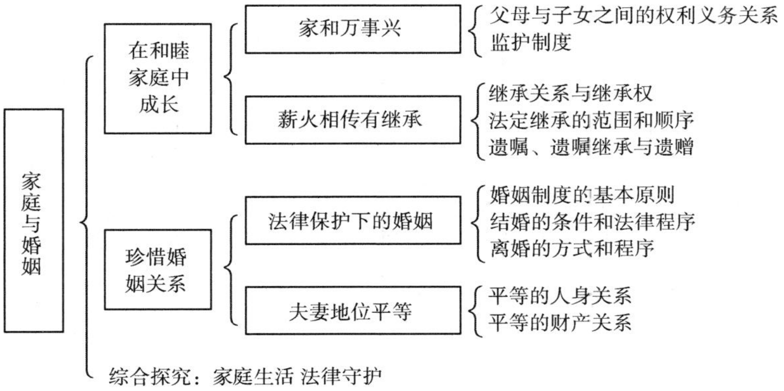


图 5-18《法律与生活》第二单元内容结构图

3. 第三单元 就业与创业

劳动既是公民的权利，也是公民的义务。就业与创业是公民行使劳动权利、履行劳动义务的基本前提，也是每一个社会成员必须面对的现实问题。本单元围绕就业与创业这一主题，讲述劳动关系的法律保障，使学生了解劳动者有什么样的权利和义务、应该如何维护自己的权利履行自己的义务，明确经营者应该如何公平竞争、诚信经营、依法纳税，引导学生树立正确的择业观和创业观，增强诚信意识和创新意识。

本单元教材包括两课、四框、一个综合探究。

第七课“做个明白的劳动者”，主要讲述劳动法和劳动者的含义、劳动法的原则；介绍订立劳动合同的重要性、劳动合同的条款、订立劳动合同要遵循的原则，以及劳动合同的法律效力；阐明劳动者享有的权利和应该履行的义务、出现劳动争议时劳动者维护自身权益的途径。通过本课内容，使学生了解职场有关的法律，明白作为一个劳动者的权利和义务，学会用法律武器来维护自己的合法权益。

第八课“自主创业与诚信经营”，主要讲述创业要符合相关的法律规定、履行必要的程序；介绍各种不正当竞争的行为和表现，明确经营者要遵循市场公平竞争和依法经营的规则；阐明经营者应该要诚信经营，保证消费者安全消费的权利，保障消费者的知情权、自主选择权等，消费者可以通过多种途径维护自身权益；阐明个人和企业均应当依法履行纳税义务，并介绍我国的增值税、企业所得税、个人所得税等主要税种。通过本课内容，使学生了解创业的法律规定，既尊重市场法则，又遵守法律规章，公平竞争，诚信经营，依法纳税，做一个优秀的创业者。

综合探究“企业创办之旅”，建议学生开展“模拟创办企业”“模拟招聘应聘”“模拟企业运营”等活动，通过合作探究，使学生了解不同类型企业的法律特征、企业创办的程序、创业者应该具有的担当、劳动者应该具备的能力和素养等，体验就业和创业的经历，加深对公司法、劳动法、专利法、商标法、反不正当竞争法、消费者权益保护法等法律的认识，激发学生的创新活力。

本单元具体的内容结构如图 5-19 所示。

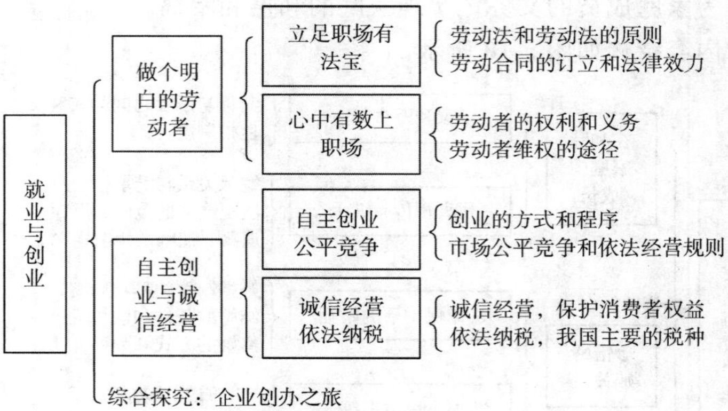


图 5-19 《法律与生活》第三单元内容结构图

4. 第四单元 社会争议解决

社会生活纷繁复杂，社会成员在交往过程中难免因为各种原因产生争议，引发纠纷。本单元针对这一问题，重点讲述社会争议的解决机制和法律程序，使学生明确社会争议与纠纷的解决可以通过调解、仲裁、诉讼等多种方式和手段，这些方式和手段各有不同的特点，在适用范围、参与主体、实施程序等方面都存在差异，要根据具体情况合理选择利用，以便妥善解决争议和纠纷。

本单元教材包括两课、四框、一个综合探究。

第九课“纠纷的多元解决方式”，集中介绍调解、仲裁、诉讼三种解决社会纠纷的方式。讲述调解的主要类型、人民调解的特点；阐述仲裁的主要类型、商事仲裁的申请前提和特点；解析诉讼及其特点、主要的诉讼类型，以及民事诉讼、行政诉讼、刑事诉讼在案件性质、诉讼目的、提起诉讼的主体、诉讼内容和程序、适用法律等方面存在的差异。通过本课内容，使学生了解社会争议解决的各种方式，以及每一种方式的功能和特点，能够根据实际情况选择恰当方式解决争议与纠纷。

第十课“诉讼实现公平正义”，在第九章介绍诉讼的三种类型，以及它们之间存在诸多差异的基础上，集中讲述各种诉讼活动的共同特点和它们在促进公平正义方面的共同功能。具体来说，主要讲述诉讼过程中当事人的合法权益、公民寻求法律援助的条件和方式；介绍诉讼程序，阐述起诉与应诉、审理与判决的要求和做法；阐明诉讼证据的种类、收集与保存证据的重要性、民事诉讼中的举证原则、行政诉讼中的举证责任，强调以事实为依据，以法律为准绳，是任何诉讼都必须遵循的基本原则，也是正确解决纠纷、保证公平正义的基本要求。通过本课内容，使学生懂得在诉讼活动中，要正确行使诉讼权利，严格遵守诉讼程序，强化诉讼证据意识，感受司法公平，增强法治意识。

综合探究“感受司法公正”，建议学生开展模拟法庭活动，通过小组合作探究，体验民事诉讼的程序，感受司法案件中的公平正义，树立法律面前人人平等的意识，做社会主义法治的忠实崇尚者、自觉遵守者、坚定捍卫者。

本单元具体的内容结构如图 5-20 所示。

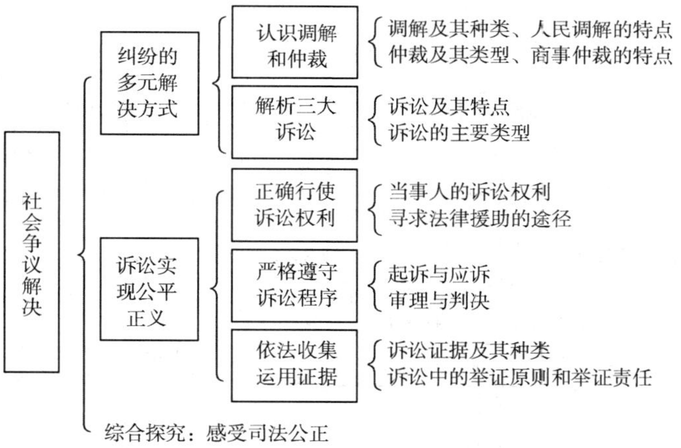


图 5-20《法律与生活》第四单元内容结构图

### 5.3.3 《逻辑与思维》教材

《逻辑与思维》教材以辩证唯物主义和历史唯物主义的基本观点、习近平新时代中国特色社会主义思想为指导，讲述科学思维的本质和规律，分析逻辑思维、辩证思维、创新思维的基本理论和方法，引导学生明确科学思维的重要意义，掌握科学思维的基本规律和基本要求，树立科学思维观念，遵循逻辑思维规则，学会辩证思维方法，提高创新思维能力，提升思维品质，正确运用科学思维方法观察和分析各种社会现象，处理学习和生活中遇到的各种问题，增强学科核心素养。

在整体结构上，教材按照单元、课、框、目的编排思路展开，每个单元后面设置一个“综合探究”。全书共设置四个单元，四个单元之间是一种总分关系，第一单元是全书的总论，后面三个单元分别具体介绍逻辑思维、辩证思维、创新思维。从后面三个单元来看，又存在一种递进关系，逻辑思维侧重于思维的形式结构，是科学思维的基础；辩证思维不仅涉及思维的形式结构，还涉及思维的具体内容，是对形式逻辑思维的深化和升华；创新思维建立在逻辑思维和辩证思维基础之上，同时又注重利用联想、想象等其他思维因素，是多种科学思维方法的综合运用。教材的整体结构及其与课标点的对应关系如表 5-7 所示。

**表 5-7《逻辑与思维》教材的整体结构及其与课标点的对应关系**

| 单元 | 课题 | 框题 | 与课标的对应点 |
|---|---|---|---|
| 树立科学思维观念 | 走进思维世界 | 思维的含义和特征 | 1.1 描述常见的思维活动，体会思维是人所特有的属性，了解思维的基本形态和特征。<br>1.2 区分抽象思维和形象思维。 |
| | | 思维形态及其特征 | |
| | 把握逻辑要义 | “逻辑”的多种含义 | 2.4 辨析常见的逻辑错误，掌握形式逻辑的三个基本规律。 |
| | | 逻辑思维的基本要求 | |
| | 领会科学思维 | 科学思维的含义和特征 | 1.1 懂得正确思维的基本条件。<br>1.2 掌握科学思维的特点，体悟学会科学思维的意义。 |
| | | 学习科学思维的意义 | |
| | 综合探究 学会科学思维 提升思维品质 | | |
| 遵循逻辑思维规则 | 准确把握概念 | 概念的概述 | 2.1 知道概念是反映事物本质属性的思维形式；理解任何概念都是内涵和外延的统一。 |
| | | 明确概念的方法 | |
| | 正确运用判断 | 判断的概述 | 2.2 知道判断的基本特征；了解形成恰当判断的条件；学会正确运用判断；结合具体的判断活动，区分判断的不同类型。 |
| | | 正确运用简单判断 | |
| | | 正确运用复合判断 | |
| | 掌握演绎推理方法 | 推理与演绎推理概述 | 2.3 了解推理的类型；掌握演绎推理的方法；学会归纳推理、类比推理；评析常见的推理错误。 |
| | | 简单判断的演绎推理方法 | |
| | | 复合判断的演绎推理方法 | |
| | 学会归纳和类比推理 | 归纳推理及其方法 | |
| | | 类比推理及其方法 | |
| | 综合探究 把握逻辑规则 纠正逻辑错误 | | |
| 运用辩证思维方法 | 把握辩证分合 | 辩证思维的含义和特征 | 3.1 结合对复杂事物的把握，体会辩证思维的特征；理解分析与综合的辩证关系。 |
| | | 分析与综合及其辩证关系 | |
| | 理解质量互变 | 认识质量互变规律 | 3.2 联系事物发展过程中的渐进性和飞跃性，懂得事物的发展过程是量变与质变的统一；理解质量互变规律；把握适度原则。 |
| | | 把握适度原则 | |
| | 推动认识发展 | 不作坚定肯定或否定 | 3.3 辨析简单肯定一切或否定一切的危害，解析认识经由“感性具体—思维抽象—思维具体”的途径；了解辩证否定观的实质；体会认识不断深化的历程。 |
| | | 体会认识发展的历程 | |
| | 综合探究 领悟辩证精髓 处理复杂问题 | | |
| 提高创新思维能力 | 创新思维要善于联想 | 创新思维的含义与特征 | 4.1 体会联想思维中迁移、想象的运用；了解联想思维的方法和特点；知道迁移、想象在创新思维中的作用。 |
| | | 联想思维的含义与特征 | |
| | 创新思维要多路探索 | 发散思维与聚合思维的方法 | 4.2 了解发散思维中所采取的推测等方法；概括发散思维的特点；知道聚合思维和发散思维的功能。<br>4.3 分析逆向思维的依据和优势；发挥正向思维和逆向思维的互补作用。 |
| | | 逆向思维的含义与作用 | |
| | 创新思维要力求超前 | 超前思维的含义与特征 | 4.4 体会超前思维是对常识局限性的突破和超越；把握超前思维的探索性、预测性特点；了解创造性预测事物发展态势的意义。 |
| | | 超前思维的方法与意义 | |
| | 综合探究 结合社会实践 勇于开拓创新 | | |

1. 第一单元 树立科学思维观念

本单元是《逻辑与思维》教材的开篇，也是该教材的总论。教材从“思维”和“逻辑”这两个基本概念出发，从总体上讲述思维、逻辑、逻辑思维、科学思维的内涵、基本特点、基本要求等，既为学生后续的学习奠定基础，也为学生学会逻辑思维、科学思维指明认识的路线，引导学生树立科学思维观念、培养科学精神。

本单元教材包括三课、六框、一个综合探究。

第一课“走进思维世界”，从日常思维现象出发，聚焦“思维”这一基本概念，讲述思维的含义，以及思维的间接性、概括性和能动性特征；说明人们出于不同的目的、依据不同的标准，对思维形态有不同的认识分类；解析抽象思维和形象思维这两种思维基本形态的含义、特征，以及它们之间的相互关系。

第二课“把握逻辑要义”，聚焦“逻辑”这一基本概念，讲述对“逻辑”概念的多种不同理解、狭义逻辑学和广义逻辑学的含义；阐述逻辑的三大基本规律，即同一律、矛盾律和排中律的基本内容和基本要求；阐明运用逻辑思维规律要注意的问题，以及违反这些逻辑规律的错误表现。

第三课“领会科学思维”，聚焦“科学思维”，讲述科学思维的含义和科学思维与逻辑思维、辩证思维、创新思维之间的关系，分析科学思维的特点，阐明学习科学思维的意义。

综合探究“学会科学思维　提升思维品质”，建议学生围绕情绪与理性、科学思维的客观性、抽象思维与形象思维的互补性、正确思维的条件等主题，结合日常生活和科学工作中的一些思维现象和问题，引导学生通过合作探究，理解正确思维的基本条件，辨析常见的思维错误，领悟合乎逻辑思维的要义，把握科学思维的特征，学会科学思维，提升思维品质。该综合探究是教材第一单元的落脚点，也是贯穿全教材的核心，整个教材的内容围绕科学思维展开，整个教材的目标也是要帮助学生学会运用科学思维探索世界和认识世界、处理学习和生活中遇到的各种问题。

本单元具体的内容结构如图 5-21 所示。

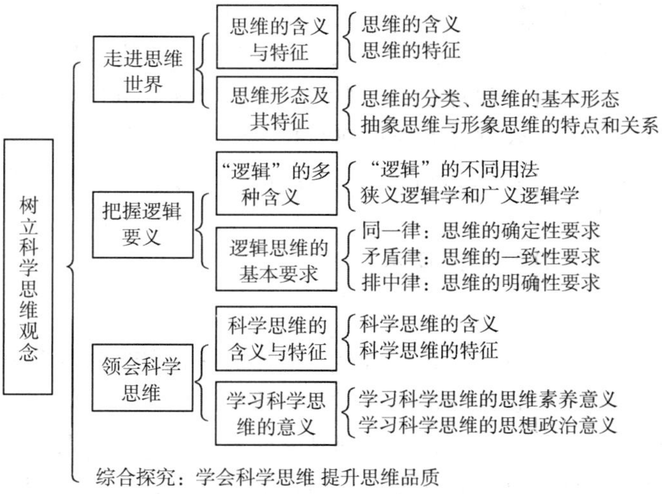


图 5-21 《逻辑与思维》第一单元内容结构图

2. 第二单元 遵循逻辑思维规则

逻辑思维是科学思维的基础，遵循逻辑思维规则是科学思维的必要前提。本单元主要讲述明确概念、准确判断、有效进行演绎推理的方法，以及合理运用归纳推理和类比推理的方法，使学生对传统形式逻辑的基本常识有比较完整的了解，能够有效运用逻辑思维方法分析问题和解决问题。

本单元教材包括四课、十框、一个综合探究。

第四课“准确把握概念”，主要讲述概念的含义、概念与语词之间的关系、概念的基本特征；分析概念的内涵和外延，以及概念外延之间的关系；讲述明确概念内涵和外延的逻辑方法，以及通过定义来明确概念的内涵和通过划分明确概念的外延时需要注意的问题；阐明任何概念都是内涵和外延的统一，人们对概念内涵和外延的理解随着认识的不断深化会越来越深刻和精确。

第五课“正确运用判断”，主要讲述判断的含义、判断的两个基本特征、判断与语句的关系、判断的类型及划分标准；讲述性质判断的含义、结构、种类和正确运用性质判断应注意的问题；阐述关系判断的含义和关系判断的结构；阐明认识事物既要弄清对象的性质，又要了解对象之间的关系，才能对对象有较为全面的把握；讲述复合判断的含义、结构、类型；阐述联言判断、选言判断、假言判断的含义、结构、真假特征、运用意义和运用要求；阐明判断与概念、推理的关系，以及在逻辑思维中准确运用判断的重要意义。

第六课“掌握演绎推理方法”，主要讲述推理的含义、推理的种类及分类标准，揭示演绎推理的逻辑要义；讲述性质判断换质推理和性质判断换位推理的含义，以及各自必须遵循的规则和具体的推理方法；阐述三段论推理的含义、结构和基本规则；阐明联言推理、选言推理、假言推理的含义及其各自的运用方法。

第七课“学会归纳与类比推理”，主要讲述归纳推理的含义、归纳推理的类型和方法；阐释完全归纳推理的条件、提高不完全归纳推理结论可靠程度的要求，以及探究因果联系的常用方法；讲述类比推理的含义、客观依据、作用，以及类比与比较、比喻之间的不同；阐述类比推理的方法和提高类比推理可靠程度要注意的问题。

综合探究“把握逻辑规则　纠正逻辑错误”，建议学生围绕驳斥诡辩、辨析论证、领悟逻辑要义等主题，结合日常生活和科学工作中的一些思维现象和问题进行合作探究，进一步掌握明确概念、准确判断、有效进行演绎推理的知识和方法，把握逻辑思维的基本规则和基本要求，锻炼逻辑思维能力，提升理性思维素养和科学思维水平，培养自尊自信、理性平和、积极向上的社会心态。

本单元具体的内容结构如图 5-22 所示。

3. 第三单元 运用辩证思维方法

思维不仅有其形式结构，也有其具体内容。正确的认识既要遵循形式逻辑的要求，更要能够接受社会实践的检验，符合辩证逻辑的要求。从思维实际来说，我们面临的社会事物和社会问题是复杂多样的，把握复杂事物，处理复杂问题，需要经过复杂的思维的过程，而复杂的思维过程并不是某一种思维方式的重复运用，而是在形式逻辑思维基础上的辩证思维的灵活运用。

本单元集中介绍马克思主义唯物辩证法和科学认识论所体现的辩证思维方法。具体来

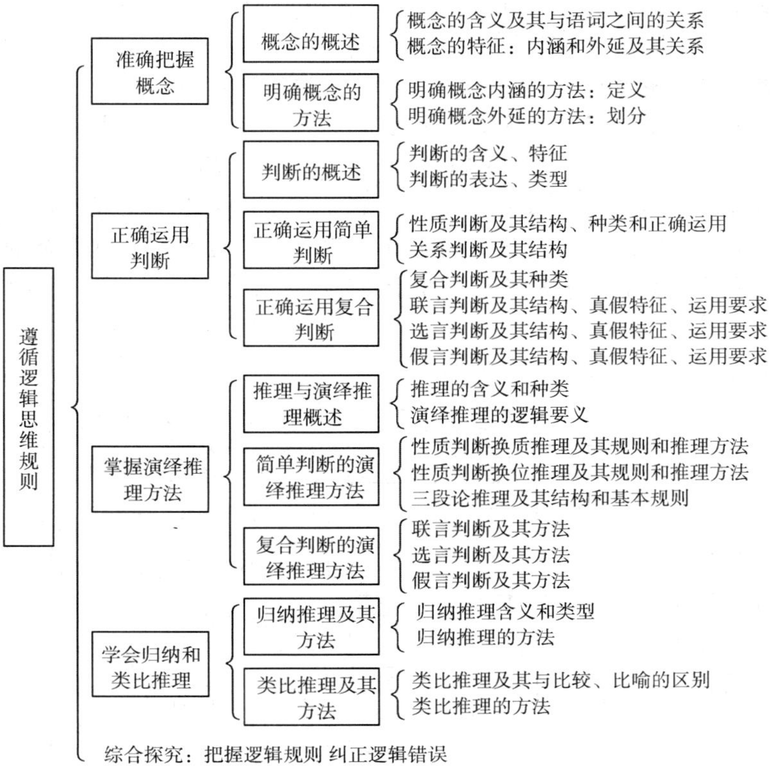


图 5-22《逻辑与思维》第二单元内容结构图

说，主要讲述辩证思维的含义和特征、辩证的分析综合方法、质量互变规律与把握适度原则的思维方法、辩证否定观的要义、认识经由“感性具体——思维抽象——思维具体”的不断深化的历程等。这些内容是马克思主义唯物辩证法和认识论在思维领域中的延伸和具体化，也是《哲学与文化》教材内容的延伸和拓展。通过本单元内容，引导学生自觉地运用马克思主义立场、观点和方法观察事物、分析问题、解决矛盾，辩证地对各种社会经济、政治、文化现象作出科学的解释、正确的判断和合理的选择，树立辩证思维观念，提升辩证思维素养，培养科学精神。

本单元教材包括三课、六框、一个综合探究。

第八课“把握辩证分合”，主要讲述形而上学思维与辩证思维的含义和实质、辩证思维的发展过程、辩证思维的特征；阐述分析与综合的含义、方法、特点及其辩证关系；强调要辩证地理解和运用分析与综合的方法，学会在分析与综合的对立统一中，推动认识由低级向高级发展。

第九课“理解质量互变”，主要讲述事物的质和量的规定性及二者之间的关系、量变与质变的含义及其辩证关系，揭示质量互变规律，说明遵循质量互变规律的基本要求；讲述适度的含义和思维方式上的适度原则，说明掌握适度原则的要义与遵循适度原则要注意的问题。

第十课“推动认识发展”，主要讲述事物内部肯定方面和否定方面的含义及二者之间的辩证关系，分析简单肯定与否定的危害，强调要坚持辩证的否定观；讲述认识发展是一个从感性具体到思维抽象、从思维抽象到思维具体的发展历程，两个阶段相互依赖、不可分割；阐明理解肯定与否定、抽象与具体之间的辩证统一关系，对于我们获得对事物全面而具体的认识具有重要意义。

综合探究“领悟辩证精髓　处理复杂问题”，建议学生围绕分析与综合的辩证性、量变与质变的辩证性、矛盾的辩证分析等主题，结合生活实际中的一些思维现象和问题进行合作探究，进一步理解分析与综合、量变与质变的辩证关系，领悟质量互变规律，掌握适度原则，了解辩证否定观的实质，体会认识的不断深化和发展过程，面对复杂的社会现象和问题，能够科学运用马克思主义唯物辩证法和科学的认识论的基本思想进行分析和处理，增强辩证思维能力。

本单元具体的内容结构如图 5-23 所示。

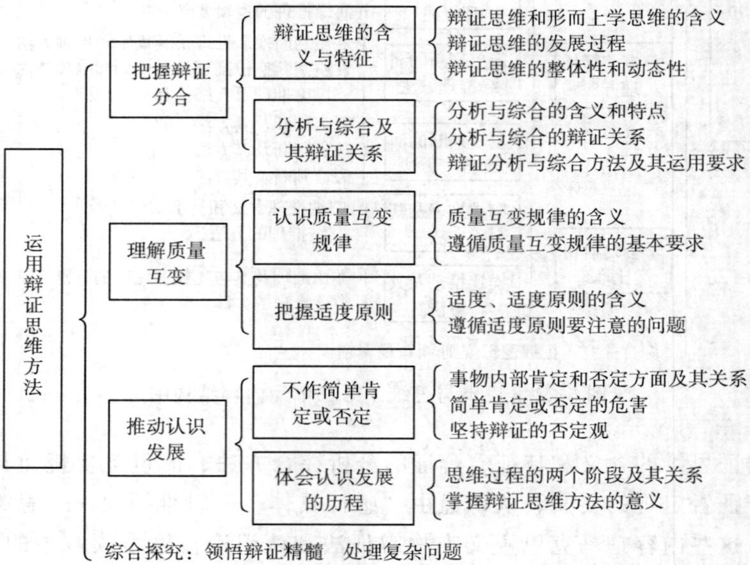


图 5-23 《逻辑与思维》第三单元内容结构图

4. 第四单元 提高创新思维能力

创新是一个民族的灵魂，是国家兴旺发达的不竭动力。随着时代的发展，会不断有新情况新问题出现，需要灵活运用科学思维方法，积极开拓创新，促进社会进步。本单元在逻辑思维和辩证思维基础上，重点讲述创新思维的方法和技巧，引导学生把知识学习与实践创新紧密结合起来，学会运用马克思主义立场、观点和方法创造性地分析和解决实际问题，树立创新思维观念，提升创新思维能力，培养勇于创新和善于创新的品格，培育学生的科学精神素养。

本单元教材包括三课、六框、一个综合探究。

第十一课“创新思维要善于联想”，主要讲述创新思维的含义和基础，创新思维的多向性、跨越性、独特性特征，揭示创新思维“新”的表现；阐述联想思维的基本含义和主要特征，衡量联想思维水平和能力的依据和标准，揭示迁移、想象等联想思维的方法；阐明联想对于提升创新思维能力和水平的意义。

第十二课“创新思维要多路探索”，主要讲述发散思维和聚合思维的含义、特点、方法，以及发散思维和聚合思维的客观基础和在创新中的作用；阐述逆向思维的基本含义、逆向思维的路径与作用，以及正向思维和逆向思维的互补作用；阐明创新思维是有方向的，发散思维与聚合思维、正向思维与逆向思维等不同方向的思维方法之间不是彼此孤立、相互排斥的，而是相辅相成、相得益彰的。

第十三课“创新思维要力求超前”，主要讲述超前思维的含义、基础和主要特征；阐述超前思维的方法、条件，以及超前思维的重要意义。

综合探究“结合社会实践　勇于开拓创新”，建议学生围绕创新思路的分析、头脑风暴法的操作、新时代青年学生创新意识的培养等主题，结合典型案例进行合作探究，体会联想思维的迁移或想象在问题解决中的运用，理解发散思维与聚合思维、正向思维与逆向思维等不同思维方法的特征和实际运用，以及不同思维方法的各自优势和相互之间的互补作用；理解超前思维的特征和超前思维在创造性预测事物发展态势方面的意义；深化对创新思维的认识，提高创新思维能力和水平。

本单元具体的内容结构如图 5-24 所示。

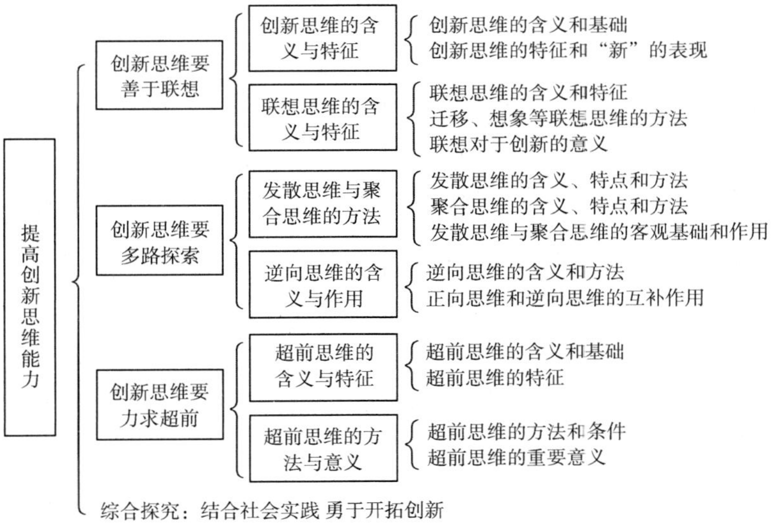


图 5-24 《逻辑与思维》第四单元内容结构图

总之，高中思想政治教材是高中思想政治课程内容的重要载体和教学最主要的资源，国家高度重视高中思想政治教材建设，对高中思想政治教材进行统一编写和统一推广使用，并注意在教材中及时融入马克思主义中国化最新成果、坚持和发展中国特色社会主义最新经验、马克思主义理论学科最新研究进展，着力提升思政课教材的政治性、时代性、科学性、可读性。高中思想政治课教师要从整体上了解教材设计与编写的基本情况，掌握教材的整体结构和基本内容，这既是进行教材分析的基础，也是教师做好教学工作、实现自我完善和发展重要保证。

## 复习与思考

1. 结合教材实际，分析思想政治学科教材的编写依据。
2. 思想政治教材的编写要坚持哪些方面的基本原则？
3. 结合教材实际，分析思想政治教材的编写思路和编写体例。
4. 简要介绍高中思想政治必修课程教材的内在关系。
5. 简要介绍高中思想政治各模块教材的基本结构和基本内容。

# 第6章 思想政治学科教材分析的一般原理

**学习目标**

1. 了解思想政治学科教材分析及其特点。

2. 明确思想政治学科教材分析的重要性，增强教材分析的自觉性，结合教学实践，积极进行教材分析活动。

3. 明确思想政治学科教材分析的基本步骤、主要内容和基本要求，掌握教材分析的方法，提高教材分析能力。

**关键词** 教材分析；教材的动态分析和静态分析；教材的宏观分析和微观分析；教材地位；教材功能；教材结构；教材内容；教材重点；教材难点；学科知识；学科能力；系统方法；知识分析法；心理分析法；方法论分析法

教材分析应该说是一个老生常谈的话题，自从有了现代意义上的教材，就有了教材分析的问题。不过在传统的教学中，教材分析往往被看作是有关专家、学者的事情，广大教师教材分析的积极性不高，进行教材分析的空间也不大。事实上，教材作为教学的基本材料和最主要的课程与教学资源，进行教材分析理应是教师工作的重要内容。尤其是随着基础教育新课程改革的发展，教师应该成为课程和教学资源的开发者，这就要求我们确立教师对教材分析的主导地位，提高教师主动分析教材的意识和能力。本章就思想政治学科教材分析的一般原理进行探讨。

## 6.1 思想政治学科教材分析及其重要性

### 6.1.1 思想政治学科教材分析的含义

什么是思想政治学科教材分析？人们的理解并不一致，在操作上也有不同的做法。按照传统的看法，思想政治学科教材分析就是教师在反复阅读和深入钻研思想政治教材的基础上，弄清教材的逻辑结构和编排体系，明确教材的知识点、思想点、重点难点、广度深度、思想教育因素等，从而为正确地组织和驾驭教材、确立教学目标、选择教学方法、搞好教学活动打下基础的过程。

随着基础教育改革的发展，思想政治学科教材分析有了一些新的理解。我们认为，思想政治学科教材分析是立足于学生发展的、置于特定背景下的、对教材以及与教材相关因素的整体分析。根据这种理解，把握思想政治学科教材分析的含义，必须明确三点。

第一，思想政治学科教材分析是一种整体分析。思想政治学科教材分析不仅仅是对教材本身的分析，也包括与教材相关的种种因素分析，如课程标准的相关规定、学校和社会环境、相关学科的教材内容、学生的基础和经验、教材对学生发展的作用等，都是教材分析值得关注的问题。

第二，思想政治学科教材分析立足于学生发展。以往在教材分析中，比较强调的是学科体系构建，从学科体系的逻辑程序分析教材，重点分析教材的结构体系和逻辑结构。在新课程改革的背景下，教材分析强调以学生发展为立足点和归宿，从学生经验出发，遵循学生的认知规律，把教材作为学生的“学材”，突出教材在学生发展中的意义。

第三，思想政治学科教材分析要置于一定的背景下。教学是针对本校、本年级、本班级特定的学生进行的，每所学校、每个班级、每位学生所处的环境各有不同。因此，教材分析不能单纯从教材出发，而要把教材分析置于特定的背景下，这种背景包括社会背景、学校背景、学生背景等，如社会的进步、党和国家新的路线方针政策的出台、科技的发展、学校的师资和办学条件，以及学生的知识基础、认知特点、思想水平、学习面临的困难与问题等等。对相关背景把握得越客观、越准确，教材分析就越有价值，越能为教学设计和教学活动的有效开展奠定基础。

### 6.1.2 思想政治学科教材分析的特点

1. 教材分析是一种综合性的活动

教材分析应该综合与学生学习相关的各种因素进行整体性思考，了解当前教育教学的先进理念、综合分析课程标准、教材和教学参考书、各类相关教学资料与网络资源、学生发展现状和发展要求等等，只有在充分掌握和认真分析了这些与教育教学密切相关的各种因素的基础上，才能准确地了解教材编者的意图、把握教材内容及其结构，进而对教学的内容、教学的重点难点、教学方法、教学手段、教学过程等进行综合设计，设计一套科学的、行之有效的教学方案，用以指导教学，帮助学生学好教材和相关的课程内容，争取达到良好的教学效果。

2. 教材分析是一种连接性的活动

学校是文化传承的重要场所，教材、教师、学生是学校文化传承不可或缺的要素。教材通过对众多类型的文化进行筛选、优化和整合，形成系统的教材内容呈现给学生。但是，由于学生本身认知结构和理解能力的局限，他们很难掌握和运用这些内容，这就需要一种媒介来支撑学生的学习，从而使学生理解和掌握知识、技能，形成情感、态度和价值观，养成主流社会的行为规范，教材分析就是连接学生和教材的一个最有效的媒介。教师通过对教材的分析来领悟教材编者意图，获取教材的重要信息；同时根据学生的发展水平和实际需要，选择适合学生的教材内容及其呈现方式，拉近教材和学生之间的距离，引领和支撑学生的学习。

3. 教材分析是一种构建性的活动

面对同样的教材，不同的教师的教育理念、教学观念、知识构成、经验阅历、思考方法、思维特点、价值观等方面的不同，对教材内容和结构的理解、对教学重点、难点的把握，对教材分析理解的深度和广度以及质量，都会存在巨大的差异。由于每一个教师对教材的理解和教材编者的意图大相径庭，经过教材分析，教师重新建构了教材的文本意义，知识、概念、观点、技能、价值、理念等内容与原有教材也有了明显的不同，而且重新建构了教材的结构、编排方式和呈现方式等，可以这样说，经过教材分析，每个教师都建构了他心中的不同教材，这说明教材分析实际上也是一种建构性的活动。

4. 教材分析是一种反复上升性的活动

教师对教材的准确理解和全面把握，往往不是经过一次、两次教材分析就能够实现的。一方面，教材是在一定时期编写的，随着时代的变化，教材的一些内容就会变得陈旧而丧失其对学生的教育功能，这就需要反复进行教材分析与研究，发现教材中陈旧过时的内容，补充完善、变革创新教材内容。而且，教材编写者对课程标准的认识理解，同教师、学生对课程的理解是有差异的，只有不断进行教材分析与研究，才能逐步找到二者的结合点，从而实现教材的价值。另一方面，作为教材的最主要学习者的学生是千差万别的，学生整体的认知能力与水平、情感态度与价值观、生理、心理发展状况也会随着时代的变迁而发生改变。在一个特定时空符合学生实际的教材内容，到了另一个时空就可能与学生实际大相径庭。我们在教材反复分析过程中，找到教材内容和学生发展需要的最佳结合点，同时也提升教师教材分析和教学的能力。

### 6.1.3　思想政治学科教材分析的重要性

教材是教学的基本材料，是教学活动不可或缺的重要因素之一。认真研究教材，恰当分析教材，对教学活动的组织、教学任务的完成和教学质量的提高等，无疑具有重要的意义。

1. 教材分析是完整、准确把握教材的必经之路

任何一本教材及其体系均是承载着教育性和知识的内容，体现着知识之间的内在逻辑关系。思想政治学科的各模块教材都有其各自的内容体系，教材的每一单元、每一课、每一框都是教材的有机组成部分，都在教材体系中有其特点的位置。只有经过教材分析和研究，教师才能从宏观上把握教材的整体内容，领会教材体系安排的意图，体会教材内容与体系的合理性、科学性，发现其局限性和存在的问题，并认清局部的具体内容，从而理顺整体与局部的关系，掌握教材和教学中的总体设计与局部安排、重点与难点，教材的中心线索与逻辑结构。从而既能综观教材的全局，又能细小入微地理解教材局部的具体内容，为教材的处理和学生的学习打好基础。

2. 教材分析是教师教学设计的基础

教学设计是教师为实现教学目标、全面完成教学任务而对教学活动进行的规划和安排。进行教学设计，必须对教材进行认真研究、系统分析。这样，才能把握教材的基本结构和内容体系，以及教材的知识点、思想点、重点、难点、理论与实际的结合点，了解学生对教材相关知识学习的已有基础和现实困难，也才能依据教材内容和学生实际去选择教学方法，安排教学进程，设计教学方案。可见，不认真分析教材，教师的教学设计就无从谈起，教学活动也无法有效进行。

3. 教材分析是提高教学质量的重要前提

现代教学论认为，要实现教学最优化，就必须实现每一教学要素的最优化和教学过程每一环节的最优化。教材作为教学内容的重要载体，是教学最基本的教学材料，既是教师施教的“教本”，又是学生学习的“学本”，是教学的重要构成要素，在教学过程中具有重要的地位和作用，自然是实现教学最优化的重要方面。教师在教学中要尊重教材，根据教材组织教学活动，不能舍本逐末，游离于教材之外另搞一套。同时，教师的教学也不能照本宣科，人

云亦云，那样也不能调动学生的积极性。教师只有认真钻研教材，恰当分析和处理教材，才能组织好教学活动，实现预期教学目标，提高教学效率。

4. 教材分析是实现教学目标的重要条件

思想政治学科的教学目标就是要促进学生在知识、能力、情感态度与价值观方面得到综合发展。教师进行认真细致的教材分析，是实现学生发展的重要基础。例如，在知识教学方面，要把教材上的知识通过教学变成学生自己的知识，必须经过几次转化：把教材上的知识转化为教案形式的知识，把教案形式的知识转化为教学中的知识，把教学中的知识转化为学生自己的知识。这些知识转化的过程与方法，受多种形式的制约，只有认真分析教材，才能设计和选择推进这种知识转化的良好条件，更好地实现这种知识的转化。再如，发展学生的能力，养成一定的情感态度与价值观，是思想政治学科教学的重要着眼点，能力培养和情感态度与价值观的养成，需要认识和比较各种知识的能力价值和情感态度与价值观价值。而知识的这种价值往往具有隐蔽性，表现为不思则无，深思则远，远思则宽。只有通过对教材的深入分析，才可能挖掘出教材知识所蕴涵的能力价值和情感态度与价值观价值，以利于对学生能力的培养，以及情感态度与价值观的养成。

5. 教材分析是教师自身发展的重要途径

认真钻研教材、恰当分析教材，既是教师教学工作的重要内容，又是教师进行教学研究的一种主要方法。教材分析的过程，是教师加强学习的过程，也是充分表现教师的教学能力和创造性劳动的过程。“学，然后知不足；教，然后知困。知不足，然后能自反也；知困，然后能自强也。故曰：教学相长也。”这一古训值得每一位教师深思。通过不断分析教材，可以促使教师不断学习有关知识，思考相关问题，提高自身的素质。

## 6.2 思想政治学科教材分析的基本步骤

思想政治学科教材分析是一个复杂的过程，涉及多方面因素，要经历一系列环节。从总体上看，大体要经过教材分析的准备、教材分析的实施、教材分析成果的整理三个基本阶段。

### 6.2.1 作好教材分析的准备

要对教材进行有效的、规范的分析，必须有充分的准备。为什么分析教材、依据什么分析教材、分析哪一部分教材、怎样进行分析等，都要预先计划，认真考虑。由此出发，思想政治学科教材分析的准备工作大体包括以下四方面。

1. 明确教材分析的目的

任何事物都不是孤立存在的，而是和周围的事物或现象处于一定的相互联系中。就教材分析而言，它是教师教学活动的一个环节，是教师教学准备的一个方面。分析教材并不是教学活动的目的，而只是更好地实施教学活动、实现教学最优化的一个必要手段。事实上，教师之所以要进行教材分析，是要在深入研究和把握教材的基础上，为恰当处理教材、进行科学的教学设计做准备，进而为有效地开展教学活动、提高教学质量奠定基础。

2. 把握教材分析的依据

所谓“依据”，是作为论断前提或言行基础的事物或作为根据或依托的事物。教材分析的依据，也就是作为教材分析基础和依托的事物。

思想政治学科教材是依据课程标准、为了教学的需要尤其是学生学习的需要编写的，是一个按生活逻辑和学科逻辑相结合构建的学科知识系统。因此，教材分析的基本依据应该是课程标准、学生实际和学科知识体系。进行教材分析，必须建立在认真研读课程标准、了解学生实际、掌握学科知识体系的基础上。

（1）仔细研读课程标准。课程标准是学科课程和教学的指导性文件，它明确规定了课程的性质、理念、目标、内容标准等，体现了国家对课程的要求，反映了学生学习该课程要达到的标准，教材也是依据课程标准编写的。只有认真研读课程标准，领会其实质，才能更好地把握教材的编写意图，对教材的内容设计、编写特点，以及教材内容的处理方式等有深入的认识。可见，认真研读课程标准是恰当进行教材分析的前提。

（2）深入了解学生实际。教材是供教学用的，尤其是供学生学习用的。教学的一切活动都要着眼于学生的发展，并落实在学生学习的效果上。因此，教材分析要放在学校实际教学情境下、尤其是促进学生发展的背景和要求下进行。注意对学生进行全面了解，包括学生学习的心理特点和思维障碍，学生原有的知识基础和已掌握的知识和技能的深广度，学生的学习目的、学习方法、兴趣爱好等。只有在深入了解学生的基础上，才能更好地分析教材在学生发展中的地位，科学地选择和整合教学内容，准确地把握教材内容中的重点难点，使教材分析能够更具针对性。

（3）把握学科知识体系。思想政治学科有其自身的逻辑体系，但作为教材编写，学科知识的编排和呈现要贴近学生实际，符合学生的认识规律。因此，在新的思想政治课程改革中，初中思想品德教材的编写突出以初中学生逐步扩展的生活为基础，高中思想政治教材的编写则强调以生活为基础，以学科知识为支撑，学科逻辑服从生活逻辑。思想政治学科的知识体系，就是按照这种编排方式形成的知识内容和逻辑程序。把握这种教材的知识结构和体系，在分析教材时才能把各部分教材内容放在整个学科知识体系中来理解，认识它们各自的地位和作用；才能居高临下，深刻地理解学科知识的内容；才能从发展的观点掌握好知识，避免教学中的绝对化和片面性。

3. 熟悉教材分析的对象

教材分析总是以教材的某一内容为对象，这一内容可大可小，既可以是某一模块教材，也可以是某一单元、某一课、某一框教材。不论教材分析的对象是大还是小，都总是以教材为基本对象，必须要对分析的教材进行熟悉。

在“课程是知识”的传统观点影响下，教材是学科知识体系的浓缩和再现，是学科知识的载体。教材中的内容是定论、共识或公认的原理、法则、定理，教材就是要罗列学生应掌握的本学科领域的理论和应用法则，对教师的教学、学生的认识具有绝对的权威性，教材对学生无异于一个权威的发布知识的载体，这在一定程度上限制了学生的质疑、求异的心理取向，也压抑了教师的主动性和创造性。

我国地域广大，各地自然条件、经济发展、文化传统、教育水平、学生需求等各不相同，即便有一套质量再高的统编教材，也不可能适用于所有地区和所有学生。随着我国基础教育课程改革发展的深入，教材越来越成为引导学生认知发展、能力形成、人格建构的范例、案例和文化中介，成为引导学生认知、分析、理解事物并反思、批判和建构意义的手段，成为师生进行对话的“话题”。在教学中师生通过教材的各种“话题”进行交流、反思、批判和建构，学生最终获得认知、能力和人格的发展。

同时，教材一直是我国学校教育的主要课程资源，是教学内容和教学材料的主要载体。它不仅编选了学科课程的相关知识，并以一定的知识为基础和载体，呈现了课程标准规定的相关技能、思想、观点等，体现了课程标准规定的知识、能力、情感态度与价值观的三维目标和相关的教学内容。如果没有教材这一载体，教材分析便成为无本之木。

因此，要分析教材，必须先熟悉教材。这样，才能把握教材的基本内容，掌握这些内容之间的联系，明确其中的重点、难点，以及教材内容在思想政治教材和学生发展中的地位和作用等，从而对教材进行科学分析。

4. 掌握教材分析的方法

教材分析如何进行？涉及哪些方面的内容？运用什么样的方法？这些也是进行教材分析前需要认真考虑的问题。关于这一方面内容，我们将在本章后面的有关部分进行系统分析。

### 6.2.2 进行教材分析活动

在进行相关准备的基础上，教师可以开展教材分析活动。究竟如何进行教材分析？教材分析并没有固定的模式，各位教师都可以根据自己的经验，进行各有特色的操作。但一般来说，在分析教材时，要注意做到从上到下、瞻前顾后、左顾右盼、动静兼顾、宏观微观结合。

1. 从上到下

教材作为教学的最基本材料，体现着上上下下多方面的意志和要求，反映着上上下下各方面的实际。教材分析必须跳出教材本身这一圈子，延续到上下多个层面。

第一，既要分析课程标准的要求，也要分析学生的实际基础。课程标准是由来自上层的教育行政部门组织编写和颁布实施，反映了国家对课程的要求，体现着学生通过课程学习要达到的标准。教材是根据课程标准编写，又是学生进行课程学习的基本材料，是连接国家要求和学生实际的重要环节。教材分析要关注这种来自上层和下层的各种因素。

第二，既要分析教材编写者的编写意图，也要分析学生学习基础和认知规律。教材编写者在编写教材时有特定的编写理念，在教材内容选择、编排、呈现等方面有一定的思考和主张，每一内容的设计和安排都有特定的目的和意图，教材分析不能对教材编写者编写教材时的种种考虑进行回避。同时，教材是供学生用的，教材编写者对教材的设计是否符合学生的认识基础，是否符合学生的认识规律，教材分析时也需要加以关注。

2. 瞻前顾后

瞻前顾后，就是指教材分析时要关注种种前后关系。一般主要包括以下三方面关系。

第一，从教材本身来看，要分析教材的前后联系。思想政治学科每一模块教材，都是按照一定的逻辑思路编排，形成了一个相对系统的教材体系。其中每一单元、每一课、每一框都是教材体系中的重要组成部分，相邻单元、相邻课、相邻框之间都有着内在的联系。分析教材的这种前后联系，有利于把握教材的内在结构体系，明确所分析的教材在整个教材体系中的地位和作用。

第二，从学生来说，要分析学生学习该教材内容之前学过些什么、在这之后又要学些什么。学生的学习是逐步进行、循序渐进的。学习一定的教材内容之前，可能有一些相关的知识基础和生活经验的，现有教材内容的学习也可能会对后续学习产生一定的影响和作用。分析学生学习的这种前后关系，有利于把握学生学习的发展过程，明确所分析的教材在学生发展中有什么样的地位和作用。

第三，从教学来说，要分析教材的承上启下作用。如前所述，教材是一个有机整体，教材每部分内容都是教材的一个组成部分，是教材整体的一个环节。从教学的角度分析教材，要注意把握进行该内容教学时，在“承上启下”方面可以做些什么、怎么做。

3. 左顾右盼

左顾右盼，就是教材分析中，要注意分析与思想政治学科教材有着共同任务和功能的种种因素。尤其是两个方面的因素值得关注。

第一，相关学科及其教材。思想政治学科与中学历史、地理、语文等学科存在密切的联系，教材也往往有目标一致、内容相通之处。教材分析要关注这种学科之间、学科教材之间的联系，看有没有可供本学科利用的线索，能不能为本学科的学习提供一些方便。

第二，学校有关的德育工作安排。思想政治课是德育性质的课程，是中学德育的主要渠道，它与班主任工作、团队工作、劳动与社会实践、时事教育等，共同完成学校德育任务。每一个学期、每一时段，学校德育都有一定的活动安排，思想政治教师进行教材分析，也要注意分析该教材内容与学校各种德育途径、学校有关德育工作安排的关系，考虑是否可以相互协调，共同配合。

4. 动静兼顾

教材既是一个静态的存在，也会引起动态的变化。因此，教材分析既要从静态进行，也要从动态进行。

所谓静态分析，就是把教材作为一种现存的教学材料，进行客观分析和描述。教材的静态分析通常可以从以下方面进行：教材以及各单元、框题的教学目标分析（三维目标）；各模块、单元、框题教材在整个教材中的地位和功能分析；教材的知识体系结构分析；教材中蕴涵的科学思想、方法体系分析；教材的表达形式，如文字、插图、活动等分析；教材与其他学科配合上的问题分析等等。

所谓动态分析，就是把教材看做教学系统中的一个变量，与教师、学生、教学环境、教育目的、社会实际等因素相互作用，从这种相互作用中对教材进行分析。教材的动态分析主要可以从以下一些方面进行：学生对教材的使用方式分析；教师对教材的知识体系、科学性，以及教材所表现的文化内涵、与学生的认知与心理规律协调性的分析；社会形势的发展与教材的相对滞后性分析；各个方面对教材的评价和反映分析，等等。

5. 宏观微观结合

在教材分析中，既要对教材进行宏观把握，也要对教材进行微观分析。

所谓对教材的宏观把握，就是把教材视为教学系统中的一个变量，从教材与其他相关因素的联系，对教材进行分析。一般来说，教材的宏观把握主要从四方面进行。第一，了解教材编写和使用的时代背景。教材是在一定的时代背景下编写完成的，虽然会随着时代的发展不断修改和完善，但当今社会，经济和科技的发展日新月异，教材往往会存在滞后于社会和时代发展的现象，尤其是思想政治学科教材，这种现象更加突出。对此，进行教材分析时，必须把教材内容放到社会进步和时代发展的大背景下进行考察。第二，分析教材与课程标准的关系。主要是所分析的教材与课程标准的对应关系是怎么样的，课程标准提出了怎样的目标要求，教材是如何体现这种目标要求的等等。第三，分析教材与学生的关系，主要是分析学生学习相关教材的已有基础、生活经验，以及学习中可能面临的困难和问题等。第四，分析与教材相关的各种储备资料。为了教学，教师往往收集储备了多方面的资料，进行储备资料的分析，可以根据教材的实际功能和教学的需要，对教材进行有效的处理和加工改造，组织合理、恰当的教学内容体系。

所谓教材的微观分析，就是对教材本身进行深入细致的分析。由于教材本身有着复杂的结构，可以分为模块、单元、课、框等不同层次，不同层次所包括的范围是不同的，所以，教材的微观分析可以从各个不同的层次进行。一般来说，教材的微观分析要做好以下三个方面工作。第一，划分教学因子。教学因子是教材中基本的知识单元。教师从教学实际出发，将教材划分为若干个组成单位，这些教材的组成单位就是教学因子。第二，分析教材的内部联系，包括教材内容之间的联系和教材表述方式之间的联系。分析教材内容之间的联系，就是分析教学因子内部和教学因子之间的内在联系，这种分析有利于把握教材的逻辑结构。分析教材表述方式之间的联系，主要是分析教材正文、辅助文、图片、活动框等之间的配合是否恰当，是否能够有效地发挥其功能。第三，分析教材的主要功能，包括知识教育、能力培养、情感态度与价值观养成方面的功能。

### 6.2.3 整理教材分析成果

在对教材进行分析的基础上，要通过一定方式把分析的成果表述出来。教材分析的表述并无固定的模式，但一般来看，大都是用文字式来表述，即以文字的形式把教材分析的有关项目分别进行陈述。

教材分析的项目多种多样，教师在教材分析中可以根据教学的需要加以确定。就思想政治学科教材分析来看，总结以往教材分析的实践经验，教材分析大多从教学需要出发，围绕教材地位、教学目标、教材内容结构、教材重点难点、教材呈现方式等展开。

## 6.3 思想政治学科教材分析的内容

思想政治学科教材分析的形式多种，方法多样，具体分析中所涉及的内容也存在一定的差别。但总的来看，教材分析多围绕两种不同的思路展开。

一是从教材本身出发，对教材本身的要素构成进行逐一分析，明确各个构成要素的实质及其在教材中的地位和作用，从而达到对教材的全面理解和系统把握，完成教材分析的任务。思想政治学科教材是由多方面要素构成的。例如，就单元教材而言，包括单元结构图、单元导语、课题、框题、单元综合探究等；就每一框题（课时）教材内容而言，包括题目、正文、辅助文，正文又包括基本概念、基本原理、基本观点、基本事例、活动设计等，辅助文又包括相关链接、名词点击、专家点评等栏目设计。教材分析可以根据这些教材本身的要素构成，对这些要素进行逐一分析。

二是根据教学设计的需要，按照教学设计所需要了解的项目去研究教材，进行教材分析。一个规范完整的思想政治学科教学设计，通常涉及很多项目，尤其是其中有一些基本项目是不可缺少的，教材分析可以围绕这些基础项目展开。这些项目主要包括教材地位分析、学生情况分析、教学目标分析、教材内容分析、重点难点分析、教学策略分析等。带着这些项目去研究教材，分析教材，不仅可以达到全面理解教材、系统把握教材的目的，而且可以为教师教学设计奠定基础。

一般而言，教师研究教材、分析教材，主要是为了更恰当地处理教材，进行教学设计，编写教学方案，从而更有效地开展教学活动。因此，在现实的教学活动中，教师们也大多围绕着教学设计、教学方案的编写来分析教材。基于这样的考虑，我们这里也主要从这个角度对思想政治学科教材分析的内容进行探讨。

### 6.3.1　教材地位分析

思想政治学科教材是一个整体，每一模块教材，以及每一模块教材中的每一单元、每一课、每一框，都是教材的有机组成部分，都在教材体系中占有特定的地位，都对学生的发展有着特定的意义。因此，分析教材首先要对教材的这种特定地位和意义进行分析。教材地位分析建立在教师对教材进行整体研究和把握的基础上，是教师确定教学目标和重点难点、选择和处理教学内容、编写教学方案等的重要依据。

根据上面的理解，教材地位分析显然可以从两个角度进行：一是分析所研究的教材在整个教材体系中的地位；二是分析该教材在学生发展中的地位。

**案例 6-1**

**例 1**　《政治生活》第一单元“公民的政治生活”教材地位分析①

本单元在坚持马克思主义国家观、民主观的基础上，主要介绍我国的国家性质、公民的政治权利与义务，以及公民参与政治生活的内容、行为准则和主要方式等。从知识的内在联系看，我国人民民主专政的国家性质，决定了我国公民享有广泛的政治权利，决定了我国政府是为人民服务的政府，决定了人民代表大会制度是我国的根本政治制度，决定了我国必须实行共产党领导的多党合作和政治协商制度、实行民族区域自治制度和宗教信仰自由政策，决定了我国的对外活动及独立自主的和平外交政策。因此，本单元有关国家性质的内容是全书的统领。从与社会实际和学生生活的联系看，公民的生活不能回避政治的主题，本部分教材立足于公民个体的政治生活，以发生在学生身边的可感可知并能参与其中的政治生活为主题，引导学生探究我国公民生活在怎样的政治背景、政治环境之中，在这样的背景之下享有哪些政治权利与义务，如何依法行使权利、履行义务，如何通过民主选举、民主决策、民主管理、民主监督等方式和途径参与政治生活。因此本单元立足学生生活，贯彻“德育贴近生活”理念，加强德育的针对性、时代性。从思想政治教育的角度看，通过对我国国家性质、公民在政治生活中依法行使权利、履行义务，参与民主选举、民主决策、民主管理、民主监督的意义、途径和方式的学习和了解，进一步增强学生的公民意识、民主法治意识和国家观念，坚定正确的政治方向。

**例 2**　“生活处处有哲学”教材地位分析

“生活处处有哲学”是《生活与哲学》模块教材第一单元“生活智慧与时代精神”第一课“美好生活的向导”的第一框内容，《课程标准》要求思考日常生活富有哲理的事例，感

---

①　课程教材研究所，思想政治课程教材研究开发中心．政治生活教师教学用书．北京：人民教育出版社，2008：20.

悟哲学的学问，能够开发人的智慧。本框是《生活与哲学》模块教学的起始课，是学习哲学的入门内容，主要是让学生初步了解哲学，使学生对哲学产生兴趣。因此，本框在《生活与哲学》中具有不容忽视的重要地位。

◆研究上述两个教材地位分析案例，交流教材地位分析的方法。

### 6.3.2 教材功能分析

教材主要是供师生教学用的，是教学的基本材料。因此，教材的基本功能是为教学服务，尤其是为学生的学习和发展服务。教师对教材的功能进行分析，主要是要明确教材在教学中的作用，尤其是对学生的学习和发展有什么样的作用。这种分析在教材分析和教学实践中往往具体表现为教师在研究教材的基础上，根据教材去确立教学目标。

根据基础教育新课程改革的精神，思想政治学科教学目标按知识、能力、情感态度与价值观的“三维目标”来设计。根据教材确立教学目标，必须在深入研究教材的基础上，明确该教材对学生的学习和发展具有哪些方面的价值，包括学生可以获取哪些方面的知识，锻炼哪些方面的能力，得到哪些方面的情感态度与价值观的体验和提升。

### 6.3.3 教材结构分析

思想政治学科的每一模块教材，以及每一模块教材中的每一组成部分，都是有着内在逻辑联系的，有着相对系统的逻辑体系和逻辑结构。分析教材的结构，才能从整体上把握教材内容，恰当地驾驭和处理教材。因此，教材结构分析是教材分析的重要内容。由于思想政治学科教材分模块、单元、课、框等几个层次展开，教材结构的分析也就可以从几个层面进行。

1. 教材整体结构分析

教材整体结构，就是指某一课程模块教材的宏观结构。思想政治学科各模块的教材都由若干单元构成，都围绕着一定的主线展开。分析教材的整体结构，有利于我们从宏观的角度通盘考虑教学，加强教学的计划性和系统性。

总的来说，初中思想品德教材按照以学生逐步扩展的生活为基础、帮助学生做负责任的公民的基本理念，根据内容标准的基本要求，突破学科化倾向，将心理、道德、法律、国情知识进行有机的交融，融会贯穿在初中三年中进行，根据学生知识经验的增长和心理的发展过程，按螺旋式由浅入深地安排教育内容，使思想品德教育随学生年龄的增长而逐渐深化。围绕若干个大的教育主题，来构建贴近学生实际生活需要、体现“活动内容化、内容活动化”的教材结构体系。对教学内容的前后顺序，不做硬性规定，为体现并满足学生发展的差异性，为教师灵活处理教材，创造了比较好的环境。

高中思想政治教材在整体构建上，强调以生活为基础、以学科知识为支撑，学科逻辑服从生活逻辑，以思想政治观点统率知识点。各模块的内容结构我们在本书第 5 章已有比较系统的分析，在此不再赘述。

需要说明的是，初中思想品德和高中思想政治教材在整体结构上都强调以生活为基础，突出生活逻辑，但教材结构并不完全等同于生活逻辑。构建以生活为基础的课程模块，有助于贴近生活，引发学生兴趣，调动学生的已有经验，提高学生解决实际问题的能力。但是，应该说生活本身无严格的逻辑，如果机械地按生活内容安排教材结构，容易引发人们对教材理解的争议，出现重复交叉、前后倒挂甚至畸轻畸重的状况。生活的发展不是单向的、匀速的，而是向上下四方辐射的，有些内容在某一点上会急剧膨胀。而我们的教材，则要考虑教学逻辑、容量均衡、循序渐进、前后衔接。可见，现在的教材结构，应该说更像是学科教学的逻辑。分析教材的框架体系，有助于我们从宏观层面上整体认识和把握教材的全貌，了解教材体系的基本组成和总体要求，明确教材的整体思路和单元之间的关系，这样才便于掌握教材和驾驭教材，保证教学的有效进行。

2. 教材单元结构分析

单元也叫教学单元，是教学的基本单位，在学科课程中，可以把教学单元理解为教材单元，一般称为小单元，也就是教材中性质相同或有内在联系的、可以相对独立的部分。一门学科的教材由若干单元组成，单元与单元之间也有一定的联系。教材单元的划分，有助于在一段连续的时间内系统完整地进行某一方面的知识和技能的传授，克服课与课之间的割裂。

单元结构，就是指同一教学单元内各课、各框之间的相互关系。思想政治学科每一模块教材都由若干单元构成，每一单元又包括若干课和若干框，每一课、每一框都是单元教材的有机组成部分。单元结构分析是对教材的中观分析，是教材的宏观把握到微观理解的一个重要环节，是打通教材整体框架和具体内容联系的一个结点。通过单元结构分析，可以在对教材宏观体系整体把握的基础上，进一步认识构成教材框架的基本内容或大的主题，把握单元教材的基本内容，明确单元教材在模块教材乃至整个思想政治教材体系中的地位和作用。

### 案例 6-2

**例 1**　“思想方法与创新意识”单元结构分析

“思想方法与创新意识”是高中思想政治《生活与哲学》教材第三单元的内容。本单元的核心问题是如何从思想方法的角度回答“如何正确看待我们周围的世界”。唯物辩证法的联系的观点、发展的观点、全面的观点、矛盾的观点是对这一问题的基本回答。由此出发，唯物辩证法及其基本观点和要求成为本单元的主要内容。

在具体设计上，本单元共由四课、一个综合探究组成。第七课和第八课介绍唯物辩证法的总特征，即联系的观点和发展的观点；第九课讲唯物辩证法的实质和核心，即对立统一规律；第十课讲唯物辩证法的根本要求，即创新；综合探究讲坚持唯物辩证法，反对形而上学。

**例 2**　“文化传承与创新”单元结构分析

“文化传承与创新”是《文化生活》第二单元的内容。本单元在第一单元解决“文化是什么”问题的基础上，进一步解决“为什么”的问题，即我们现在所面对的文化，是怎样通过横向的传播和纵向的继承演变成现在这个样子的。

本单元分为三课。第三课“文化的多样性与文化的传播”分析文化的横向发展播；第四课“文化的继承性与文化发展”分析文化的纵向发展；第五课“文化创新”分析文化发展的实质。

◆研究上述单元结构分析案例，探讨单元结构分析的内容和方法。

3. 教材课时内容结构分析

教材课时内容结构分析，就是指每一课时内容（一定框、目及其中的知识点）之间的相互关系。按照思想政治学科教材的编写体例，一框题大体相当于一课时的内容。每一框题包括若干目，每一框、目都包含若干的知识点，各知识点之间有着这样或那样的关系，由此构成课时内容结构。

在思想政治学科教材各框、目中，知识点之间的关系多种多样，比较常见的有以下五类。

第一，递进关系。例如，物质、运动和规律，世界是普遍联系的和用联系的观点看问题等。

第二，相似关系。例如，货币和纸币，股份有限公司和有限责任公司，文化与文明等。

第三，辩证关系。例如，生产和消费，矛盾的普遍性和特殊性等。

第四，包含关系。例如，企业和公司，唯物主义和唯物主义的三种基本形态。

第五，并列关系。例如，价值尺度和流通手段，股票、债券和保险等。

分析知识点之间的相互关系，有利于我们从微观的角度，把握学科知识的内在联系，建立系统化的知识体系。

**案例 6-3**

**《国家财政》内容结构分析**

《国家财政》是《经济生活》教材第八课第一框的内容。本框下设两目，分别讲述财政的含义、作用以及财政收支。

第一目：财政及其作用。教材通过政府出资修建地铁以及提供其他各种公共服务的探究活动，引出国家参与社会财富分配的必要性，随后主要介绍了财政的含义、本质以及财政的基本作用。这一目，教材主要讲了两层意思。①财政以及相关概念的含义。教材从现实生活中国家通过财政提供各种公共服务来揭示国家取得财政收入及参与社会财富分配的必要性，进而介绍财政的含义与本质。国家的财政活动是通过国家预算和决算来运作的。因此，教材接着简单介绍了国家预算和国家结算的含义。②财政的基本作用。第一，财政是促进社会公平、改善人民生活的物质保障；第二，财政具有促进资源合理配置的作用；第三，财政具有促进国民经济平稳运行的作用，即通过调节宏观经济运行，实现宏观经济平稳运行与增长，避免经济大起大落的作用。

第二目：财政收入与支出。这一目教材讲了四层意思。①筹集财政收入的具体渠道。一般来说，国家筹集财政收入的具体渠道包括税收收入、利润收入、债务收入以及其他收入，通常简称为税、利、债、费。其他收入并不仅仅包括收费，还包括罚没收入等。②影响财政收入的因素。影响财政收入的因素很多，主要是经济发展水平和分配政策，其中经济发展水平是基础性的。③财政支出的具体用途。教材首先阐述了财政支出的含义，接着按具体用途把财政支出划分为经济建设支出，科学、教育、文化、卫生事业支出，行政管理和国防支出，社会保障支出和债务支出五个方面。④财政收入与支出的对比关系。

◆研究上述课时内容结构分析案例，探讨课时内容结构分析的内容和方法。

### 6.3.4　教材内容分析

明确教材的基本结构和内容框架固然重要，把握构成教材基本结构和内容框架的每一要素也不可忽视。由此，在明确教材基本框架的基础上，也需要对教材的具体内容进行进一步分析。思想政治学科教材是将知识、能力、情感作为一个统一的整体来编写的，不同的章节其侧重点有所不同。但一般来看，学科知识是教材的显性因素，为教材编写的明线；能力、情感态度与价值观是教材中的隐性因素，为教材编写的暗线。知识、能力、情感态度与价值观三者相互依存、不可分割，共同构成思想政治学科教材的基本内容。由此，思想政治学科教材内容分析也可以按照这样的思路进行。

1. 学科知识分析

学科知识分析是在全面研究教材的基础上，以现代教育思想为指导，从不同层次对教材涉及的知识进行多角度、多方位的分析。所谓不同层次，就是既可以从模块层面进行，也可以在单元、课、框的层面进行。通过学科知识分析，可以明确编者意图，了解教材所选内容的特点、作用与地位，把握教材的体系及逻辑结构，为知识教学奠定基础。

一般来看，学科知识分析重点要关注以下四方面的工作。

1）知识的圈定

思想政治学科每一部分教材都有特定的学科背景，都包含着一定的学科知识。在教材分析中，要通过认真阅读和深入研究教材，圈出其中包含的学科知识点，如基本概念、基本原理、基本观点、基本规范等。

2）知识的整理

教材的知识不是零散杂乱的，而是有内在逻辑联系的。在圈定教材所包含的学科知识的基础上，要进行知识的整理，主要是要搞清这些知识之间的内部联系，确定从学习起点达到终点目标的知识学习顺序；也要搞清新知识与原有知识的联系、与其他学科知识之间的联系。进行知识整理的有效途径是对知识进行逻辑结构分析，形成知识结构图。

3）知识的延伸

在对知识的逻辑结构进行分析的基础上，教师还要对有些知识进行延伸，分析和挖掘与教材内容相关的那些潜在的知识。这些值得延伸的知识主要包括以下两类。

（1）与社会现实密切联系的知识和观点。思想政治学科有较强的时代性，随着社会的进步和发展，教材中的有些知识会有新的演变和发展。教师在进行教材分析时，要特别关注知识的最新进展，及时将相关的内容补充到教学中。例如，《文化生活》关于中华民族精神的丰富和发展，虽然提到了一些民族精神的时代表现，但还可以进行一些新的延伸：抗震救灾精神、北京奥运精神等。再如，思想政治课程内容与党和国家的路线方针政策、我国社会主义建设发展理论等有着密切的联系，几乎每年我国都要召开一些党和国家的重要会议，出台一些党和国家的重要文件，在这些会议和文件中，有一些与思想政治学科教材密切相关的但又有所发展的新的思想和观点，教师在教材分析中也必须加以关注。

（2）与学生生活、经验密切联系的知识和观点。思想政治学科课程、教材、教学都强调以学生生活为基础，贴近学生生活，反映学生需要。因此，在教材分析中，教师要在了解学生的基础上，对教材中学生易产生疑问的内容、学生感兴趣的问题等，进行适当的挖掘和拓展。例如，《文化生活》教材中有关“文化对人的影响”问题，可以结合校园文化活动进行适当拓展，包括学校艺术节、国旗下的演讲、传统节日主题活动等。

4）知识的运用

思想政治学科具有很强的实践性，学科知识来源于实践，又要指导实践。因此，对教材所涉及的学科知识进行分析，要强调理论联系实际，凸显知识的运用，主要是突出怎样用马克思主义立场观点方法和有关的学科知识，观察和分析社会经济现象、政治现象、文化现象，分析和解决现实问题，提高分析和解决问题的能力、参与社会实践的能力。

2. 学科能力分析

发展学生的能力是思想政治学科课程、教材、教学的一个重要方面。能力培养主要分两大类：一类是一般能力的培养，包括注意力、观察力、记忆力、想象力、思维力等的培养，这是任何学科都需要关注的；另一类是学科特殊能力的培养，是带有较强的学科特色、一定学科要特别重点培养的学生能力。就思想政治学科来说，学科特色能力究竟有哪些？人们有各种不同的见解。但一般来看，用马克思主义立场、观点、方法分析和解决问题的能力，参与社会实践的能力，无疑是思想政治学科最为典型的学科能力。思想政治教材作为教学的基本材料，必然关注学生学科能力培养。

在思想政治学科教材中，能力因素不像学科知识那样明显直观，而是往往隐含于教材中所呈现的知识的形成与运用过程和方法的学习与运用过程之中，与学习的过程、方法的运用密切相关。因此，教师进行教材分析，尤其是有关学科能力分析，要关注过程与方法，凸显观点，关注过程，这是思想政治学科教材编写的基本思路，也是把握思想政治学科教材的基本准则。思想政治学科教材在内容呈现上，基于案例、基于问题、基于情境，以启动、展开思维活动的过程和方法为主导，通过案例考察、问题辨析、行为表现等环节的活动设计，引导学生经历思维过程，在个案分析中展示观点、在价值冲突中澄清观点、在比较鉴别中辨认观点、在自主探究中提炼观点。这种呈现方式在展示学科知识和思想观点的同时，蕴涵了大量的科学方法，如观察、比较、综合、分析、演绎、归纳、辨析等。教师在分析教材时，要注意分析教材中蕴涵的科学方法，以便于在教学中渗透“过程与方法”的教学，培养和发展学生分析和解决问题的能力、参与社会实践的能力。

3. 情感态度与价值观分析

情感态度与价值观分析，就是分析教材中隐含的有关情感、态度、价值观因素，并最终落实到课堂教学中。情感，是人的需要是否得到满足时所产生的内心体验，强调亲身经历，用心灵感悟。例如，对祖国、家乡、自然等的热爱，对自然美、和谐美、人格美的欣赏等，就是情感的表现。态度，是指个体对任何人、观念或事物比较稳定的心理倾向。如学习态度、科学态度、生活态度等，具体表现为：乐于探索、勇于创新、敢于质疑、独立思考、不怕困难、尊重他人、自尊自信、积极健康的生活方式和习惯、实事求是、乐于奉献等。价值观，是一种涉及行为方式和目标的持久信念，影响人对事物的价值判断，进而影响人的态度和行为。例如，实现中华民族伟大复兴的使命感与责任感、人与自然和谐发展的意识、人类共同发展的意识、对环境及资源的保护意识和法治意识、主动参与社会决策的意识等，就是价值观的典型表现。

和能力因素一样，在思想政治学科教材中，情感、态度、价值观因素也是隐性的内容，隐含于学科知识所呈现的过程与方法之中。例如，我国社会主义建设的伟大成就能够激发学生的民族自豪感，坚定对党和社会主义的热爱；我国社会经济、政治、文化发展中面临的机遇和挑战，能够激发学生的民族责任感，增强为实现中华民族伟大复兴理想和信念等。

情感态度与价值观分析一般有两条途径：一是分析教材的整体结构设计、内容选取与安排、教材的主要风格和特点等方面是如何考虑和适应学生情感态度与价值观发展的；二是分析具体内容中的所蕴藏的情感态度与价值观因素，以便在教学实施过程中更好地贯彻落实。

### 6.3.5　重点难点分析

**案例 6-4**

**《生活处处有哲学》教学重点、难点分析**

教学重点：哲学就在我们身边。

重点的依据：只有理解了哲学就在我们身边，学生才不会对哲学陌生，而逐渐试着去尝试探索。

教学难点：哲学是指导人们生活得更好的艺术。

难点的依据：学生对哲学的作用之前有一定的知识储备，但没有系统地概括，因此不易理解。

◆分析上述案例，探讨教学重点、难点分析的方法。

◆结合自己的教学实践，交流探讨如何去确定教学的重点和难点。

“重点”是指教材中最基本、最重要、最具现实意义的核心部分，在整个教材中有着重要的地位和作用。教学重点既可以是知识上的重点，如学科的基本概念、基本原理、基本观点，它们是学习后继内容的基础，具有常用性和应用性；也可以是思想教育的重点，是要使学生重点把握的思想观点和重点形成的行为品质。教师在教材分析中，要在认真研究教材的基础上，把重点和非重点区别开来，明确哪些内容是重点、为什么是重点、教材对这些重点内容是如何阐述的、在教学中如何去突出重点等。

一般来说，确定和分析教材的重点，应从课程标准、学生特点、社会现实三个角度来考虑。

首先，从课程标准角度看，教材的重点应该是体现了课程标准特别的课程目标中最重要、最基本的要求的部分。或者从学科知识系统角度看，重点是处在学科知识系统各部分的结合点上的内容，它往往起着承上启下、沟通左右作用。这种教材重点是确定的、客观的，它强调教材内容在教学目标和学科体系中的重要地位，它不以学生的不同而改变，有人称之为静态教学重点。比如，《文化生活》第一单元“文化与生活”教材，重点应该有文化的内涵、文化的作用等，因为真正理解了文化的内涵、文化的作用，对于把握全部教材的教学目标和内容具有十分重要的意义。

其次，从学生角度看，教材重点是教材中能够满足当下学生生活需求和学习成长的需要，与学生实际（生活阅历、经验、知识面等）相联系，对学生今后的发展起关键作用的内容。教材本质是“学材”，教材的最终目的是帮助学生解决当下的问题和今后的发展。由于每个学生在当下学习成长中的突出问题不同、今后发展的目标与要求不同，学生还在成长中不断变化，同一个教材内容，对有的学生来说是重点，对于另外一些学生来说，可能就不是重点；在一个阶段是重点，在另外一个阶段就可能不是重点，这种教材重点会因人而异、因时而异，是一种动态变化的重点。比如，对初一的学生来说，学习“法律对未成年人的保护”的内容，就是教材的一个重点。而到了初三年级，学生开始走向成年，他们即将面临一种新的生活，在这个时候就不能把“法律对未成年人的保护”方面的内容作为一个教学的重点。从学生角度来确定的重点，具有变动性和相对性。

最后，从社会角度看，在教材中用于认识和解决当下社会现实和社会发展突出问题、紧迫问题的内容是教材的重点。比如近几年关于青少年上网的问题、校园安全的问题、社会公平的问题成为社会关注的焦点，中学思想政治学科教材与此相关的内容都可以成为重点内容。随着社会的发展和问题的解决，这类教学重点也随之改变而不再是教材的重点，因此也具有变动性和相对性。

“难点”是教材中学生难以理解和接受的部分，它往往可以是以下三种情况。一是知识上的难点，有些知识由于比较抽象或学生缺乏一定的基础，难以理解；二是思想上的难点，即在道理上学生容易理解，但思想上难以接受的内容；三是学生容易出错或混淆的内容。教师在教材分析中，要准确地找出难点，明确其难在什么地方，并考虑突破这一难点的关键是什么，采用什么方法突破这一难点更为有效。

判定和分析教材的难点，通常可以从学习内容的复杂性和抽象性、学生发展的阶段性和局限性来考虑难点的成因。具体来看，形成难点的原因主要有以下五种。

第一，学习内容的抽象、复杂。思想政治学科很多教材内容本身是抽象的、复杂的，学生抽象思维能力较差，缺乏系统分析问题的能力，不能较快或较好地理解相对比较抽象的学科知识，也难以正确认识复杂的事物或掌握事物的本质。比如，高中教材中的“矛盾的同一性和斗争性”；初中教材中的“正确处理效率与公平的关系”，就是这种难点。

第二，学生缺乏相关的知识基础和生活经验。思想政治学科的不少概念、原理、观点，对学生都是全新的内容，以往没有类似知识的学习，也缺乏相应的实践体验，从而造成对新知识认识的困难。比如：初中教材中的“我国人民代表大会制度”，就是这种难点；高中教材中的“中学生怎样参与政治生活”也是这种难点。

第三，学生知识迁移能力差。迁移能力是一个人将以往在学习或问题解决时获得的经验及知识应用于新情境，获取新知识、解决新问题的能力。知识迁移能力差，一方面表现为学生不能建立起新旧知识的联系，学习新知识就会发生困难。比如初中教材中的“平等待人”，对于不能把“尊重自己”和“平等待人”二者联系起来思考的学生来讲，“怎样平等待人”就肯定是难点。另一方面表现为学生不能把自己获得的知识经验应用到新的情境中去分析解决新的问题，在新的问题面前感到束手无策。比如：牛蒡市场价格的涨落是怎样影响药农生产活动的？怎样才能减少牛蒡价格暴跌带来的损失？怎样分析解决这两个问题，对知识迁移能力差的学生来说，就是一个难点。

第四，学生正确的情感态度与价值观和行为习惯的养成的长期性和艰巨性。学生的情感态度和行为习惯的转变都需要一个长期的过程，不可能“毕其功于一课”。比如，学生用社会行为准则来规范自己的行为，学生的行为要从他律变成自律，就是一件很难的事，这也是教学的一个难点。

第五，社会环境的复杂性和多样性。思想政治学科具有很强的社会现实性，各种社会现象、社会问题都会对教学产生影响。有些思想政治学科教材上的道理，学生从理论上懂得并不难，但由于社会环境的影响，这些道理要真正让学生相信、接受并不那么容易，从而形成难点。

## 6.4　思想政治学科教材分析的方法

思想政治学科教材分析如何展开？这是进行教材分析必须面对的问题。总的来看，思想政治学科教材分析的方法多样，可以从不同的角度去思考。教学实践中，教师们都根据实际需要，从不同的角度、用不同的方法对教材进行各式各样的分析。前面我们所讲的教材分析的基本步骤，实际上也可以看作是教材分析的一种有效方法。

### 6.4.1　教材分析的系统方法

资料卡片

**对“系统”和“系统方法”的理解**

“系统”（system）一词源自希腊语，原意是指部分组成的整体、集合，现在人们常用系统来表示复杂的、具有一定结构的整体。在宏观世界和微观世界，从基本粒子到宇宙，从细胞到人类社会，从动植物到社会组织，无一不是系统的存在方式，系统时时处处可见。

系统方法，就是把对象放在系统的形式中，从系统观点出发，从系统和要素、要素和要素、系统和环境之间的相互联系和相互作用中综合地、精确地考察对象，以达到最佳处理问题的一种方法。

从不同的研究和目的出发，可对系统作不同层次和不同范围的划分。学校教育、中学思想政治学科课程、思想政治学科教学、思想政治学科教材等等，都可视为一个一个相对独立的系统，都可对它们进行系统分析和研究。一个系统可以包括若干子系统，但它本身又是另一个更高层次系统的子系统。

教材分析的系统方法是把教材作为系统进行分解、综合和择优化研究的科学方法。它的根本特征在于从教材系统的整体性出发，把分析与综合、分解与协调研究结合起来，正确处理部分与整体的辩证关系，科学地把握教材系统，达到对教材的整体把握。

1. 教材系统的宏观分析

教材系统的宏观分析，就是把中学思想政治学科教材作为一个系统，分析该系统有哪些子系统和影响因素。

单元、课、框、目是思想政治学科教材系统的子集（子系统），课程标准、学生、社会现实和科技发展等因素，都影响和制约着教材的整个系统。通过对教材系统的宏观分析，可以从宏观上明确整个教材体系的性质、根本目的、设计理念、编写思路、基本内容、基本框架结构等等，从而对教材体系有一个整体的把握。

例如，对人教版《思想品德》教材的宏观分析，可以从该教材的理念、特点、设计意图和整体框架等方面着手。

从教材的基本理念看，基于以下四点：第一，基于“学习论”的德育观，以帮助学生将道德学习作为教材的主要功能；第二，基于“生活德育论”，教材力求走进学生生活，贴近学生文化；第三，体现当前德育改革的精神，坚持主流价值引导与学生自主建构的结合；第四，基于德育美学观，教材是道德美的存在方式和追求。教材的基本理念体现了教材本质，该教材是对初中学生进行思想品德教育的一种重要素材和教学资源。

从教材的主要特点看，突出表现在三方面。首先，避免德育课程学科化的倾向，追求教材内容的整合性。生活与德性成长不是某一个学科研究的问题，教材转向增强课程的德育功能，重视促进德性发展，教材在注意传授道德知识的同时，更注重情感、态度和价值观的学习。其次，教材注重学习的过程与方法，体现教育内容的生成性。教材是课程内容的载体，也是引导学生学习的文本。教材应体现学生自主建构的过程。而这一过程，是学生现有生活经验与教材内容的互动，教师的活动，学生的活动，教师和学生的互动，都可能生成新的教育内容。最后，教材有必要的留白，强化道德思维能力的培养。教材适当的留白，为学生提供自由想象、自主思考的空间，避免简单化地作定义式的解读；力求在启动学生思维的基础上，在鼓励学生尝试探究的过程中，体现教材的开放性、诱导性、引领性。

从教材体系的结构看，组织教材内容有三个维度：一是学科的维度：心理健康、道德、法律、国情；二是课程目标的维度：情感态度与价值观、能力、知识；三是学生生活的维度：认识自我——我与他人——我与集体、国家、社会逐步扩展。立足于学生当前成长过程中存在的问题，着眼于学生未来发展、终身信守的价值取向（核心概念），分年级组织教材的逻辑体系、内容结构。根据学生现实的成长历程的特点和需求，安排教材内容序列。结合初中学生不同年级的主要问题，确定各个教育主题，围绕教育主题扩展教学内容。以有意义的生活主题为一级标题，建立相对独立的单元结构。以体现价值取向的观点表达课题，这是二级标题，即课题作为支撑生活主题的重要环节。以洋溢生活气息、有寓意、个性化的内容，建立框题，也就是三级标题。

从教材内容的呈现看，注意基于生活（问题）、基于案例（情境）、基于活动（体验）。围绕基本价值观的形成和确立，力求内容的呈现生活化、活动化，在启动思想的过程中提炼课程目标的意义，使学生在情感体验和主动探究的过程中感悟课程目标的意义，形成基本的价值观。教材内容呈现的“路线图”如图 6-1 所示。

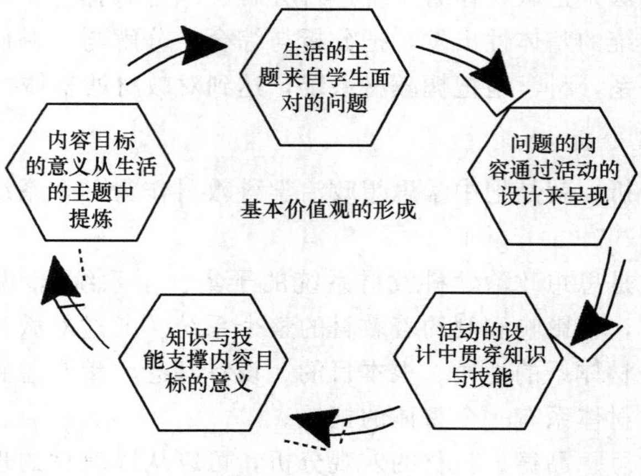


图 6-1 教材“路线图”

2. 教材子系统的微观分析

人们对事物的清晰认识，不仅要从宏观上给予整体的把握，了解事物的基本面貌和一般本质，而且还需要从微观上认真分析事物，了解事物局部的构成要素、要素的种种关系及其个别特征，了解各要素形成这些关系及个性的种种原因，进而找到解决问题的有效方法，我们对教材的认识分析也同样如此。要把教材各个子系统从教材总系统中分离出来，单个地对每一个单元、每一课、每一框、每一目等教材进行具体分析，找出每一个子系统的构成要素和主要成分，并分析它们各自的作用以及相互之间的关系。子系统的要素主要是指教材中的知识概念、技能方法、问题思考、探究活动、名言格言、人物故事、案例分析、专家点评、图片资料、相关链接等，它们构成了教材的基本内容。

例如，人教版初中《思想品德》教材按照单元、课、框、目等层次编写。

单元开始，安排"主题探究活动"，突出研究性学习、合作学习，调动学生积极参与教学活动，并通过实践活动内化、体悟知识，运用所学知识解决实际生活问题。

每课引言：通过趣味引入，吸引学生；承前启后，体现课与课之间的逻辑关系，揭示本课基本内容。引言文字精练，大多由精彩事例引入；把各课引言连排成文，能清晰反映出全书的逻辑结构。

正文设计：引言后直接列出框题，然后进入正文。依据具体教育目标，精心安排适合学生学习、参与、活动、体验、内化及实践应用的综合内容。一般由有趣的可辨析的事例入手，为学生提供真实的情景、参与教学的空间。然后据本框目标，引导学生活动。可分析、可讨论、可扮演、可选择，可填表……根据目标和学生实际，根据思维冲突的需要，提供相应的资源（图表、资源链接、资料等）。正文内容使用两种字体：宋体和楷体。宋体用于表述和分析基本事实、一般概念、观点和结论；楷体用于提供教学活动所需资源，所用材料新颖、典型、有趣，富于思辨性，与学生时空相近、心理相容。

辅助小栏目：思想品德教材在正文相应位置辅设小栏目。例如，相关链接、资料卡、名言等，介绍典型有趣的材料、简短的法律条款，列出恰当的名言警句和语录，强化学生对教材的理解。

插图：意在增加教材的可视性、思辨性，做到图文并茂。插图紧扣教材内容，图意明确，构思力求新颖，画面美观，思想性强，能够形象地反映课文内容。插图的具体安排根据教学设计来定。

通过对教材各个子系统和子系统构成要素的分析，可以明确每一个要素在子系统中的地位和作用，每一个子系统在教材系统中的地位和作用，从而把握各个子系统的系统结构与功能特性，找出子系统各个要素之间的相关性，搞清楚子系统中的事实、概念、观点、原理、方法、背景、过程，以及它们的内在联系。这样，可以达到对教材深入理解和把握的目的。

### 6.4.2　教材分析的具体方法

前面所讲的系统方法，是教材分析的根本方法，对教材的性质、理念、设计思路、整体框架、单元结构、具体内容、课程与教学目标的理解与把握，都具有普遍指导意义。这里所讲的教材分析的具体方法，是教师立足于教学需要，为了在教学中更好地把握重点和难点、帮助学生理解知识和解决实际问题等，来进行教材分析的方法。

1. 知识分析法

知识分析法是通过对教材知识体系的分析，弄清教材知识体系，以及各部分知识在教材中的地位，以便根据各部分知识的不同地位和层次，在教学中采取不同的对策，达到理想教学效果的一种教材分析方法。

运用知识分析法进行教材分析，首先要对教材所涉及的知识进行梳理，明确教材包括哪些知识，弄清教材知识结构，并根据这些知识的内在联系，形成知识网络，必要时整理成知识结构图；同时，还要对教材中的知识进行进一步确认，明确哪些是一般知识、重点知识，哪些是扩展知识、应用性知识等，以便更全面深刻地理解教材知识，提高处理教材的能力。

**案例展示**

### “寻觅社会的真谛”知识分析片断

《生活与哲学》第十一课“寻觅社会的真谛”，把“社会存在决定社会意识”、“从社会物质生产特别是生产力和生产关系的矛盾运动来解释世界，认识社会发展规律”作为该课的内容，主要涉及对社会历史观的科学理解。

分析理解社会历史观必须从实践入手，实践是唯物史观的历史和逻辑的起点，也是打开社会历史奥秘的锁钥。因为“社会生活在本质上是实践的”，只有把社会的本质理解为实践，人类社会的客观性才会得以确立。虽然在课文中没有正面回答“社会生活在本质上是实践的”，但是，在课文的生活和逻辑的进程中却处处透显着这一思想。

首先，无论是社会存在，还是社会意识，都是在实践的基础上生成的。离开了人类的实践活动，就不可能形成社会存在的根本内容——生产力和生产关系，也不可能形成反映社会存在的政治结构和思想文化，因此，实践形成了社会生活的基本领域，形成了全部社会关系。

其次，实践还构成了社会基本矛盾的运动（有了人类征服和改造物质世界的实践活动，才有了生产力、生产关系、上层建筑），构成了社会发展的根本动力，因此，实践是打开社会历史奥秘的锁钥，也是唯物史观赖以建立的根本。

要把握第十一课中的两个主要问题，即社会发展的规律（第一框）和社会历史的主体（第二框），就必须牢牢抓住实践，从实践入手破解社会历史之谜，从实践入手寻觅社会的真谛。实践构成了社会存在和社会意识的基本内容，形成了社会基本矛盾的运动，推动了人类社会由低级向高级的发展，构成了社会发展的根本动力。人民群众是实践的主体，是社会历史的主体，是一切价值的创造者，明确这一点就为第十二课讲价值判断和价值选择奠定了基础。所以，社会实践是理解该课内容的关键和钥匙，是该课的教材重点，“社会生活在本质上是实践的”，成为该课的教材难点。

2. 心理分析法

心理分析法是从学生学习的心理过程入手，挖掘和研究教材中的心理因素。教材的心理分析，一般包括两方面：一是从分析教材的心理因素入手，分析编著者在全书的整体结构设计、内容选取与安排、教材的主要风格和特点等方面是如何适应学生的心理发展的；二是分析学生在学习的具体环节的心理过程、特点及其障碍，以便在教学实施过程中更好地落实教学要求。

中学生学习思想政治学科的一个心理障碍是畏惧学习。有些学生受社会、家庭、学校等多方面因素的影响，在学习心理上产生了矛盾与困惑，对学习有恐惧感。积极的情绪能提高大脑皮层功能的张力，通过神经生理机制保持人体内外环境的平衡与协调，负面情绪则会严重干扰心理活动的内稳定，导致认识机能障碍，以致失去正确的判断和认识能力。情绪障碍会更直接、更严重地影响他们的学习，为克服学生这一心理障碍，思想政治学科教材充分注意到学生的心理特征，教材内容及呈现方式较生动活泼，图文并茂，联系学生生活实际，引导学生在学习活动中多看、多想、多议，充分调动学生的学习主动性，增强他们学习的兴趣，这些都是符合学生的学习心理的。我们在教材分析中要认真挖掘这些积极心理因素。

中学生学习思想政治学科的另一个心理障碍是排斥学习的心理。学习的一个重要动力是兴趣，而中学生的兴趣容易变化。一方面是有些学生的兴趣仅仅停留在“有趣”的低级水平，即“好玩”的水平；另一方面是由于要掌握的知识内容较多，学习又不得法，学生感受不到学习的乐趣，感受到的只是负担和面对众多知识而不知所措的心理疲劳。因此，学生非常容易受到各种外界因素刺激和影响而发生兴趣的变化与转移。教师在教材分析中应根据具体教材和学生情况进行心理分析，在全面而客观地分析学生的兴趣倾向及个性心理特征的基础上，对其学习心理加以正确的分析与引导，不断提高学生的认知兴趣水平，使他们在“有趣”心态的基础上，把兴趣提高到“乐趣”，以至“志趣”的水平，使短暂兴趣变为持久兴趣，克服学生排斥学习的心理。

通过对学生心理的分析，老师在选择教学内容时就应该从学生感兴趣的话题入手，与学生一起讨论它的利弊，一起探讨提高自我管理能力的方法，以帮助学生正确认识周围的事物，提高辨别能力，并能运用正确实用的方法抵制诱惑。

3. 方法论分析法

方法论是关于目标及其实现途径的理论，它包括目标的产生、目标的转移、目标之间的关系等。

目标变换是方法论分析法中最常用的方法。在目标之间的关系中，可以把一些相关的目标分为主目标和从属目标。在确定主目标后，如果主目标一时无法达成，可以把主目标放在一边，先去实现从属目标。这样，主目标暂时转移到了从属目标，这就是目标变换。在从属目标下还可设立更小的从属目标。当从属目标达成后转回到原先的主目标时，成功的把握就更大了。这种目标的转移和转回的过程构成了实现目标的途径。

为达到目标，需要满足一些条件，那么满足条件又成了新的目标。这样，达到目标的过程又成了找出必要条件并满足必要条件的过程。就是说，要达到目标，需要找出不能达到目标的原因，然后针对那个原因着手解决问题，最后达到目标。

**案例展示**

**“唯物辩证法的实质与核心”教材分析片断**

“唯物辩证法的实质与核心”这一课，最终是要使学生明确对立统一规律是唯物辩证法的实质和核心，这是本课的主目标。学生一开始对此难以理解，因此，可以先把这个主目标放在一边，去追求“矛盾是事物发展的源泉和动力”这个从属目标（实现主目标的条件)。要更好地把握“矛盾是事物发展的源泉和动力”，必须理解“什么是矛盾”、“事物矛盾问题的精髓”、“矛盾分析方法的普遍意义”、“具体问题具体分析”等内容，这些既是更小的从属目标，也是达成“矛盾是事物发展的源泉和动力”这一目标的条件。只有这些从属目标实现后，最后才能真正懂得“对立统一规律是唯物辩证法的实质和核心”。

## 6.5 思想政治学科教材分析的基本要求

### 6.5.1 教材分析要明确目的

教材分析要明确目的，包括两个方面的内容：一是教材分析的目的，即教材分析是为了什么；二是教材的目的，即教材要实现的基本目标和具体目标是什么。

1. 教材分析的目的

教材分析的目的，就是为什么要分析教材。

首先，分析教材是教学的需要和教师发展的需要。通过教材分析，明确教材的基本结构、内容和方法等，教师才能实现对教材内容的自我意识、自我转化和创造性的建构，可以为教师进行教学设计、顺利完成教学任务奠定基础。同时，通过教材分析，可以逐步培养与提高教师自身分析、研究和处理教材的能力，加深对教育理论理解，为提高教师的教学业务能力和自身素质，逐步把自己培养成为研究型、创新型、专家型的教师创造条件。

其次，教材分析是帮助学生学习和健康成长的需要。通过教材分析，使教材真正成为“学材”，教材内容通过教师的教和学生的学，真正内化学生的知识、技能、行为方式、情感、态度、价值观和行为习惯等。教师分析教材必须分析研究学生，全面了解学生学习的心理特点和思想状况，了解学生原有的知识基础和已掌握的知识和技能，学生的学习目的、学习方法、兴趣爱好等。只有在深入了解学生的基础上，才能很好地去组织教材、选择恰当的教学方法，突出重点，克服难点，培养和提高学生的思想政治素质、道德品质素质，培养德、智、体、美、劳全面发展的社会主义合格公民。

再次，教材分析是熟悉“教学什么”的需要。教材内容虽然不等于教学内容，但思想政治学科教材是教学内容和教学材料的最重要载体。思想政治学科所要教学的基本知识、技能、思想、观点、信念、行为习惯等，大多通过教材来承载和展现。通过分析教材，理解和掌握教材内容，也就把握了教师“教”的基本内容和学生“学”的基本内容。

最后，教材分析是提高课堂教学质量的需要。教材分析是进行教材处理、编写教学方案、实施教学活动的基础。只有认真研究和分析教材，才能深入认识教材的内容和编写特点，对教材内容进行科学处理，并在此基础上，优化教材内容，转变教学方式，采用有效的教学策略，实现教学的最优化。

2. 教材的目的

思想政治学科教材的基本目的，就是体现提高学生思想品德和思想政治素质的要求，跟进基础教育改革的步伐，方便教学的进行和教学方式的改进。正因为如此，新的思想政治学科教材突出思想观点教育，以观点统率知识点；强调教学内容与学生现实生活的联系，关注学生的生活实践，使其获得基础知识与基本技能的过程，同时成为学会学习和形成正确价值观的过程；鼓励学生主动参与、乐于探究，培养自主获取新知识的态度和能力；改变过于注重知识传授和学科体系的现状，处理好生活主题与学科知识、生活逻辑与理论逻辑的关系，坚持以生活逻辑为主线，避免用理论逻辑打乱生活逻辑。

思想政治学科教材的目的，根源于学科标准教材中有关课程目标的规定。思想政治学科教材是依据学科课程标准编写的，教材分析的主要根据之一也是学科课程标准。只有深入钻研课程标准，准确领会和牢牢抓住课程目标，才能明确教材的基本目的和具体目的，掌握教材的框架体系，领会各部分在整个教材中的地位与前后联系，如教材的重点、难点，教材内容的组织结构与呈现方式，观点与材料的关系以及知识教育与思想教育的关系等，这样的教材分析才不至于流于形式。

在当今教育、教学改革深入发展的时代里，时代赋予了教材新的内涵、地位和教育功能。我们在分析教材的过程中，还应考虑到现代教材与传统教材在目的与功能方面的巨大变化。在现代，教师不是教科书的被动执行者，而是课程的开发者，教材仅仅是教师教学和学生学习的重要材料，而不是教学和学习内容的全部。在现代意义上，需要教师以更宽的视野、更高的视角和更开放的眼光，跳出教材去分析教材。围绕传授知识、培养能力、转变态度，提高人的素质这个总目标，在师生的教学互动中建构适合学生学习的内容，改善学生学习方式，使学生真正成为学习的主体，这是教材赋予现代教师的时代责任。

### 6.5.2　教材分析要回归教材

教材是教材分析的对象，也是教材分析的基础。教材分析必须回归教材，立足于教材本身，才能通过教材分析，真正把握教材。

1. 认真研读“致同学们”与“目录”

每一本人教版的思想政治学科教材前面都附有“致同学们”，相当于编者的“说明”或“编者的话”。虽然教材“说明”的内容不尽相同，大致包括编者的意图、教材体系结构、内容安排、编写特点、如何学习使用教材等。分析教材，先要研读分析教材的“致同学们”，了解编辑的意图和要求、教材内容安排和编辑特点，这对掌握教材和运用教材是很有帮助的。

同时要认真研读教材目录，大致了解教材的单元构成以及每个单元的基本内容，比较教材框架体系与基本内容和课程内容标准与要求的异同，思考为什么教材要对课程内容进行调整，教材编写者的意图是什么，这种调整有什么意义等，这对我们快速了解教材的整体框架，掌握教材的基本内容与逻辑结构是很有帮助的。

2. 通读教材，了解全貌

通读教材是分析教材的基础环节。通过通读相关教材，可以了解教材的整体框架和要求，各单元的主要内容，各课内容的正文、辅助栏目设计，各单元、课、框在教材中的地位和作用，各单元、课、框之间的关系等等，从而对教材体系及特点等有一个较全面、系统的了解，建立起对教材的完整印象，把握教材的整体结构。

3. 细读教材，把握精要

教师在通读教材、“观其大略”的基础上，要对教材进一步细读精读，对教材的每一段落、每个字词句要细细品味，对每一个概念、原理、观点都要了如指掌，对教材中设计的各种探究活动、思考与练习等要用心揣摩。这样，教师才能把握教材的精微之处，把教材的内容搞深搞透，为分析教材奠定基础。

细读教材，是为了更深入、透彻地理解教材。一般来看，对教材的理解主要是要注意准、透、新。所谓“准”，就是对教材的理解要准确。对教材中阐述的基本概念、基本原理、基本观点等要正确了解；对教材中蕴涵的科学方法、思想观念要正确认识；对教材的内容结构、理论体系要正确把握，等等。所谓“透”，就是对教材的理解要透彻，能够熟练运用。在准确把握教材后，还需要把对教材的理解引向深入，对教材内容进行全方位、深层次的认识。这样，教师的教学才会更自如，对学生更有吸引力；学生也才会收获更丰富，受到的教育更深刻。所谓“新”，就是对教材的理解要体现新意。要注意以新的教育教学思想和理念为指导，从新的视角、用新的方法去审视教材内容，或突破传统思维的束缚，提出新的观点、新的方法；或突破教材的模式，对教材内容进行新的组合，形成新的看法、新的思路，等等。

4. 变换视角，多侧面体会教材

不可否认，教师要从自己的角度去审视教材，明确自己要教的内容和方法，体会教材内容中的重点难点，并设计实施教学的方案。但同时教师也要注意从教材编写者、学生的角度去阅读教材。

教材是编者根据教学的总体目标、学习规律和学生的认知心理特点等精心编写的，从编者的角度去阅读教材，可以更好地理解编者的编写意图，把握教材编排的体系，更深入全面地掌握教材内容及其渗透的方法。

从学生的角度阅读教材，可以体会学生面对教材内容可能思考的问题，如教材内容中哪些比较简单、容易把握，哪些比较复杂、难以理解，这些内容与过去学过的知识有没有联系、有什么样的联系，等等，这样，才能更好地使自己教学设计和实施贴近学生，收到良好的教学效果。

## 6.5.3 教材分析要系统全面

1. 系统分析教材

首先，通过系统分析教材，把握教材的整体框架结构。教材是一个复杂的系统，教材内容的逻辑结构，反映了教材中知识、能力、情感态度与价值观等方面内容体系的构成。分析教材的宏观体系结构，应从系统的整体性出发，深入理解教材编写的指导思想、设计整体思路与编写意图，熟悉整个教材的基本内容，了解教材的各个部分在整个教材或单元中所处的地位，了解教材内容的逻辑结构，达到对教材的整体把握。

其次，通过系统分析教材，把握教材的具体内容及其相互关系。要认真对教材中的每一课、框、目进行研究，对教材中的正文、各个辅助栏目进行深入分析，理解教材在各个维度、各个层次的学习内容，明确各单元、各课、各框在教材中的地位和作用，以及各单元、各课、各框之间的关系等等。

2. 全面分析教材

系统分析教材，是从教材内部关系来分析其框架结构与构成要素；全面分析教材，主要是从各种维度和影响因素来分析教材的质量，分析教材与其他外部事物的相互关系。

1）分析教材的三个维度

第一，从知识与科学性维度来分析教材。作为学生的知识资源和学习工具，教材以什么作为指导思想去概括人类的知识，或者说，选取了什么样的知识作为教学的内容，怎样将学生学习的必要知识以恰当的方式汇集起来，这反映了教材的质量水平，是分析教材的一个很重要的维度。

第二，从思想品德与文化内涵维度来分析教材。教材不仅是学生在知识与智力方面进行学习的资源和工具，也是帮助学生提高思想品德修养，认同自己的文化归属的资源和工具。教材有哪些丰富的思想文化内涵，展现了哪些高尚的道德情操，这是分析教材的又一个很重要的维度。

第三，从认知与心理规律维度来分析教材。作为学生学习的工具，教材在内容的选取和组织表达的方式上是否遵从人类认识事物和学习认知的规律。在中小学阶段，学生还未成年，其心理特点和认知发展水平都与成年人有较大的不同，教材是否适应、如何适应青少年的认知和心理特点，这也体现教材的水平，是分析教材的第三个重要维度。

2）分析教材与各种影响制约因素的相互作用

第一，教材的设计和编写受多方面因素的影响。如课程标准、学生认识发展规律、基础教育改革的基本精神、党和国家路线方针政策的变化、社会形势的发展、中学相关课程和教材等等。教材分析要考虑这些方面的影响因素，明确这些因素对教材带来了哪些影响，如何正确看待这些方面的影响。

第二，教材的使用也受多方面因素的影响。教材的价值是在教学的过程中实现的。在教材实际使用的过程中，教材是通过与教师、学生、教学环境、教育目的、社会等因素相互作用，发挥其应有的作用。因此，教材分析也要考量教材与这些因素的关系，以实现教材作用的最有效发挥。

### 6.5.4　教材分析学习与创新

教材分析的学习与创新，一方面是指教材分析要充分借鉴、吸收前人和他人在教材分析领域积累的丰富成果与优秀资源，为我所用；另一方面是指教材分析不能照搬前人和他人成果，而要在学习吸收前人成果的基础上，要结合自己的教学实际，在前人的基础上有所创新，更适合在新情境下学生的具体学习，促进教学及研究的发展。

1. 充分吸收教材分析领域积累的已有成果

学习是人类进步的阶梯，学习是创新的基础。每个人的一生，都是在学习中成长成熟，不学习，没有知识和经验的积累，就不可能有创新。当今世界已进入信息化时代，知识更新加快，每天有大量的信息排山倒海般涌来，要跟上时代潮流，就必须要勤于学习、善于学习、主动学习、终身学习，使学习成为一种责任和一种生活方式。

在我国，教材分析与研究方面具有良好的传统和优势，很多教育工作者都进行了教材分析的研究和实践，既形成了比较丰富的研究成果，也积累了大量的教材分析的实践经验，完全可以为我所用。广大教师在教材分析中，要对这些研究成果进行比较分析，吸收其中有益的营养，充分利用各种教学参考书、教案、教学案例、说案、教学反思、教学研究论文、教学研究专著中关于教材分析方面的优秀资源，将其应用到教材分析与教学设计之中，使我们的教材分析具有更宽的视野、更高的起点，少走别人走过的弯路。教材分析只有站在前人积累的成功经验基础之上，才能发现自己在教材分析方面存在的问题，以及别人在教材分析方面还未解决的问题，通过不断探索和反思，把教材分析和创新推向前进。

2. 教材分析的创新

人类社会的文明与发展都是以不断创新为动力的。人类每前进一步，都是创新的结果。

我们强调在教材分析中要注意充分学习和吸收已有成果和经验，但学习不是简单的重复，吸收也不是照搬照抄。在学习和吸收的过程中，要能够获得新的理解和体会，发现新问题和解决问题的方法。

一般来说，教材分析必须依据课程标准、社会现实、科技发展成果，必须依据当时当地的学生实际、学校实际。不同的时代、不同的社会现实、不同的学生特点、不同的教学条件等等，都会对教材分析产生影响。因此，前人的教材分析理论不一定完全适合现代，他人的教材分析经验也不一定完全适合自己。这就要求我们进行教材分析，在学习别人的教材分析成果和经验时，要比较分析、思考总结，从现有的实际出发，在教材分析中注入自己的思想，体现自身的特色。

## 复习与思考

1. 如何认识思想政治学科教材分析及其特点？
2. 结合自己的教学实践，谈谈教材分析的重要性。
3. 结合自己的教学实践，介绍教材分析的一般步骤。
4. 简要介绍教材分析的基本内容和方法。
5. 相互交流，谈谈教材分析要注意的问题。
6. 自选一定的中学思想政治学科教材，进行教材分析活动，并相互交流。

# 第 7 章 思想政治学科教学中的教材处理

**学习目标**

1. 了解教材观及其类型，明确随着基础教育改革的发展，思想政治教师要树立新的教材观。

2. 了解思想政治学科教材处理的基本思路，掌握思想政治学科教材处理的内容和方法，明确思想政治学科教材处理的原则，提高教材处理的能力。

3. 了解思想政治学科教材处理中合理安排教学结构、恰当取舍教材内容、积极突出教材重点、有效突破教材难点、灵活运用教材所留下的空间、有效升华教材主题的方法，能够有效地开展教材处理活动。

4. 分析教材处理的案例，进行教材处理的实践，在教材处理的实践中提高教师专业素养。

**关键词** 教材观；新的教材观；传统的教材观；材料式教材观；自由式教材观；教材处理；教学内容结构；教材内容；教材重点；教材难点；教材空间；教材主题；方向性原则；整体性原则；针对性原则；灵活性原则

思想政治学科教师进行分析教材的一个重要目的，是恰当地处理教材，进而为教学设计和开展教学活动做准备。因此，在教材分析的基础上，如何对教材进行处理，以提高教材使用的效率和教学的实际效果，也是每一个思想政治学科教师需要关注的问题。

## 7.1 树立新的教材观

### 7.1.1 新的教材观和传统的教材观

1. 教材观释义

关于教材观的含义，不同的学者用不同的语言进行过各种各样的界定。比如，任丹凤认为，教材观“是对教材的价值、作用、评价标准和处置方式的基本看法，教材观决定和影响着教师的教学方式”①。毕华林则认为，教材观“就是教师对教材本质及其功能的基本认识，它反映教师对待教材的态度和方式”②。他认为，教材观不仅涉及“教什么”，也涉及“如何教”，从根本上影响着教师的教学方式。陈柏华、高凌飚认为，教材观是人们对教材的内容、属性、结构、功能等的基本看法，不同的教材观体现不同的教材内容观、组织观、功能观以及教学观③。

虽然他们对教材观的定义在具体语言的表述上不尽相同，但是大部分学者都认为教材观包括对教材内容、属性和功能等方面的看法和认识。通过对不同学者的观点进行收集和整

① 任丹凤．中小学教科书编制设计的理论与实践研究．华东师范大学博士学位论文，2003：106.

② 毕华林．教材功能的转变与教师的教科书素养．山东师范大学学报（人文社科版），2006：88.

③ 陈柏华，高凌飚．教材观研究：类型、特点及前瞻．全球教育展望，2010，(6)：64.

理，我们认为，教材观就是教材使用者对与教材相关的基本要点的看法和观点，包括教材内容观、教材组织观、教材功能观以及教材教学观等。

2. 教材观的类型

关于教材观的分类，很多学者提出了自己的见解。其中，陈柏华和高凌飚提出了较为细致的类型划分。他们将教材观划分为七种类型，分别是圣经式教材观、经验自然主义教材观、科学取向教材观、结构主义教材观、范例式教材观、人本取向教材观以及建构主义教材观，并且从教材内容观、教材组织观、教材功能观以及教材教学观四方面对以上七种类型的教材观进行了对比分析，详见表 7-1。

**表 7-1　教材观的类型**

| | 教材内容观 | 教材组织观 | 教材功能观 | 教材教学观 |
|---|---|---|---|---|
| 圣经式教材观 | 把教材知识视为唯一教学资源，要求师生对课本知识的绝对服从和信赖 | 没有统一的规定，但更重视按照学科自身的特点来组织 | 传送经典，教材的绝对权威性和不可动摇性 | 以教材为中心，教师照本宣科、学生被动接受 |
| 经验自然主义教材观 | 重视儿童的经验 | 强调教材的逻辑经验和心理经验的统一 | 教材要能成为儿童的生活经验，促进儿童的不断生长 | 以儿童为中心，也重视教师把学科教材解释为儿童的生活经验中的作用 |
| 科学取向教材观 | 重视基本技能和知识的学习，要跟目标相吻合 | 逻辑组织与心理组织的统一，侧重于心理组织 | 为成人生活做准备，而不仅仅是为当下生活服务 | 强调要按照预定目标进行教学 |
| 结构主义教材观 | 重视教材的基本概念、原理和学科的基本结构 | 螺旋式组织、直线式组织和圆周式组织的结合 | 重在发展学生的智能 | 以学习间接经验为主，重视教师的主导作用 |
| 范例式教材观 | 重视知识与社会生活的联系，强调知识的范例性和再组织性 | 按照主题来组织教材，重视学科知识的横向联系 | 师生进行教学的拐杖、支点和范例 | 主题式或任务驱动式教学，重视学生在教学中的作用 |
| 人本取向教材观 | 个人对知识的认知和感知、个人的生活经验 | 认知与情感并重，更重“善”在教材中的体现 | 促进每个人的发展 | 学习者中心，重视学习的内发性、自由性和向善性 |
| 建构主义教材观 | 生成性、理解性和情境化的知识 | 侧重教材的心理组织 | 促进学生的学习和意义的建构 | 学生中心，教师起指导者、促进者的作用 |

**问题探究**

◆查阅相关资料并对其中关于教材观的分类进行整理对比，结合自己的教学实践，分析不同类型教材观的利弊。

◆根据基础教育课程改革的基本精神，你认为我们要树立什么样的教材观？谈谈你的理由。

根据教材观产生的时间和其具体内容，我们将教材观分为两类，即传统的教材观和新的教材观。其中，传统的教材观是指“圣经式”教材观，新的教材观则包括材料式教材观和自由式教材观。

1）传统的教材观

传统的教材观即“圣经式”教材观，是指教师对学科所用教材秉着虔诚笃信的态度，就如西方人对《圣经》的崇拜一般。这种教材观将教材视作学科知识的浓缩和再现，认为教材不止是学科知识的物质承载体，也是学科知识的来源与归宿，它具有固定的和强化的知识体系，教材内容是师生应该共同遵循的最高宗旨，具体表现在三个方面。

（1）在教材组织上，看重教材本身的逻辑顺序，按照教材的编排进行规矩和呆板的教学，不会根据教学规律进行灵活的调整与改变。

（2）在教材功能上，教材对教师的教与学生的学进行规范和安排，是教学的规范和标准体系。教材的功能是对教学内容、方式和目标进行硬性规定，对规范化和固定的学科知识进行教授和学习。

（3）在教学观上，教学完全服从于教材与教师，教师是教学关系的中心，是教学过程的主体，负责将教材知识完整的向学生传授，学生只负责接受学科知识，学生成了被灌输知识的容器，学习缺乏主动性与积极性，教学效果必然违背教育的最终目的。

2）新的教材观

新的教材观包括材料式教材观和自由式教材观。

（1）材料式教材观。材料式教材观重在利用教材，注重赋予教师和学生在教学过程中的自主性和灵活性。具体表现如下。在内容上，将教材视为学科知识呈现方式的一种，而不是学科知识的全部，教师可以以教材为中心，开发其他的教学资源运用于教学，或者将教材上的内容通过其他途径教给学生。教材是对本学科基础知识进行介绍与讲解，重视内容的来源与呈现，密切联系学生实际生活。在教材组织上，教材通过模块式或者主题式形式编排，更加考虑教学实际。在教材功能上，教材充当着师生互动的媒介，教与学都应围绕教材展开。在教学上，强调教材服务教学。“万变不离其宗”，教学在遵从教材主要内容和精神的基础上，师生都拥有更多的自主权，可以根据教学实际进行相应调整，对教材内容进行选择性教学，或者做相应补充。相比较“圣经式”教材观，材料式教材观是一个很大的进步。在教材内容上，它要求尽量去掉纯理论的知识学习，教学内容要与学生的实际生活紧密联系起来。尊重学生的学习主体地位，并尊重教师教学的选择权利和对教学资源的开发和创造能力。教学双方能够在教学过程中增强互动，形成和谐的教学关系。同时，教学的内容不局限于课本知识，教学双方都能在实际生活中，根据实际需要，开发和利用新的教学资源、教学内容，这有利于激发教学主体的积极性与创造性。

（2）自由式教材观。自由式教材观认为学校教育不需要一个固定的教材，学科知识不需要一个固定的和统一的呈现形式。每一位教师根据自身和学生的实际情况，自主决定教授的内容和方法；学生对于老师的教，也可以选择性学习，甚至可以跟老师提建议，使教与学做到很好配合。这种观点赋予教学极大的自由，充分尊重教师和学生的选择权利，激发了师生的自主创造能力。“理想的教育会使世界变成孩子们的教科书，而不是将教科书变成孩子的全部世界。”这种理想化的教材观看似尊重教师和学生的天性，但太过弱化教材在学科教学中的地位和作用。教学脱离教材，会使得教学活动的开展失去宗旨，教学效果缺乏科学的评价标准，导致教学目的不明确，教学秩序紊乱。尤其对于我国现行教育体制而言，更是会扰乱教育的正常发展。

当前，我国学校教育中盛行的教材观介于“圣经式”教材观与材料式教材观之间，不唯教材却视教材为“宗”，教师的教与学生的学都是为了更好地利用教材服务教学与考试。随着新课改的到来，教材也进行了相应调整。教材建设上越来越科学化，更加注重教学双主体的自主性，重视对教师教学技能与学生学习能力的培养。教师应该破除旧的“圣经式”教材观，树立新的、正确的教材观，同时要在利用教材的基础上，自主开发和创造新的教学资源。

作为教师，应该树立新的教材观。在内容观上，认识到教材是学科知识的浓缩与精简，反映该学科对教师教授和学生学习的基本要求。教师和学生都可以在此基础上发挥主观能动性，对学科知识进行补充和完善。同时，师生都应该在学科理论知识的指导下，将理论与实践紧密联系，在实际生活中找到运用所学理论的途径，做到将书本上的理论知识与实际生活中的实践知识结合起来，丰富教学内容，强化教学效果。在组织观上，以教学规律为依据，结合教学的实际条件与实际需要，对教材进行灵活处理。在功能观上，强调教材是学科知识的物质载体，只是一种承载和传达工具，其最终目的是服务于教学。但是，教师与学生都不能对教材采取忽视或者无视的态度。教材不限制教学活动，但是教学活动应该是对教材进行灵活处理，对教材进行科学运用。在教学观上，强调师生的双主体地位，教师是教学的指引者，教材是工具与媒介，学生则是教学的主要对象。在教学关系上，教师担任着引导和促进的角色，学生发挥主体作用，共同对教材进行利用和开发，全面实现教学目的。

### 7.1.2 教师树立新的教材观的重要性

传统的教材观认为一切教学活动都应围绕教材开展，教师的任务就是“教教材”，教材怎么写，教师就怎么教，教学以教材为中心展开。教材讲什么，老师就教什么。而学生的任务则是“学教材”，教材怎么写，老师怎么教，学生就怎么学。教材讲什么，老师教什么，学生就学什么。教师以教材为核心，借助教学参考书，再根据自己的思想和观点，对教材进行分析、理解、归纳和总结，一切行为都严格围绕教材开展，从具体的教学内容、讲授顺序、列举实例、练习作业到最后考试出题，都以教材为准，不敢越雷池一步。学生在教师的指导和要求下，严格按教材学习，被动地接受教材内容，教师和学生都成为了教材的“奴隶”。但教材不是法典，更不是圣经，它只是教学媒体之一，教科书、教师、学生、教学环境都可以作为教学媒介影响教学。为了适应基础教育新课程改革发展的要求，教师必须树立新的教材观，即“用教材教”。树立新的教材观，不仅是基础教育改革发展的要求，而且是改善教学关系、提高教学质量、促进教师自身发展的要求。

1. 树立新的教材观是基础教育课程改革发展的要求

基础教育课程改革强调以人为本，促进学生发展。例如，初中思想品德课程标准明确指出，要“积极引导学生自主学习，主动探索社会现实与自我成长的问题，通过调查、讨论、访谈等活动，在合作和分享中丰富、扩展自己的经验，不断激发道德学习的愿望，提升自我成长的需求”，“不断创造条件，促进学生的道德践行，丰富学生的情感体验，感悟和理解社会的思想道德价值要求，逐步形成正确的道德观和行为习惯”。高中思想政治课程标准强调要引领学生在认识社会、适应社会、融入社会的实践活动中，感受经济、政治、文化各个领域应用知识的价值和理性思考的意义；关注学生的情感、态度和行为表现，倡导开放互动的教学方式与合作探究的学习方式；使学生在充满教学民主的过程中，提高主动学习和发展的能力，等等。这些都充满着以人为本的气息，体现了教学要以人为本的要求。

由此出发，教师要树立科学的教材观，要改变传统的“以物为本”的观念和做法，弱化教材、教师对学生的规范和控制，将学习的主动权交到学生手里，教材和教师在学生的学习过程中起引导和参考作用，真正使学生成为教材的主人，而不是教材的奴隶。

2. 树立新的教材观是促进教学关系和谐合理发展的要求

教学关系是教育中的最主要关系，它描述的是教育者与教育对象之间的相处模式。教师具有正确的教材观，认识到教材只是知识的物质承载体和教学的“范例”，是引导学生认知发展、生活学习和人格构建重要基础，也是引起学生认知、分析、理解事物并进行反思、批判和建构意义的中介。学生并不需要对教材知识进行全盘接受和吸收，在教学过程中，学生应该被允许有自己的思维和判断。

教学评价是影响师生关系的重要方面。在当前社会，教学评价的唯一标准就是学生的成绩和升学率。这导致分数成了一切教学活动开展的出发点和最终目的，而教师对学生的要求也就只有“分”，并对学生提出苛刻要求，严重影响了学生学习的兴趣和积极性，抹杀了学生的自主性和创造性。新的教材观要求教师对教材和教育对象有全新的看法和认识，建立科学合理多元的评价体系，促进学生知识、能力、情感态度与价值观的全面提高。

3. 树立新的教材观是提高教学实施效果的要求

教材观对教师的教学实施有重要的影响，教师对教材本质及其功能的认识反映了对教学实施的取向。华中师范大学俞红珍对美国学者辛德、博林和朱沃特的观点进行了归纳总结，他们分别提出了三种不同的教材选用取向①。

辛德提出“忠实观”，认为课程实施过程是忠实地执行课程方案的过程，强调课程实施者应“忠实”地反映课程设计者的意图，最大程度地执行课程方案。这种课程实施倾向对应的教材观则认为教师只是教材内容的忠实实施者，其任务就是将教材的知识内容传输给学生。

博林提出“调试取向观”，认为课程实施是课程规划者与课程实施者之间的相互适应的过程，是课程计划与具体教育情景在目标、内容、方法等方面相互调整、改变和适应过程。这种课程实施观对应的教材观认为教师是教材内容的协调者和重组者，对用于教学的教材内容具有灵动的选择性，能够创造性地使用教材使之符合于教学实际。

朱沃特主张“创生取向观”，他认为课程不是既定的课程计划或产品，而是教师与学生联合创造的教育经验，课程实施本质上是在具体教育情景中创生新的教育经验的过程。他主张的教材观则是认为教师是课程的开发者，在课程实施过程中不再服从于教材，教师和学生可以一起成为课程创生的主体。

可见，教师的教材观与其教学实施紧密相连，对教师的教学实施有重要影响。树立新的教材观，对于教师改进教学，提高教学效果，具有重要意义。

4. 树立新的教材观是促进教师自身专业发展的要求

教师自身专业发展受多方面因素的影响，其中更新教育教学观念尤为重要。新课程要求

① 俞红珍．教材选用取向和不同的教材观．教育理论与实践，2005，(8)：42，43.

教师必须转变陈旧、落后的教育观念，树立符合新课程改革需要的新观念，包括新的教材观。教师只有树立新的教材观，才能明确教材只是一种材料和资源，一种帮助学生学习的工具，在教学中既尊重教材，又不完全拘泥于教材，对教材大胆地质疑并有所创新；才能把自己不仅当作是教材的使用者和传授者，也把自己当作教材的选择者、编写者；也才能正确定位教材的功能，把教材的功能定位也由"控制"和"规范"逐渐转向"为教学服务"等，从而促进教师自身专业素质的发展和提高。

### 7.1.3 依据新的教材观处理教材的基本思路

树立新教学观，就要打破对教材的依赖，超越教材，对教材进行灵活处理。总的来说，按照新教材观的要求，对教材进行处理要遵循以下三条基本思路。

1. 尊重教学实际

教学实际为教学的进行提供了客观硬件条件和主观教学条件，是教学一切活动开展的起点。因此，教材处理要在符合实际的基础上进行，开展教学活动要针对学生的实际情况，科学确定教学内容，合理安排教学结构。

尊重教学实际，要特别注意尊重教学对象，主要包括三个方面。第一，尊重教学对象平等接受教育的权利。在实际教学过程中，要针对大多数同学的需要进行教材处理，不能只针对成绩较好的学生进行教学，教学活动的开展也不是为了考试或分数。教学过程应该是对学生认知水平和能力的培养，教学目的则是提升学生的认知水平和能力。第二，尊重教学对象的身心发展规律和学习规律。教材内容的确定，教材处理的逻辑应该是在尊重规律的基础上，对学生现有水平在现发展阶段上的合理提升。第三，尊重学生的需要。教学活动开展的目的是满足学生的发展需要，帮助学生习得终身发展的能力。长期以来，我国中学教育的唯一评价方式就是考试成绩，这种评价标准过于单一，且没有站在教育的角度对师生的教学做出合理的评价。教学活动的目的是培养学生成长为健康幸福的现代人，因此，对学生的学习效果要采取客观合理的评价手段。

2. 尊重教材

教材是教学的主要材料，承载着教学的主要内容。课程标准明确规定了知识、能力、情感态度与价值观的三维目标和课程内容，这些目标和内容主要通过教材体现出来，也需要借助教材在教学中实现。教材不仅编选了学科的相关知识，而且以一定的知识为基础和载体，通过独立思考和生活体验，引导学生运用基本知识和观点去分析说明实际问题，培养学生的学科能力，并将一定的观点、思想转化为学生的认识、信念，成为他们言行的准则，促进学生情感态度与价值观的形成。因此，教师"用教材教"，必须尊重教材，不能抛开教材另搞一套。

尊重教材，就要依据教材确立教学目标，依据教材精选教学内容，依据教材安排教学进程，依据教材选用教学方法和手段，依据教材进行教学评价等，充分发挥教材在教学中的作用。

3. 不拘泥于教材

尊重教材并不意味着一切教学活动只是局限于教材。不可否认，教材对教学具有重要的作用。但这种作用应该仅仅是工具作用，教材只是教学的工具和材料。对于教师而言，教材是教师教的材料，教师要在研究教材的基础上，对教材进行分析、综合、加工、创造，构建具体教学的内容结构和实施进程。在现实的教学过程中，教材设计的授课顺序可以变化，授课时间可以更改，教学实例可以选择，教材中的内容可以调整等等。对于学生而言，教材是学生学习的材料，教材只是为学生学习提供了一个平台，在这个平台上，学生可以进行多种形式的演绎，不仅对教材内容可以根据自己的实际情况在学习上有所侧重，还可以将学习的触角延伸到课外，开阔自己视野，提升自己的素质。因此，教师在尊重教材的同时，要注意对教材进行灵活处理与合理运用。

尊重教材，却又不唯教材是从，才是对待教材的科学态度。教师要根据教学的实际情况，根据新课程标准的相关规定，对教材内容进行适当增减和扩缩，对教材的知识结构和逻辑结构进行合理调整和改变，使教材真正服务于教学，从而提高教学质量，促进教学目的更好、更高效地完成。

## 7.2　思想政治教材处理的内容和方法

思想政治学科教师在教学中究竟如何处理教材，涉及多方面的内容和方法。以下就一些主要方面进行分析和介绍。

### 7.2.1　恰当安排教学内容结构

教学内容结构是指在一定的教育思想的指导下，在充分研究教材的基础上，对教学内容的基本构成及展开思路所进行的设计和安排。真正意义的教学结构，是一个纵横交错的复杂结构，大体可以从要素结构、逻辑结构、时间结构三方面分析。

（1）所谓要素结构，是指教学内容的构成要素及其相互关系，也就是一定的教学活动涉及哪些方面内容，这些内容之间是什么样的关系。一般而言，教材承载着教学的基本内容，教材内容是教学安排内容结构的主要依据，是教学内容的重要组成部分。但教材内容不等于教学内容，教师必须在认真研究教材、充分了解学生的基础上，对教材内容进行裁剪、重新组合，形成教学内容体系。对于每一位教师而言，面对同样的教材内容，但是如何科学地安排教材内容却因人而异，这是因为教材内容的安排跟教师个人思维方式、教学风格以及教学经验等诸多因素有关。对教材内容的不同理解，必然会导致教材逻辑结构和教材时间结构的差异。

（2）所谓逻辑结构，是指教学内容展开的基本流程，即教学内容展开的基本环节，以及各个环节之间的衔接关系。不可否认，教材确立了一个学科教学的基本内容，并构建了内容展开的基本思路。但我们必须明确的是，教材内容展开的基本思路并不等于教学内容展开的基本流程。教材只是提供了教学的基本线索，教学内容究竟如何展开，如何使教学内容展开的进程更符合学生的认知规律，这些问题都需要教师根据教学实际进行灵活处理，形成教学内容的整体框架和展开思路。

（3）所谓时间结构，是指在教学中根据教学各环节的实际，对教学内容展开的各个环节所花时间进行的安排。一方面，教材只是提供了教学的基本线索，以框为单位安排课时内容，一般一框一课时，但毕竟各框内容有多有少，深浅不同。因此，教师需要灵活处理，从总量上控制教学内容，把握教学时间的分配。另一方面，教师教的时间和学生自主学习的时间的分配，应根据所教内容的难易程度、学生的认知能力来决定。对重点难点内容，涉及理论较深、较多的内容，应用以教师讲授为主，自主学习为辅；对简单易懂的贴近学生生活的内容，学习探究活动，应在教师的引导下，学生自主学习。

那么究竟如何确立教学内容的结构？传统的做法往往是教材内容结构的简单复述，呈现的是教材中的知识线，是线性的、平面的，往往很难引起学生的思维冲突，很难唤起学生的参与意识。为了适应基础教育课程改革的发展，现在对教学内容的组织和呈现，强调从既定的教学目标出发，根据学生的认识规律、情感与能力发展的规律，设置问题情境，激发学生的思维，以任务驱动的方式，让学生完成一个个学习目标，攀登一个个思维的山头。总结广大思想政治学科教师的教学经验，以下方式值得参考。

第一，以基本概念和原理为中心组织教学内容。每节课教学都是以一定的概念、原理为基本内容的，这些概念、原理是教学中的最基本内容，因此，以基本概念和原理为中心组织教学内容，是教学中组织教学内容的最重要、最基本的一种方式。教师可以在全面系统地研究教材的基础上，以基本概念和原理为核心，设疑激趣、精心点拨、重点突破、带动全局。以这种方式组织讲授内容，其基本结构是一般性概括引入—论述—一般性概括总结。

第二，以案例为中心组织讲授内容。思想政治学科教学离不开案例，案例教学有利于充分调动学生学习的积极主动性，可以引发学生的思考和联想，也符合学生的认知规律，自然在教学中值得大力倡导。因此，以案例为中心组织教学内容也是可行的。教师可以以案例承载教学内容，在大量案例的基础上，通过教师或教师引导学生分析案例，总结出基本结论与推论。以这种方式组织教学内容，其基本结构是：呈现案例—分析案例—得出结论。

第三，以问题为中心组织教学内容。新课程改革关注过程与方法，注重培养学生的问题意识以及问题的提出、分析、解决的能力。因此，以问题为中心组织教学内容，也是不错的选择。通过提出问题、分析问题、解决问题，学生不仅可以得出结论，而且可以体验解决问题的过程和方法，具有一定的探究性，对启发学生思维和培养学生能力大有好处。以这种方式组织教学内容，其基本结构是提出问题—明确标准—选择方法—解决问题—得出结果。

### 7.2.2 合理取舍教材内容

教材是教学的基本材料，提供了教学活动的基本内容，这些内容在教学中如何安排，哪些要讲，哪些可以不讲，哪些先讲，哪些后讲，哪些需要重点关注，哪些可以一般对待，哪些要补充，哪些可以舍弃等，教师要根据教学目标、结合学生实际加以取舍。

一般来说，教学内容的取舍要注意以下四点。第一，围绕教学目标。教学内容是为实现教学目标服务的，教师在教学内容选择中要围绕教学目标进行，看哪些内容最能体现教学目标。第二，强调学生需要。教学的根本目的是为了学生的发展，因此，教学内容的取舍要从学生的发展着眼，选择对学生终身发展有益的知识、技能、方法等；同时，就教材内容而言，要从学生的知识基础和能力水平出发，重点关注学生还没有了解和掌握的内容，适当弱化学生比较熟悉的知识、技能、方法。第三，突出重点、难点。对于众多的教学内容，要分清主次、难易，把重点、难点作为主要的教学内容。第四，进行内容的调整。根据教学的需要和学生实际，对有些内容进行添加和补充，对有些内容进行删减。

究竟如何对教学内容进行取舍？基本思路是在不增加理论难度的前提下，力求有所突出、有所延伸、有所创新、有所忽略，有所改进。

有所突出——主干知识（《课程标准》中要求理解和运用的知识点；高考《考试说明》的考点）；与当今社会热点联系密切的观点；对整个框、节观点形成有影响的探究活动。

有所延伸——与社会现实密切联系的观点（如党的重要会议及文件提出的、与教材观点密切相关的但又有所发展的观点）；与学生生活、经验密切联系的观点。

有所创新——新内容（注重搜集、使用当代社会进步、文化发展和科技发展的新成果充实教学内容）；新材料（更新教学案例和素材，体现时代性。特别要从中共中央的重大会议、重大决策、重大政策中获得最新信息）；新角度（从不同角度组织教学内容）；新思路（根据学生特点设计教学思路、设计一些探究活动）。

有所忽略——非主干知识、无前后逻辑联系的观点、对于形成主干观点没有直接影响的比较琐碎的探究活动、装饰版面的图片；教材中的辅助文（相关链接、名词点击、专家点评等）不必展开，有兴趣的学生课外解决；课本中出现但没有展开和解释的概念不必展开、不必深挖。

有所改进——教材并非尽善尽美，有的地方知识结构缺乏逻辑性，有的地方表述欠准确，有的引用的材料也有的不妥当等等。例如，《文化生活》教材第四课第一框第一目，标题为“传统文化面面观”。“面面观”这个词是指主语的各方面的一些表现，应该是介绍传统文化的内容和表现，比如传统文化包含哪些方面，但是教材在这一目下面写的内容却是传统文化的继承。对这些问题，教师在组织教学内容时要注意加以改进。

### 7.2.3 积极突出教材重点

所谓教材重点，是指在整个教材中最关键、最核心、最具现实意义的部分。思想政治学科是知识性和思想性相统一的课程，思想政治学科教材也必然融知识性和思想性为一体。因此，教材内容的重点既包括知识上的重点，也包括思想上的重点。

就知识上的重点来看，主要表现为一些基础性知识、共性知识、主干性知识。①基础性知识。主要是一些基本的概念、观点和原理，它们是学科知识的基础性内容，也是学生学习本课程其他内容的基础。学生掌握了基础性知识，对于学习和理解课程的其他内容或后续内容有着重要的价值和意义。例如，商品、货币、价值规律等概念，就是《经济生活》教材的基础性知识，是学生学好经济常识的基础。②共性知识。教材内容中有许多带共性的知识、方法、技能等，抓住这些共性知识，就能举一反三、触类旁通，这些共性知识应该是教材的重点。例如，马克思主义的基本立场、观点、方法，贯彻于思想政治学科各个模块的教材中，是正确认识社会经济现象、政治现象、文化现象等的共同知识。③主干性知识。教材中主干性知识主要是那些构成教材内容主干的核心知识。例如，唯物辩证法的三大规律（对立统一规律、质量互变规律、否定之否定规律）就是《生活与哲学》教材的主干性知识，离开了三大规律，就谈不上唯物辩证法。

就思想上的重点来看，主要是那些教材内容中最具有现实意义的部分。通常表现为三种情况。①教材要重点引导学生形成的情感、态度和价值观。思想政治学科教材编写的一个重要特点是强调思想政治教育，以思想政治观点统率知识点。教材的每一内容都是指向一定的思想政治教育目标的，都为学生形成一定的情感、态度、价值观服务。因此，这些要学生形成的情感、态度、价值观当然是教材内容的重点。②教材中与社会现实密切联系的内容。通过对这些知识的学习，学生能够正确认识社会现象，分清是非，科学对待。③学生中普遍存在的、带有倾向性的思想认识问题。在学习教材内容中，学生往往会有一些困惑和误区，有些还带有普遍性，帮助学生走出困惑和误区，解决思想认识问题，也自然是重点问题。

突出教材的重点，是对思想政治学科教学的基本要求之一。教学中突出重点的方法也很多，总结广大教师的教学实践经验，比较常见的主要有四种。第一，时间突出法。在时间安排上，把重点放在突出的重要位置，舍得花时间，使学生透彻理解和掌握重点知识内容。第二，关联突出法。每节课的教学内容是多方面的，内容之间有密不可分的联系，要注意在内容的多种联系和反复渗透中突出重点，在讲授每一具体内容时，都注意指向教学重点。第三，板书突出法。一般说来，写在黑板上的都是学生需要理解和把握的。但对其中的重点内容要通过一些手段进一步突出，如加着重号、加特殊的标记、用彩色粉笔等。第四，强化突出法。对教学重点，要通过提问、讨论、练习、小结等手段，及时强化，加深对重点知识内容的理解和及时巩固。

**资料卡片**

**教材重点突出方法**①

(1) 题目分析法：一篇文章的题目往往是一篇文章的重点，分析题目的含义，尤其是抓住“题眼”分析透彻，课堂教学的重点也就自然突出出来了。

(2) 咬文嚼字法：抓住教材中的关键字词进行分析、研究，借以突出教学的重点。

(3) 琢句分析法：抓住教材中概括性、总结性的中心句、重点句（句群）琢磨它在教材中的地位、作用，从而突出教学的重点。

(4) 主次辨析法：讲授教材时，指导学生分析哪些是主要的，哪些是次要的，主次分明，重点当然就突出了。

(5) 层层剥皮法：依据教材内容的结构，像吃竹笋一样，层层剥皮，层层深入。

(6) 逐层递加法：先概括出教材各部分、各层次的重点，然后把各部分的重点叠加起来，从而突出整个教材的重点。

(7) 由表及里法：先从教材内容的表面入手，再逐步过渡到教材内容的重点。

(8) 上挂下联法：先点出教材的重点，然后联系上下文来突出、讲解。

(9) 提纲挈领法：把教材的重点通过列提纲的方式突出出来。

(10) 表格突出法：运用表格把文章的重点突出出来。

(11) 图示展现法：通过图形、图画等形式突出教材内容的重点。

(12) 摘要突出法：摘录教材中的主要语句、重点自然段来突出教材的重点。

(13) 比较对照法：通过对教材中两类或两类以上相近或相反的内容进行比较对照来突出教材的重点。

(14) 悬念存疑法：通过设置疑点，激发学生急于求解的悬念来突出教材的重点。

### 7.2.4 有效突破教材难点

教材难点是一个相对概念，是相对于学生的认识水平而言的，是指由于学生认识水平的局限或者客观事物发展尚不充分，所以有他们难以理解的基础理论和难以接受的现实问题。教学难点是学生在接受知识、能力过程中遇到的主要障碍，以及情感、态度、价值观形成中碰到的困惑。教学难点主要表现为以下三种情况。①难以理解。教材中有些知识和思想观点

---

① 冯晓林．教师教学基本功全书．北京：中国三峡出版社，1997：412，413.

比较抽象，学生缺乏相应的知识基础和生活经验，不容易理解和把握。②难以接受。教材中有些知识和思想观点，在理论上容易理解，但在思想上不容易接受。也就是说，道理上好懂，但懂了不一定相信，更不一定能够付诸自己的行动。③难以分辨。思想政治学科有很多概念、原理存在种种相似性，学生容易混淆，这些内容也可能成为学生学习的难点。

对于学生而言，教材内容中总是存在不少难点的，确保难点突破，是思想政治学科教学的基本要求，也是衡量教学优劣成败的重要方面。思想政治学科教学中突破难点的方法也很多，总结广大教师的教学经验，比较常见的突破难点的方法有五种。第一，分解化简法。按照教材体系，把多层次、多方面的综合性问题，分解为单层次、单方面的简单问题，逐层剖析，逐方面弄清，然后把各个简单问题串联起来，综合理解，达到对难点问题的解决。第二，以旧攻新法。思想政治学科的内容之间存在各种各样的联系。利用学生已有的知识和经验，以旧推新，往往能够促使学生解决疑难，达到对难点问题的解决。第三，抽象还原法。抽象的理论是从具体生动的事实材料中抽象概括出来的，把它还原到原来的事物发展过程中去，就会变难为易，帮助学生更好地理解相关理论。第四，击中要害法。学生对有关内容的学习存在困难，一定是有原因的。通过调查了解，明确学生学习困难的原因和关键，抓住关键击中要害，难点就会迎刃而解。第五，借助形象法。运用图表、板书、教具、比喻、现代化教学手段等，把抽象的东西具体化、形象化，学生便容易理解，难点便容易突破。

资料卡片

**教材难点突破方法**①

（1）众星捧月法：通过许多问题的讲解来解决一个主要难点。

（2）化整为零法：把一个比较难懂难解的问题化成几个小问题，先指导学生弄懂小问题，大问题也就迎刃而解了。

（3）架桥铺路法：有些问题比较难，学生一下子弄不懂，可以设计一些铺垫，通过架“桥”铺“路”，帮助学生突破难点。

（4）问题揭示法：把教学难点化解为问题的形式，通过提问、助答等方法，帮助学生解决难点。

（5）旧知迁移法：运用已学过的旧知识，通过知识迁移，帮助解决教学中的难点。

（6）暗示点拨法：教学中，由于种种因素，学生的思维受阻或产生偏差等现象时有发生，教学中如能抓住症结所在，巧妙地进行暗示点拨，就能使学生在理解知识的迷茫困惑中豁然开朗。

（7）直观演示法：学生学习书本知识，一般都是从感性知识开始，然后由感性过渡到理性。教师如能抓住这一点，有目的地给学生做演示，让学生动手操作，可以有效地突破难点。

（8）音美辅助法：利用学生的感性认识，使学生的第一信号系统和第二信号系统同时发挥作用，以便更有利于教学难点的突破。

① 冯晓林．教师教学基本功全书．北京：中国三峡出版社，1997：414，415.

### 7.2.5 灵活运用教材所留空间

留有空间，是现代教材应有的品质，也是解决教材过于烦琐的重要途径。教材留有空间，有利于学生学会学习，促进学习的个性化和个别化；有利于激发教师的创造性，促进教学生动活泼局面的形成；也有利于增强教材的适应性，使教材更好地适应不同地区的发展特点和不同学生的发展需求。

随着基础教育课程改革的发展，我国现行的思想政治学科教材与以往的教材相比，一个重大的变化就是给广大教师和学生留下了巨大的空间，既为教师创新教学提供了机会，也为学生发展个性提供了条件。对教师来说，如何利用教材所留空间，是教学中不得不面对的问题。一般来说，在教学中教师要着眼学生的发展和未来，充分利用教材所留下的空间，促进学生的个性发展。

第一，留给学生想象和再创造的空间。没有丰富的想象不可能有发明创造，任何学科都应把培养学生丰富的想象力作为重要目标。思想政治学科新教材也注重了这一点。例如，《政治生活》教材“政府的权力：依法行使”一框中有关“PX项目决策”的活动设计，S市政府的做法给我们留下了一些启示，教材只列出了两点，要学生去进行补充。除了教材给出的两点以外，还给我们哪些方面的启示？显然给学生留下了巨大的想象和再创造的空间。再如，《生活与哲学》教材“用联系的观点看问题”一框的一个活动设计：黄荃为什么无法改动吴道子的画？如果让你改动这幅画，你会怎么做？谈谈你的想法。这一活动设计，尤其是其中的第二问，可以引发学生的想象和创造。

第二，留给学生思维的空间。引发思考，引导思维，是促进学生自主学习、积极发展的有效途径，新的思想政治学科教材通过探究活动的设计，为学生留下了大量的思维空间。例如，《文化生活》教材“弘扬中华民族精神”一框中的一个活动设计：根据你所了解的历史知识，对两位诗人的诗句作出自己的解读，并由此谈谈你对延安精神的感受和理解。该探究活动选取了革命战争年代贺敬之写的《回延安》（节选）和改革开放新时期一位诗人歌颂延安的作品，引导学生思考延安对不同时期人们的吸引力和感召力，并进而思考对延安精神的理解。再如，《政治生活》教材“人民代表大会制度：我国的根本政治制度”一框中的一个活动设计：分析图表，探讨人民代表大会和人民代表大会制度的关系。该探究活动就是要引导学生通过对中央国家机关组织系统的分析，思考人民代表大会和人民代表大会制度的区别和联系。

第三，留给学生感悟、探究的空间。通过对情境的感悟、问题的探究来使学生经历过程，掌握方法，是思想政治学科教材的重要特点。感悟不能由教师代替，探究也需要学生自己去实践，这样才能体会深刻。例如，《政治生活》教材第二课中“制定监督方案”这一探究活动设计，主要是让学生通过自己身边的故事，感悟身边的情境，激发学生的情感，并按照教程提供的实施民主监督的步骤，探讨制定民主监督的方案，体验如何行使民主监督的权利。再如，《文化生活》教材“永恒的中华民族精神”一框中的一个探究活动设计：联系中国百年沧桑之变，从这两个镜头看，你认为鲁迅所说的“中国的脊梁”体现了什么精神？这一探究活动设计就是试图引导学生结合具体材料和情境，感悟什么是民族精神，体会民族精神的巨大力量。

第四，留给学生联系生活实际，实践、求证的空间。理论联系实际是思想政治学科教学的基本方针，思想政治学科的知识需要在生活实际中得到印证，也需要运用于实际，指导生活。思想政治学科教材也为学生将学科知识联系生活实际留下了大量空间。例如，《政治生活》教材中“模拟听证会”这一探究活动的设计，就是试图让学生运用所学知识进行模拟实践活动，使学生在实际演练中，认识公民参与民主决策的重要意义，深切感受到关心公共社会的责任感。

第五，留给学生知识、技能迁移的空间。加强知识的纵向与横向联系，强化知识与技能迁移能力，是促进学生发展的良好途径，是素质教育的重要内容。思想政治学科新教材打破了知识人为分割的局面，给学生进行知识和技能的迁移留下了空间，学生可以运用综合知识，调动各种思维因素“聪慧”地解决现实问题。例如，《生活与哲学》教材“世界的物质性”一框中的一个探究活动设计：“天地万物是上帝创造的吗？联系你所知道的有关地球起源的知识，说明为什么上帝创世说是背离客观实际的。”这一探究活动设计就是要引导学生运用已有的知识和经验（地球起源的故事），明确新的道理（天地万物不是上帝创造的，自然界在本质上是物质的）。再如，《文化生活》教材“博大精深的中国文化”一框中的一个探究活动设计：“参考上述事例，结合你所学过的历史知识，可否对中华文化的特色及其对世界的贡献作出描述？”该探究活动注重引导学生把学过的历史学科的知识迁移到思想政治学科，理解思想政治学科的有关道理。

第六，留给学生思想和行为升华的空间。思想政治学科教材内容不是仅仅停留在学科知识层面，更强调学生行为的实践和情感态度与价值观的升华。在这方面，教材也是给学生留有很大空间的。例如，《政治生活》教材第六课“中国共产党：以人为本，执政为民”一框中的一个活动设计：作为一个有抱负的中国青年，谈谈你对这些事例的感受。这一探究活动要求学生把自己通过相关的事例所受到的教育整理出来，认识到“以人为本、执政为民”不仅是理论观点，还得广大干部践行。中学生应该从现在起，努力把自己培养成为广大人民群众根本利益的维护者。

总之，思想政治学科教材通过情境问题、活动设计等，给我们留下了巨大的空间。教师要针对不同层次的学生和不同认知风格的学生灵活处理，提出不同层次的要求，真正充分发挥这种空间的作用。

**问题研讨**

◆结合思想政治学科教材，分析教材为教师和学生留下了一些什么样的空间，试举例进行分析。

◆结合自己的教学实践，交流探讨如何运用教材所留空间。

### 7.2.6　有效升华教材主题

教材承载着教学的主要内容，也是教学目标的重要载体。思想政治学科教材的每一课、每一框都围绕一定的主题展开，都致力于学生在特定方面的发展。为了充分发挥教材的作用，更好地促进学生的发展，教师在教学中必须对教材内容进行深化处理，尤其是对教材主题要进行升华，掀起教学高潮。

升华主题实际上是教师在深入研究教材、了解学生等的基础上，根据教学实际和学生需要对教材进行的进一步处理和创新性运用，是教师创造性劳动的一个重要方面。应该说，思想政治学科教材的每一部分内容都是有主题的，也围绕主题进行了一定的分析论证，但对于学生来说，这并不意味着就主题突出。第一，教材本身可能主题突出不够，需要教师在教学中进行升华。例如，教材内容的某些方面虽然有分析，但局限于局部和表层，没有深入下去，需要教师在教学中补上；有些方面没有很好地拓展，需要教师教学中加以引导和点拨等。第二，即使教材主题突出，但如何使这种突出的教材主题能够在教学中体现出来，使学生真正能够学有所得、学有所思、学有所感、学有所用，也需要教师在教学中就主题升华下工夫。

在教学中升华主题、掀起高潮的方法很多。总结教学实践经验，以下方法值得参考。

第一，在情境感染中升华主题。在教学过程中，教师通过创设情境，使学生在特定的情境中获得情感体验，是升华教材主题、掀起教学高潮的有效途径。特别是随着社会的进步和科学的发展，多媒体作为一种辅助教学手段，已较多地运用到教学活动中。多媒体教学以其鲜艳逼真的动态画面，丰富的音响效果，刺激学生的视觉和听觉，使学生眼见其形，耳闻其声，会给学生带来较强烈的刺激，使学生产生强烈的探究欲望，激发学生积极主动地思考问题。当然，要借助情境激发学生的情感，教师首先要有真实的情感表露。教师强烈的感情，会使学生受到感染，开启学生感情的门扉，从而奏出教学的最强音。例如，进行“人民代表大会制度：我国的根本政治制度”教学时，播放全国人民代表大会召开的电视录像片，就能给学生创设一种身临其境的感受，具体了解全国人民代表大会的主要议程，加深对我国人民代表大会制度的认识。

第二，在疑问思考中升华主题。疑是思之始。设置疑问，制造悬念，往往能够很好地调动学生的思维，唤起学生兴趣，引发学生的思考，激起学生探究的欲望，从而达到升华主题的效果。例如，在进行“提高企业经济效益”教学时，可以在明确经济效益含义的基础上，给学生设置以下疑问：是否产品质量越好，经济效益越高？是否企业发展速度越快，经济效益越高？是否企业生产成本越小，经济效益越高？是否企业利润越多，经济效益越高？通过疑问引导学生思考，使学生更深刻地理解企业提高经济效益的关键（或者说最理想的状态）就是降低企业的生产成本，以最少的资源消耗，生产出最多的适合市场需要的商品和劳务。

第三，在层层分析中升华主题。思想政治学科教材中有些内容比较复杂和抽象，教师教学时可以采取由浅入深，由表及里，层层推进的教学方法，引导学生拾级而上，达到整体的升华。例如，有教师在进行“债券与股票的异同”教学时，首先分析债券的含义：“债券”中的“债”就是欠别人的钱，“筹资者”就是“债务人”，“投资者”就是债权人；“债券”中的“券”是票据或作为凭证的纸片。所以，债券体现的是债权人与债务人之间的法律关系。接着分析债券与股票的相同点和不同点。债券与股票“都是有价证券，都是集资手段，都是能获得一定收益的金融资产”，但它们在性质、受益权、偿还方法等方面存在区别。最后通过投影展示，归纳债券与股票的异同，并在此基础上总结出债券的特征。这样层层分析，由易到难，由具体到抽象，由简单到复杂，使教学主题得到逐步升华，也把学生思维逐步引向深化，学生听得轻松，理解深刻。

第四，在幽默风趣中升华主题。思想政治课教学忌讳平铺直叙，缺乏生气和活力。幽默具有形象、生动、夸张等特点，蕴涵着深刻的哲理，极富趣味性，借助幽默可以夸张地展现生活情境，引发学生的思考和联想，达到对教材主题的升华。幽默可以通过漫画、数字、比喻、夸张、谚语等来制造。例如，有教师在进行“一切从实际出发”教学时，运用了一幅名为“没有那么大的嘴，何必接那么长的腿”的漫画来升华主题。漫画讲述的是一只鸭子和一只鹤，鸭子要吃鱼，便学鹤的样子，把腿接得跟鹤的腿一样长。结果，由于鸭子嘴短，反而吃不到鱼。这幅漫画说明做事情要从实际出发，否则会弄巧成拙。教师利用漫画引导学生思考，使学生更好地懂得了一切从实际出发的原理。

第五，在激励鼓动中升华主题。思想政治学科是德育性质的课程，必须着力于学生情感态度与价值观的培养，提高学生的思想品德和思想政治素质。因此，教学中教师必须要捕捉教育时机，将教材理论与学生实际生活相结合，或提出目标，或给予榜样，或使命呼唤，或信任感召，在晓之以理的基础上动之以情、导之以行，达到主题的升华。例如，在进行“体味文化”教学时，可以这样激励鼓动以升华主题：我们都是中国人，我们都有一颗中国心，我们都以身为炎黄子孙而自豪。中华民族有着悠久的历史，灿烂的文化。我们时刻都感受着深厚的中华文化，分享着伟大的中华文明成果。然而，就今天来看，我们的祖国还比较落后，国力还不够强盛，实现中华民族的伟大复兴仍然是我们面临的艰巨使命。作为新时代的中国青年，如何更好地担负起这一历史使命？为了中华民族的伟大复兴，我们应该做些什么？请带上你火热的中国心，用你的眼睛和手中的笔，为你所在的学校、社区、城市设计一份多彩的蓝图。

第六，在探究活动中升华主题。基础教育新课程改革倡导开发互动的教学方式和自主合作探究的学习方式，强调要使学生经历过程，掌握方法。因此，在教学中，教师可以加强活动设计，让学生在讨论辩论、方案设计、角色扮演、问题探究等活动中展示观点、识别观点、确认观点、提炼观点，升华教材的主题。例如，有教师在进行“文化交流：做传播中华文化的使者”的教学中，以“做传播中华文化的使者”为主题设计了一个活动：“假如你接待了一位外国学生，你打算怎样向他介绍中华优秀文化?”活动的要求包括：写出本次活动的使命；选择本次宣传活动准备使用的传播手段；选择中华文化中某一个方面的内容，如文学艺术、思想理论、风俗习惯、语言文字、民居建筑、饮食文化等，列出你的宣传提纲。在课堂上，请部分同学以小品表演的形式介绍他们的具体做法。通过这种活动，学生了解了文化交流、传播的方式、途径，懂得了大众传媒是现代文化传播的主要手段，明确了文化传播的使命。

**资料卡片**

### 教材主题升华的方法①

(1) 扩展术。在教学中把教材内容拓展，可以拓宽学生的知识面，加深学生对教材内容的认识与理解。

(2) 掘进术。依据教材内容和线索，通过各种练习和训练，挖掘深化教材内容的主题与内涵。

(3) 引申术。把教材内容进一步引申，以加深学生的认识。

(4) 联想术。学习教材内容后，启发学生联想有关的内容，使学生的认识进一步升华。

(5) 对比术。通过正反面的对比，加深对教学内容的理解。

(6) 类比术。所谓类比，是指同一种或同类事物之间的比较。

(7) 点睛术。画龙全靠点睛，讲课也是如此。课堂上，如能在教学内容关键处“点”上一两句话，可以使学生茅塞顿开。

(8) 暗示术。如果说“点睛”是教师明说，那么“暗示”则是让学生思考。

(9) 浓缩术。即把教学内容进行浓缩，以突出其精华部分。

(10) 发散术。根据教学内容的重点，引导学生进行发散性思维，以使教学内容进行升华。

---

① 冯晓林．教师教学基本功全书．北京：中国三峡出版社，1997：415，416.

## 7.3 思想政治学科教材处理的基本原则

思想政治学科教材处理是一项复杂的创造性工作，教材处理的实际直接关系到教学活动的进行和教学效果的好坏。为了使教材处理尽可能做到合理高效，教师在教材处理中一般要坚持以下四方面的基本原则。

### 7.3.1 方向性原则

方向性原则是指要把握教材处理基本方向，明确教材处理的基本理念要求。在传统教学中，我们总把教材看作是学科知识体系的浓缩和再现，这种教材观的实质是“教材即知识”，在教学中就表现为“教教材”。它所反映的思想是“以本为本”。按照这种观念，教材就是教学的主宰，教材的观点就是“真理”、“权威”，教师的教就是钻研教材内容、传递教材信息，而学生的学也只是围绕着感知、理解、记诵教材而展开。

随着基础教育改革的发展，人们对教材的认识发生了大的变化。新理念认为教材不是唯一的课程资源，教学设计既要考虑如何教，更重要的是考虑如何学，教学实施应该注意“用教材教”，而不是“教教材”。在这种教学行为中，教材只是实现课程目标的手段和途径，教材内容只是帮助学生实现三维发展目标的一种载体，它所反映的理念是“以人为本”。按照这种观念，教师在处理教材的时候，必须坚持以学生发展为本，最大限度地满足学生的需要和可能，考虑如何引导学生参与教学，如何引导学生自主学习、合作学习、探究学习，如何促使学生素质的全面发展。

应该说，随着改革的深入，教材不再“神圣不可侵犯”，教师在教学过程中可以取舍和补充教学内容、变更教学顺序、更换呈现方式。教师通过灵活的教材处理，可以使教材成为引导学生认知发展、生活学习、人格建构的一种范例，成为学生发展的“文化中介”和师生对话的“话题”。“用”教材，而不是“教”教材，已成为广大教师的共识。

### 7.3.2 整体性原则

整体性原则是指教师在教材处理中要从整体着眼，统筹兼顾。教材处理的整体性要求主要表现在以下三个方面。

第一，整体兼顾三维目标。处理教材要紧扣教学目标，对知识、能力、情感态度与价值观这“三维目标”统筹兼顾，全面安排。强调创新精神和实践能力的培养，关注情感态度与价值观的养成，是思想政治课程的重要追求，也在思想政治学科教材中得到了充分体现。教材有大量的问题情境和活动设计，可以引导学生积极思考，获得体验，并运用自己的已有经验，在活动中发现和解决问题，在实践中提升自己的认识和智慧。因此，教师在处理教材时，充分发挥这些问题情境和活动设计的功能是必要的。但关注能力的培养和情感态度与价值观的养成，并不意味着可以忽视基础知识的教学。知识是能力的基础，运用学科知识分析和解决问题，就是能力的表现，也是能力形成的重要途径；情感态度与价值观的养成也离不开知识的支撑，对思想政治学科知识的内化和认同，有利于形成正确的世界观、人生观和价值观。

第二，整体考虑教材内容。在教材处理中，要对全课、全单元以至全模块教材进行整体把握。例如，要注意教材内容的整体结构系统和前后照应，从教学目标和学生实际来掌握每一课、每一框教材的主次、详略的处理；要根据学习迁移的原理，把新旧知识联系起来，一方面注意从旧知识引出新知识，促进学生对新知识的学习，另一方面学习新知识时还要注意为以后的学习做好铺垫，进行适当的提前渗透。

第三，整体兼顾教学主体。教师是教的主体，学生是学的主体，教材处理要兼顾教师和学生，尽力充分发挥教师的主导作用和学生的主体作用。依据课程标准编写的教材，无论是内容结构的设计、教学内容的组织，还是素材、案例的选取，都以贴近学生生活、满足学生需要、注重学生参与、符合学生身心特点和接受能力为宗旨。因此，在教材处理中，要充分领会教材编者的意图，凸显学生的主体地位。强调学生的主体地位，并不意味可以弱化教师的主导作用。教师的主导作用表现在很多方面。例如，根据教材，确定教学目标，设计教学进程；随着社会的发展，不断充实和更新教材内容，弥补教材滞后性的不足；结合教材内容，组织学生合作探究，开展各种探究活动等。

### 7.3.3　针对性原则

针对性原则是指教材处理要针对学生实际，适应教学对象的需要，做到心中有书，目中有人。为此，做到以下两点非常必要。

第一，了解和研究学生。只有充分了解学生，才能使教材处理有的放矢，卓有成效。了解学生的内容很多，既要了解学生班级情况，如班级学生构成情况、整体学习水平、班风学风、班级特点等，又要了解学生个性特征，如学生的姓名、年龄、家教环境、自尊心、自信心、自控力、求知欲、兴趣点等；既要了解学生的学习基础，如学生的智力状况、学习态度、学习方法、学习兴趣、学习习惯、学习能力、知识储备等，又要了解学生的思想状况，如学生对党和国家各项路线方针政策的态度，对班集体的感情，对集体劳动的态度，对国家法律和学校各项规章的遵守，文明礼貌和行为习惯的表现等。

第二，根据学生实际处理教材。只有这样，才能使教材的处理有的放矢，适应不同教学对象、不同类型的学生，与学生水平相一致，全面提高教学效果。例如，要根据学生需要取舍教材内容。教材现有内容中，有的内容学生以前学过，或在其他科目中有涉及，教材处理时可以删除或弱化；有些内容教材上没有或很少，但学生有现实需要，对学生的终身发展有重要价值，在教材处理时可以增加或强化。再如，要根据学生实际确定重点难点。重点确定的一个重要依据就是对学生的发展具有重要的价值；难点之所以形成，也是相对于学生而言，难以理解，难以接受，难以辨别。

### 7.3.4　灵活性原则

灵活性原则是指教师处理教材要从实际出发，考虑教材本身的特点、学生的实际需要、教学的现实条件等等多方面因素，使教学既能体现出教材的特色，又符合学生的认识规律，调动学生学习的主动性和积极性。教材处理的灵活性主要表现在三个方面。

首先，灵活处理教材内容。教材只是提供了教学活动的基本内容，这些内容在教学中如何处理，哪些该重点关注，哪些可以一般对待，哪些要补充，哪些可以舍弃等，教师要根据不同地区、不同学生的具体实际情况来确定。这里，尤其要根据学生实际合理地确定教学内容的广度和深度。教学内容的广度，是教师教学信息的多少、范围的大小。一节课的信息量过多，知识范围过广，学生难以接受；而一节课的信息量过少，知识范围过小，则浪费时间，不利于调动学生的积极性。所谓教学内容的深度，就是指知识的难度，也就是教师挖掘教材的程度。教学内容深度不够，不容易激发学生的学习兴趣；相反，如果难度过大，容易挫伤学困生和中等生的学习积极性。

其次，灵活安排教学进程。教材只是提供了教学的基本线索，以框为单位安排课时内容，一般一框一课时。但毕竟各框内容有多有少，深浅不同，教师要灵活处理，从总量上控制教学内容。即使是一个框题的内容，也需要教师在研究教材的基础上进行内容重组，使之更有利于教学，更便于学生理解、把握和运用。

最后，灵活运用教材所留空间。教材通过情境问题、活动设计等，给师生教学留下大量的思维空间、活动空间，教师要针对不同层次的学生和不同认知风格的学生灵活处理，提出不同层次的要求。

当然，灵活处理教材绝不意味着不尊重教材，也决不可抛开教材另搞一套。思想政治学科教材体现了时代的要求，体现了国家意志，它既集中了参加教材编写的专家们的集体智慧，更集中了该学科古今中外探索的精华。因此，其科学性、权威性是毋庸置疑的，教师在教学过程中必须自觉尊重教材。

## 复习与思考

1. 什么是教材观？简要介绍教材观的类型及各种教材观的特点。

2. 结合自己的教学实践和基础教育改革发展的要求，谈谈我们应该树立什么样的教材观。

3. 选择自己实际教学中的某一课时教学设计，分析其是如何安排教学内容结构的，并谈谈这样安排的理由。

4. 选择某一中学思想政治教材内容，谈谈对其进行教材内容取舍的基本构想和理由。

5. 结合自己的教学实践经验，交流探讨突出教材重点、突破教材难点的方法。

6. 以一定的中学思想政治教材为例，分析教材给教师和学生留下了一些什么样的空间，并结合自己的实践经验，谈谈如何有效地利用这些空间。

7. 为什么要升华教材主题？举例分析你在教学中是怎样升华教材主题的？

8. 简要介绍思想政治学科教材处理的基本原则。